GAOZHIGAOZHUANANQUANJISHUGUANLIZHUANYEGUIHUAJIAOCAI

高职高专安全技术管理专业规划教材

安全管理文书写作

人力资源和社会保障部教材办公室　组织编写

主　编　黄云峰　冯雪燕

中国劳动社会保障出版社

图书在版编目(CIP)数据

安全管理文书写作/黄云峰，冯雪燕主编. —北京：中国劳动社会保障出版社，2015

高职高专安全技术管理专业规划教材

ISBN 978-7-5167-2295-4

Ⅰ.①安…　Ⅱ.①黄… ②冯…　Ⅲ.①安全管理-应用文-写作-高等职业教育-教材　Ⅳ.①H152.3

中国版本图书馆 CIP 数据核字(2016)第 008219 号

中国劳动社会保障出版社出版发行

(北京市惠新东街 1 号　邮政编码：100029)

*

三河市潮河印业有限公司印刷装订　　新华书店经销

787 毫米×1092 毫米　16 开本　13.5 印张　255 千字

2016 年 1 月第 1 版　　2025 年 7 月第 11 次印刷

定价：29.00 元

营销中心电话：400-606-6496

出版社网址：http://www.class.com.cn

“高职高专安全技术管理专业规划教材”

编委会

内容简介

本书为国家级职业教育规划教材，是“高职高专安全技术管理专业规划教材”之一，属于专业核心课程，由人力资源和社会保障部教材办公室组织，根据“高等职业学校安全技术管理专业教学标准”编写。

全书共分为6章，主要内容包括：党政机关公文，安全生产事务文书，安全生产制度文书，安全生产责任管理文书，安全生产监督检查文书，常用新闻写作。教材内容注重专业能力培养，各单元以实际案例展开的同时，加强了实训和实际操作内容，适用于高职高专安全技术管理专业以及相关专业课程教学使用，也可作为安全技术与管理人员自学、培训用参考书。

教材附有教学用电子课件（PPT）供免费下载，下载网址为中国人力资源和社会保障出版集团网站 http://www.class.com.cn。

全书由黄云峰任第一主编，策划全书整体框架、修改并统稿；冯雪燕任第二主编，策划全书整体框架、修改；杨汉瑜、张睿、李顺军、唐贵才、刘璠参与编写。其中，重庆城市管理职业学院文化产业管理学院黄云峰编写第一章第二节、第三节、第四节和第六章；重庆城市管理职业学院人文学院冯雪燕编写第三章和第四章；重庆城市管理职业学院人文学院杨汉瑜编写第一章第一节；重庆城市管理职业学院文化产业管理学院张睿编写第一章第五节、第六节、第七节和第八节；重庆城市管理职业学院人文学院李顺军编写第二章；重庆城市管理职业学院工程管理学院唐贵才编写第五章；重庆城市管理职业学院文化产业管理学院刘璠编写第六章。

前 言

安全生产事关人民群众生命财产安全，事关改革发展稳定大局，事关党和政府形象和声誉。党中央、国务院高度重视安全生产，确立了安全发展理念和“安全第一、预防为主、综合治理”的方针，采取一系列重大举措加强安全生产工作。近年来，随着我国经济建设的快速发展，社会和企业对安全生产应用型人才的需求量日益增多，这给高职高专安全技术管理专业建设带来了新的机遇和挑战。中国劳动社会保障出版社具有安全生产图书出版的传统优势，先后出版发行了高校安全工程专业研究生教材、全国高校安全工程专业本科规划教材和中等职业教育相关教材等。为了发挥专业教材出版优势，更有力地推动安全技术管理专业职业教育的发展和人才的培养，加强教材建设这一专业建设的重要基础工作，国家人力资源和社会保障部教材办公室组织全国高职高专相关院校的知名教师，系统地编写了“高职高专安全技术管理专业规划教材”，并由中国劳动社会保障出版社出版发行。

本套教材分为专业核心课程和专业方向核心课程两大类，其中，专业核心课程教材包括《安全生产法律法规》《安全管理》《安全心理学》《安全人机工程》《安全系统工程》《职业健康技术与管理》《安全评价实务》《事故预防与分析》《事故应急救援》《电气安全技术》《防火防爆技术》《安全监测与监控技术》《锅炉压力容器安全技术》《机械与起重设备安全技术》《安全管理文书写作》，专业方向核心课程包括消防、矿山、建设、石油化工、交通运输、工贸等行业领域安全技术管理教材。

本套规划教材的编写注重满足高职高专安全技术管理专业教学课程体系的新发展和教学现状，力求创新，在吸收已有教材成果的基础上，将本学科的最新理论、技术和规范纳入教学内容，并与国家最新的相关政策法规、技术标准保持一致。为满足培养应用型人才的需求目标，整套教材加强了职业教育特色，避免纯理论阐述，强调以实际技能和职业需求带动教学。每种教材的技能实训内容丰富，提倡工学结合，增加了可操作性和工作实践性，为学生今后的职业生涯打下坚实的基础。

本套教材的每一种都附有教学用电子课件（PPT）供参考使用，可登录中国人力资源和社会保障出版集团网站 http://www.class.com.cn 免费下载。

在本套教材开发过程中，全国近 20 所高等院校、科研院所的近百名专家和教师积极参与了编写和审定工作，在此向他们表示衷心感谢！同时，借鉴了大量文献资料，吸收了最新的研究成果，特别是援引了大量已有例文和训练素材，入选例文未能一一征求作者意见，特此说明。由于时间和各因素制约，教材中难免有不足之处，期望专业领域专家和广大师生提出宝贵的意见。

高职高专安全技术管理专业规划教材编委会

2015 年 7 月

目录

第一章　党政机关公文

第二章　安全生产事务文书

第三章　安全生产制度文书

第四章　安全生产责任管理文书

第五章　安全生产监督检查文书

第六章　常用新闻写作

第一章

党政机关公文

学习目标

知识目标：

• 了解党政机关公文的含义、种类、行文基本规则等基础知识。

• 掌握公文写作的基本格式和写作方法。

• 掌握通告、通知、通报、报告、请示、函、纪要等常用公文的适用范围、类型、特点、结构。

• 理解通告与通知、通报，报告与请示的区别。

能力目标：

• 能说明通告、通知、通报、报告、请示、函、纪要的结构。

• 能在具体工作中正确选用通告、通知、通报、报告、请示、函、纪要。

• 能撰写规范的通告、通知、通报、报告、请示、函、纪要。

重点与难点

• 公文的种类及行文规范。

• 公文写作的基本格式。

• 通知、报告、请示、函、纪要的写法。

第一节　党政机关公文知识

问题思考：

2012年4月16日，中共中央办公厅、国务院办公厅以中办发〔2012〕14号印发《党政机关公文处理工作条例》。该《条例》分总则、公文种类、公文格式、行文规则、公文拟制、公文办理、公文管理、附则8章42条，自2012年7月1日起施行。1996年5月3日中共中央办公厅发布的《中国共产党机关公文处理条例》和2000年8月24

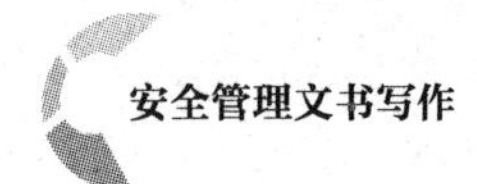

日国务院发布的《国家行政机关公文处理办法》停止执行。

你能否谈谈《党政机关公文处理工作条例》的主要内容有哪些?

一、公文的含义

广义上来说，公文是公务文书的简称。它是指党政机关、社会团体、企事业单位等在开展公务活动中，为实现一定的目标而形成的体式完整、内容系统、程序规范的各种书面材料。

狭义的公文是党和国家在党政管理过程中所形成的具有法定效力和规范体式的公务文书，具体指中共中央办公厅、国务院办公厅2012年4月联合印发、2012年7月1日起施行的《党政机关公文处理工作条例》（中办发〔2012〕14号）规定的15类文书。《党政机关公文处理工作条例》指出：党政机关公文是“党政机关实施领导、履行职能、处理公务的具有特定效力和规范体式的文书，是传达贯彻党和国家方针政策，公布法规和规章，指导、布置和商洽工作，请示和答复问题，报告、通报和交流情况等的重要工具”。

这一定义划清了公文与非公文的原则界线，也阐明了公文的基本性质。公文具有三层含义：

第一，公文在长期实践中形成了独特的写作格式和一套制发规范，并用党和国家法规予以规定，任何机关都不得另搞一套，各行其是，具有“规范体式”。

第二，公文是代表机关单位发言的，具有执法机关的法定权威。公文一经制发，具有一定的强制性和约束力，有关的受文机关和人员就必须严肃认真地对待，具有“法定效力”。

第三，公文是依法进行公务活动的重要工具。

二、公文的特点

1. 鲜明的政治性

公文在内容上具有鲜明的政治性。我国是中国共产党领导下的社会主义国家，运行于我国各机关的公文，必须贯彻党和国家的路线、方针、政策，有利于社会主义制度，维护人民的利益。

2. 有法定的作者和权威性

公文的法定作者是合法的制发机关单位及其负责人，而非执笔者个人。特定情况下，机关领导人也可以以个人名义制发公文，那是代表领导人所在的单位行使职权，仍是公事，不是私事。公文是代表机关单位发言的，具有执法机关的法定权威。公文一经制发，具有一定的强制性和约束力，有关的受文机关和人员就必须严肃认真地对待。

3. 有现实的时效性

公文皆为解决现实问题而制发，一般要求限期传达执行，紧急公文更强调了它的现实执行性。公文总是在规定的空间范围内和时间效力范围内生效，一旦工作完成了，问题解决了，或新的有关公文制发出来了，原公文的效用也结束了。

4. 有特定的体式

公文是一种高度程式化的应用文体。公文在长期实践中形成了独特的写作格式和一套制发规范，并用党和国家法规予以规定，任何机关都不得另搞一套，各行其是。公文的规范化对提高行政机关工作效率、推动文书工作现代化有着重要的作用。

三、公文的作用

1. 发布政令，传达决策

党的各项方针、政策，国家的各项政令、法规、决定，各级各类机关的决策意图，需要发布开来、推行下去，报告上来、传递出去，这就要借助公文，通过公文运行渠道来实现。从发布最高一级机关制定的大政方针，到传递最低一级机关的报告、请示，无不依靠公文这个工具。

2. 指导、推动工作

由于公文是一种具有权威性的特殊文体，各级机关运用公文手段来推行决策意图。领导机关用它来组织和指导各系统、部门、地区的具体工作；下级机关用它来汇报情况或求得批准支持，以开展工作。公文是推动党政机关工作的一项不可缺少的重要工具。

3. 工作依据，检查凭证

依据和凭证作用是公文的基本作用。上级依据上报的公文审批、答复、决定；下级依据下发的公文开展工作。离开了公文，工作便失去了依据，必然各行其是。上级的决策是否正确，下级情况反映是否属实，公文是最好的凭证。工作开展后，评价其效绩，也要以公文为检查凭据。

4. 沟通信息，联系公务

各机关在公务活动中，用公文与上下左右的机关进行联系，相互告知情况、交换情报、交流思想、接洽工作、协调工作。随着公文在其间的往复运行，整个机关系统由此联成一体，使各项工作能高效率、有秩序地开展起来。

5. 宣传教育，统一思想

公文不仅要传达决策意图、布置任务，还要解释原因、说明情况，让人们知道为什么要这样做，从思想上弄清问题，提高认识。充分发挥公文的宣传教育作用，可以使广大干部、群众明确目标，统一思想，以积极的态度对待工作，提高工作的自觉性。

四、公文文种规范

1. 类别规范

（1）按使用范围分，公文可分为通用公文和专用公文两大类。通用公文通行于各机关、企事业单位、社会团体，使用范围很广。《党政机关公文处理工作条例》中规定的公文均属于此类。专用公文是指由具有专门职能的机关，根据特殊需要而制定和使用的具有特定格式和内容的公文，如军事机关、外交机关、司法机关的公文，俱属此类。它们只能在一定的范围和领域内使用，如外交机关制发的国书、照会、备忘录、条约、白皮书等，普通机关就不能使用。

（2）按行文方向划分，公文可分为下行文、平行文、上行文。行文关系不同，公文流动传递的方向就不同。

1）上行文，是按照垂直组织系统下级机关向上级机关的行文，主要有报告、请示两种。

2）平行文，是指同级机关和不相隶属机关之间的行文，主要有函、议案和部分通知。

3）下行文，是按照垂直组织系统上级机关向下级机关的行文，主要有命令（令）、决定、决议、公报、公告、通告、通报、批复、纪要，还包括多数通知。

其中“意见”这一文种既可用于上行文、下行文，也可用于平行文。

2. 文种选用规范

（1）党政机关公文类别。当机关领导的意图要形成书面材料的时候，我们首先遇到的问题就是选用什么公文文种才最适合表达这一意图。为此，公文文种的选用问题，就成了公文写作的第一个重要环节。公文选用十分讲究，选用不当，内容的表达就必然受到制约，轻则闹出笑话，重则影响工作。为此，必须弄清公文文种的功能及适用范围。根据《党政机关公文处理工作条例》的规定，党政机关公文有 15 种：

1）决议：适用于会议讨论通过的重大决策事项。

2）决定：适用于对重要事项作出决策和部署、奖惩有关单位和人员、变更或者撤销下级机关不适当的决定事项。

3）命令（令）：适用于公布行政法规和规章、宣布施行重大强制性措施、批准授予和晋升衔级、嘉奖有关单位和人员。

4）公报：适用于公布重要决定或者重大事项。

5）公告：适用于向国内外宣布重要事项或者法定事项。

6）通告：适用于在一定范围内公布应当遵守或者周知的事项。

7）意见：适用于对重要问题提出见解和处理办法。

8）通知：适用于发布、传达要求下级机关执行和有关单位周知或者执行的事项，批转、转发公文。

9）通报：适用于表彰先进、批评错误、传达重要精神和告知重要情况。

10）报告：适用于向上级机关汇报工作、反映情况，回复上级机关的询问。

11）请示：适用于向上级机关请求指示、批准。

12）批复：适用于答复下级机关请示事项。

13）议案：适用于各级人民政府按照法律程序向同级人民代表大会或者人民代表大会常务委员会提请审议事项。

14）函：适用于不相隶属机关之间商洽工作、询问和答复问题、请求批准和答复审批事项。

15）纪要：适用于记载会议主要情况和议定事项。

（2）违反公文文种选用规范的混乱现象。《党政机关公文处理工作条例》规定的正式文种的职能与分工清楚明确，但目前我国各机关、企事业单位乱用文种的现象仍然较普遍。概括起来，主要表现在以下几个方面：

1）混用文种。指的是不按照《党政机关公文处理工作条例》中有关正式文种的功能和适用范围去选用文种，而造成临近文种相互混用的现象。这种现象常常出现在“公告”与“通告”“决议”与“决定”“请示”与“报告”“请示”与“函”等几组临近文种之间。

2）自制文种。指的是超出《党政机关公文处理工作条例》规定的正式文种之外，生造出一些非公文文种并以正式公文行文的现象。如一些机关单位常见的《×××公司关于内部改革的思路》《×××公司关于要求减免部分工商税的请求》中的“思路”“请求”就属于自制文种。此外还有“汇报”“构想”“思考”等自制文种也很常见。

3）误用文种。指的是把属于机关其他应用文，特别是事务文书中的文种，误作为正式公文文种直接加以使用的情况。譬如，把计划类文种“要点”“打算”“安排”“设想”误作为正式公文文种使用，如《2015 年工作要点》；把总结类文种“小结”“体会”“总结”“回顾”误作为正式公文文种使用，如《2015 年第二季度工作小结》；把规章制度类文种“办法”“规程”“须知”“实施细则”以及简报类文种“情况反映”“快讯”“动态”等误作为正式公文文种使用的现象，等等。

五、公文行文规范

行文关系根据隶属关系和职权范围确定。一般不得越级行文，特殊情况需要越级行文的，应当同时抄送被越过的机关。

1. 向上级行文

向上级机关行文，应当遵循以下规则：

（1）原则上主送一个上级机关，根据需要同时抄送相关上级机关和同级机关，不抄送下级机关。

（2）党委、政府的部门向上级主管部门请示、报告重大事项，应当经本级党委、政府同意或者授权；属于部门职权范围内的事项应当直接报送上级主管部门。

（3）下级机关的请示事项，如需以本机关名义向上级机关请示，应当提出倾向性意见后上报，不得原文转报上级机关。

（4）请示应当一文一事。不得在报告等非请示性公文中夹带请示事项。

（5）除上级机关负责人直接交办事项外，不得以本机关名义向上级机关负责人报送公文，不得以本机关负责人名义向上级机关报送公文。

（6）受双重领导的机关向一个上级机关行文，必要时抄送另一个上级机关。

2. 向下级行文

向下级机关行文，应当遵循以下规则：

（1）主送受理机关，根据需要抄送相关机关。重要行文应当同时抄送发文机关的直接上级机关。

（2）党委、政府的办公厅（室）根据本级党委、政府授权，可以向下级党委、政府行文，其他部门和单位不得向下级党委、政府发布指令性公文或者在公文中向下级党委、政府提出指令性要求。需经政府审批的具体事项，经政府同意后可以由政府职能部门行文，文中须注明已经政府同意。

（3）党委、政府的部门在各自职权范围内可以向下级党委、政府的相关部门行文。

（4）涉及多个部门职权范围内的事务，部门之间未协商一致的，不得向下行文；擅自行文的，上级机关应当责令其纠正或者撤销。

（5）上级机关向受双重领导的下级机关行文，必要时抄送该下级机关的另一个上级机关。

3. 同级行文

同级党政机关、党政机关与其他同级机关必要时可以联合行文。属于党委、政府各自职权范围内的工作，不得联合行文。

党委、政府的部门依据职权可以相互行文。部门内设机构除办公厅（室）外不得对外正式行文。

六、公文格式规范

在长期的工作实践中，为了能用最少的语言，表达最多的内容和信息，机关公文逐渐形成了固定的格式和运行传递的制度。掌握公文的格式和运行要求，是做好公文处理工作的一个基本条件。

根据《党政机关公文格式》（GB/T 9704—2012）规定，党政机关公文格式主要有如下规范：

1. 公文用纸及排版

公文用纸采用A4型纸，其成品一般应符合：幅面尺寸为210毫米×297毫米；公文用纸天头（上白边）为：37毫米±1毫米；公文用纸订口（左白边）为：28毫米±1毫米；版心尺寸为：156毫米×225毫米（不含页码）。A4型公文用纸页边及版心尺寸如图1—1所示。

如无特殊说明，公文格式各要素一般用3号仿宋体字。特定情况可以作适当调整。一般每面排22行，每行排28个字，并撑满版心。特定情况可以作适当调整。

2. 公文的普通格式

根据《党政机关公文处理工作条例》规定，公文一般由份号、密级和保密期限、紧急程度、发文机关标识、发文字号、签发人、标题、主送机关、正文、附件说明、发文机关署名、成文日期、印章、附注、附件、抄送机关、印发机关和印发日期、页码等组成。

一份完整的公文，通常分为眉首、主体、版记三部分。

（1）眉首。

1）份号。份号是指公文印制份数的顺序号，是将同一文稿印制若干份时每份公文的顺序编号。如需标识份号，一般用6位3号阿拉伯数字在版心左上角第一行。编份号的目的是准确掌握公文的印制份数和分发范围和对象，所以，涉密公文应当标注份号。

2）秘密等级和保密期限。如需标识秘密等级和保密期限，一般用3号黑体字，顶格编排在版心左上角第二行，两字之间空一字；秘密等级和保密期限之间用“★”隔开，保密期限中的数字用阿拉伯数字标注。

秘密等级有三种：“绝密”“机密”和“秘密”。

保密期限是对公文密级的时效加以规定的说明。在此需要说明的是，如不标识保密期限，秘密等级两字之间应空一字距离，如需标注保密期限，则秘密等级的两字间则不空一字距离，以使该字段不致过长。

3）紧急程度。如需标识紧急程度，一般用3号黑体字，顶格编排在版心左上角，两字之间空一字；如需同时标注份号、密级和保密期限、紧急程度，按照份号、密级和保密期限、紧急程度的顺序自上而下分行排列。

紧急程度是对公文送达时限的要求。紧急程度分“特急”“急件”和“限时送达”。

4）发文机关标识。发文机关标识是指由发文机关全称或者规范化简称加“文件”

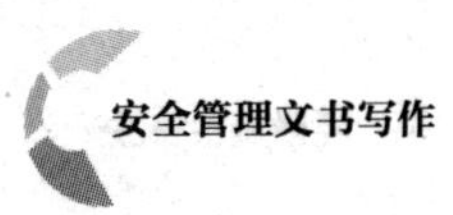

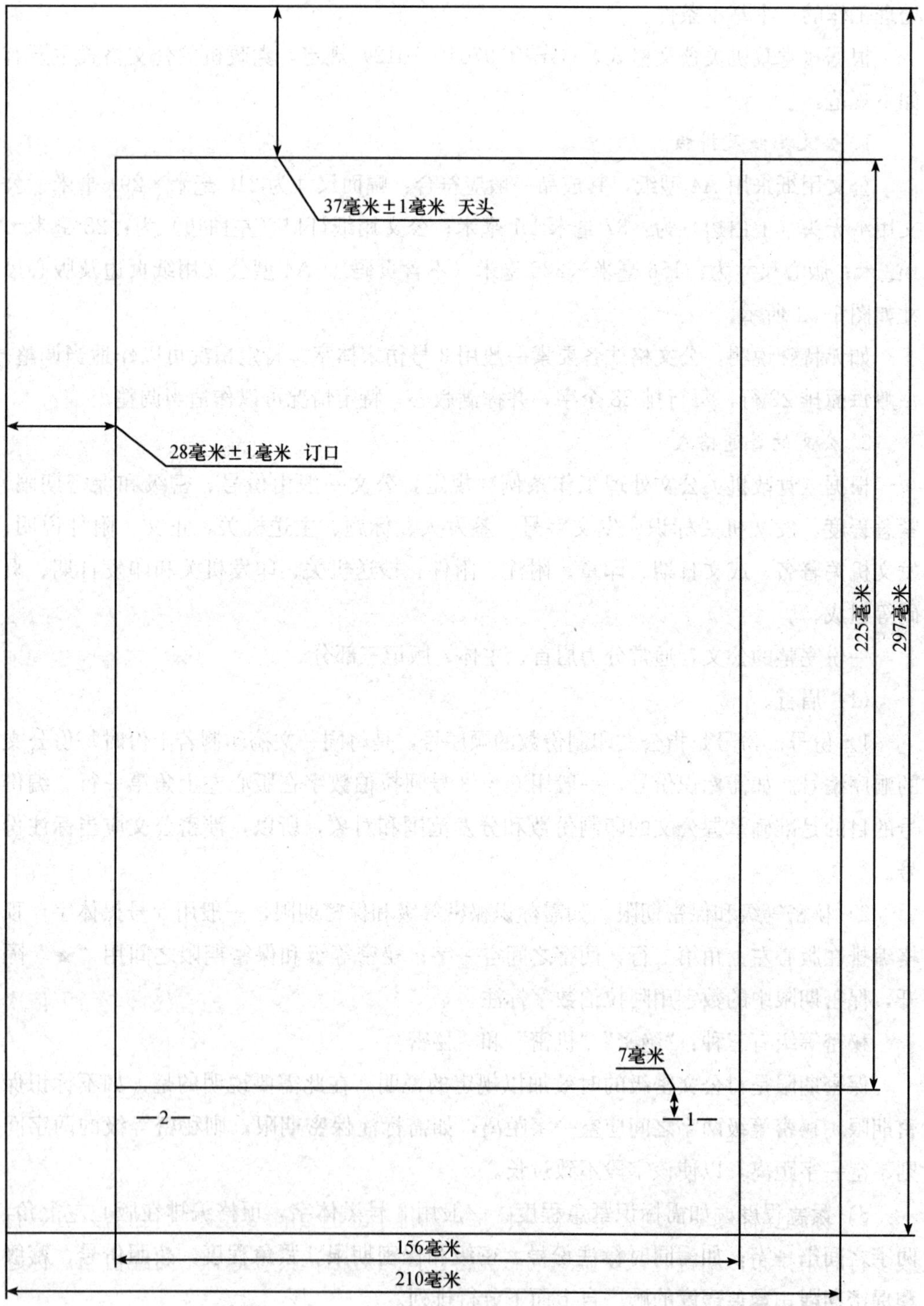

37毫米±1毫米 天头

28毫米±1毫米 订口

225毫米

297毫米

7毫米

—2—

—1—

156毫米

210毫米

图 1—1 A4 型公文用纸页边及版心尺寸

二字组成，也可以使用发文机关全称或者规范化简称。联合行文时，发文机关标识可以并用联合发文机关名称，也可以单独用主办机关名称。

发文机关标识居中排布，上边缘至版心上边缘为35毫米，推荐使用小标宋体字，颜色为红色，以醒目、美观、庄重为原则。

联合行文时，如需同时标注联署发文机关名称，一般应当将主办机关名称排列在前；如有“文件”二字，应当置于发文机关名称右侧，以联署发文机关名称为准上下居中排布。如联合行文机关过多，必须保证公文首页显示正文。

发文机关标识即人们通常所称的“红头”。发文机关全称应以批准该机关成立的文件核定的名称为准。规范化简称应由该机关的上级机关规定。

5）发文字号。发文字号由发文机关代字、年份、发文顺序号组成。联合行文时，使用主办机关的发文字号。发文字号编排在发文机关标识下空二行位置，居中排布。

机关代字一般由两个层次组成。第一个层次是发文机关代字，第二个层次是发文机关主办文件的部门的代字。如教育部文件的机关代字有“教办”“教财”等，“教”代教育部，“办”“财”代主办这份文件的教育部的办公部门、财务部门。

序号是发文的流水号。一般都是按文件的形式统一编号，即是哪个部门主办的，只要是同一发文形式，就要统一按顺序编号。年份、发文顺序号用阿拉伯数字标注；年份应标全称，用六角括号“〔 〕”括入；发文顺序号不加“第”字，不编虚位（即1不编为01），在阿拉伯数字后加“号”字。

上行文的发文字号居左空一字编排，与最后一个签发人姓名处在同一行。发文字号与红色分隔线相距4毫米。

6）签发人。上报的公文需标识签发人姓名，签发人由“签发人”三字加全角冒号和签发人姓名组成，编排在发文机关标识下空二行位置，平行排列于发文字号右侧。发文字号居左空1字，签发人姓名居右空1字；签发人用3号仿宋体字，签发人后标全角冒号，冒号后用3号楷体字标识签发人姓名。

如有多个签发人，签发人姓名按照发文机关的排列顺序从左到右、自上而下依次均匀编排，一般每行排两个姓名，回行时与上一行第一个签发人姓名对齐。

签发人标识仅是在上报的公文中才出现。在上报的公文中标识签发人姓名，主要目的是为上级单位的领导人了解下级单位谁对上报事项负责。

（2）主体。

1）标题。标题一般用2号小标宋体字，编排于红色分隔线下空二行位置，分一行或多行居中排布；回行时，要做到词意完整，排列对称，长短适宜，间距恰当，标题排列应当使用梯形或菱形。

2）主送机关。主送机关编排于标题下空一行位置，居左顶格，回行时仍顶格，最后一个机关名称后标全角冒号。如主送机关名称过多导致公文首页不能显示正文时，应当将主送机关名称移至版记，标识方法同抄送。

标识主送机关时应标明主送机关的全称、规范化简称或同类型机关的统称。所谓同类型机关的统称如“各省、自治区、直辖市人民政府”。

3）正文。公文首页必须显示正文。正文一般用3号仿宋体字，编排于主送机关名称下一行，每个自然段左空2字，回行顶格。文中结构层次序数依次可以用“一、”“(一)”“1.”“(1)”标注；一般第一层用黑体字、第二层用楷体字、第三层和第四层用仿宋体字标注。

4）附件说明。如有附件，在正文下空一行左空二字编排“附件”二字，后标全角冒号和附件名称。如有多个附件，使用阿拉伯数字标注附件顺序号（如“附件：1.××××”）；附件名称后不加标点符号。附件名称较长需回行时，应当与上一行附件名称的首字对齐。

公文首页版式如图1—2所示，联合行文公文首页版式（版式1）如图1—3所示，上报的带有签发人的联合行文公文版式（版式2）如图1—4所示。

5）发文机关署名、成文日期和印章。

①加盖印章的公文：

成文日期一般右空四字编排，印章用红色，不得出现空白印章。

单一机关行文时，一般在成文日期之上、以成文日期为准居中编排发文机关署名，印章端正、居中下压发文机关署名和成文日期，使发文机关署名和成文日期居印章中心偏下位置，印章顶端应当上距正文（或附件说明）一行之内。

联合行文时，一般将各发文机关署名按照发文机关顺序整齐排列在相应位置，并将印章一一对应、端正、居中下压发文机关署名，最后一个印章端正、居中下压发文机关署名和成文日期，印章之间排列整齐、互不相交或相切，每排印章两端不得超出版心，首排印章顶端应当上距正文（或附件说明）一行之内。

②不加盖印章的公文：

单一机关行文时，在正文（或附件说明）下空一行右空二字编排发文机关署名，在发文机关署名下一行编排成文日期，首字比发文机关署名首字右移二字，如成文日期长于发文机关署名，应当使成文日期右空二字编排，并相应增加发文机关署名右空字数。联合行文时，应当先编排主办机关署名，其余发文机关署名依次向下编排。

③加盖签发人签名章的公文：

单一机关制发的公文加盖签发人签名章时，在正文（或附件说明）下空二行右空四字加盖签发人签名章，签名章左空二字标注签发人职务，以签名章为准上下居中排布。在签发人签名章下空一行右空四字编排成文日期。联合行文时，应当先编排主办机关签发人职务、签名章，其余机关签发人职务、签名章依次向下编排，与主办机关签发人职务、签名章上下对齐；每行只编排一个机关的签发人职务、签名章；签发

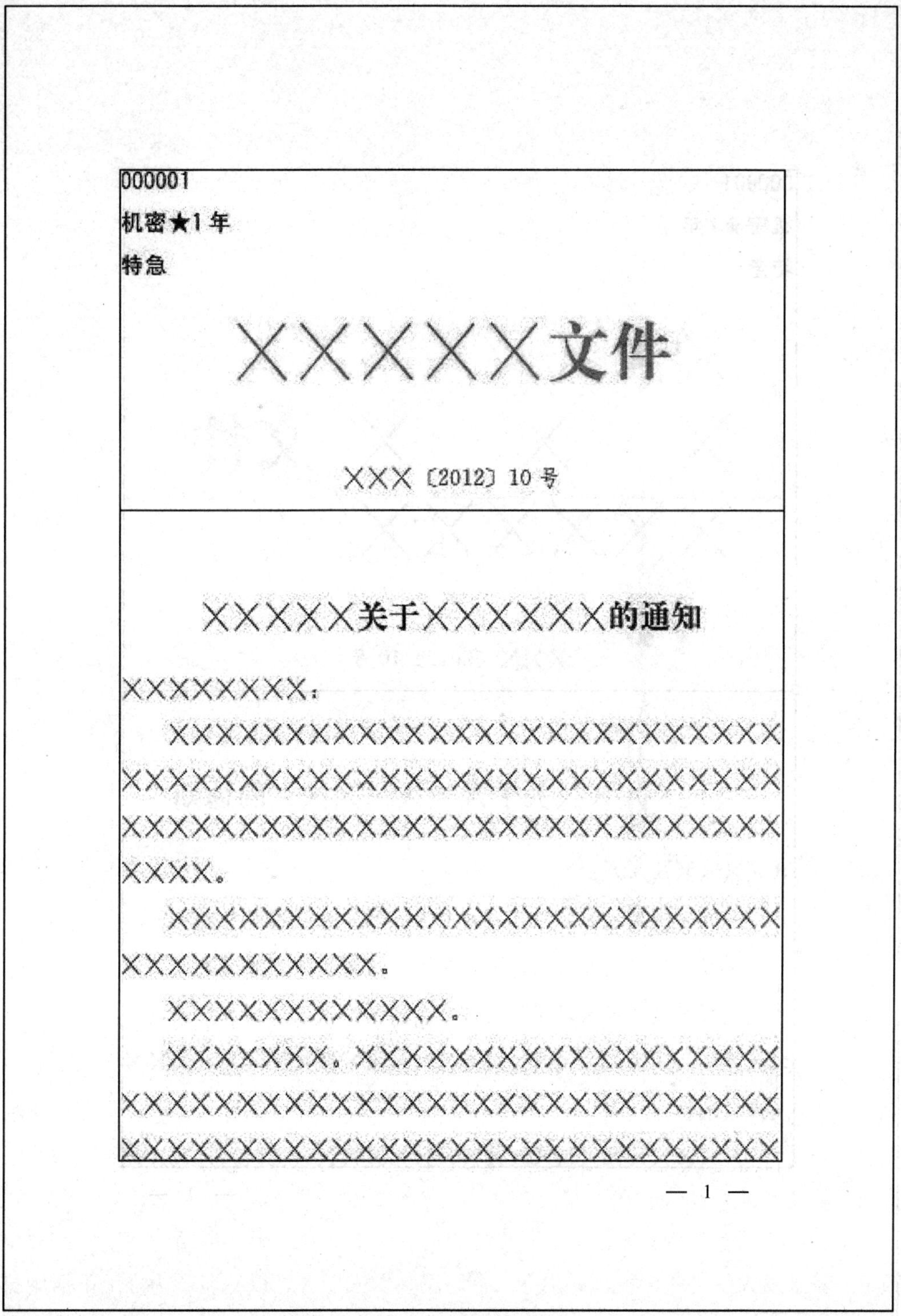

000001
机密★1年
特急

×××〔2012〕10号

×××××关于××××××的通知

××××××××：

　　××××××××××××××××××××××××××
××××××××××××××××××××××××××××
××××××××××××××××××××××××××××
××××。

　　××××××××××××××××××××××××××
×××××××××××。

　　××××××××××××。

　　×××××××。××××××××××××××××××
××××××××××××××××××××××××××××
××××××××××××××××××××××××××××

— 1 —

图1—2　公文首页版式

注：版心实线框仅为示意，在印制公文时并不印出。

000001

机密★1年

特急

××××××
×　×　×　文件
××××××

×××〔2012〕10号

××××××关于×××××××的通知

××××××××：

×××××××××××××××××××××××××××。

××。

×××××××××××××××××××××××××××

— 1 —

图1—3　联合行文公文首页版式1

注：版心实线框仅为示意，在印制公文时并不印出。

000001
机　密
特　急

××××××
×　　×　　×
××××××

签发人：×××　×××
×××〔2012〕10号　　　　×××

××××××关于×××××××的请示

××××××××：
××。
×××××××××××××××××××××××××

— 1 —

图1—4　联合行文公文首页版式2

注：版心实线框仅为示意，在印制公文时并不印出。

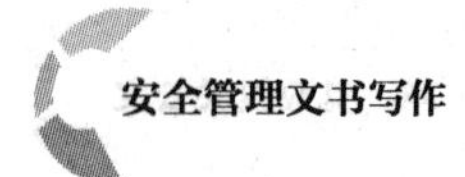

人职务应当标注全称。

签名章一般用红色。

成文日期用阿拉伯数字将年、月、日标全，年份应标全称，月、日不编虚位（即1不编为01）。

当公文排版后所剩空白处不能容下印章或签发人签名章、成文日期时，可以采取调整行距、字距的措施解决。

6）附注。如有附注，居左空二字加圆括号编排在成文日期下一行。

附注一般是对公文的发放范围、使用时需注意的事项加以说明，如“此件发至县团级”“此件可见报”等，不是对公文的内容作出解释或注释。对公文的注释或解释一般在公文正文中采取句内括号或句外括号的方式解决，这一点在使用附注时要加以注意。

7）附件。附件应当另面编排，并在版记之前，与公文正文一起装订。“附件”二字及附件顺序号用3号黑体字顶格编排在版心左上角第一行。附件标题居中编排在版心第三行。附件顺序号和附件标题应当与附件说明的表述一致。附件格式要求同正文。

如附件与正文不能一起装订，应当在附件左上角第一行顶格编排公文的发文字号并在其后标注“附件”二字及附件顺序号。

加盖公章的公文末页版式如图1—5所示，不加盖公章的公文末页版式如图1—6所示，联合行文公文末页版式1如图1—7所示，联合行文公文末页版式2如图1—8所示，附件说明页版式如图1—9所示，带附件公文末页版式如图1—10所示。

（3）版记。版记中的分隔线与版心等宽，首条分隔线和末条分隔线用粗线（推荐高度为0.35毫米），中间的分隔线用细线（推荐高度为0.25毫米）。首条分隔线位于版记中第一个要素之上，末条分隔线与公文最后一面的版心下边缘重合。

1）抄送机关。如有抄送机关，一般用4号仿宋体字，在印发机关和印发日期之上一行、左右各空一字编排。“抄送”二字后加全角冒号和抄送机关名称，回行时与冒号后的首字对齐，最后一个抄送机关名称后标句号。

如需把主送机关移至版记，除将“抄送”二字改为“主送”外，编排方法同抄送机关。既有主送机关又有抄送机关时，应当将主送机关置于抄送机关之上一行，之间不加分隔线。

2）印发机关和印发日期。印发机关和印发日期一般用4号仿宋体字，编排在末条分隔线之上，印发机关左空一字，印发日期右空一字，用阿拉伯数字将年、月、日标全，年份应标全称，月、日不编虚位（即1不编为01），后加“印发”二字。

版记中如有其他要素，应当将其与印发机关和印发日期用一条细分隔线隔开。

（4）页码。公文页码一般用4号半角宋体阿拉伯数字，编排在公文版心下边缘之下，数字左右各放一条一字线；一字线上距版心下边缘7毫米。单页码居右空一字，

XXXXXXXXXXXXXXXX。

　　XXXXXXXXXXXXXXXXXXXXXXXXX
XXXXXXXXXXXXXXXXXXXXXXXXXXX
XXXXXXXXXXX。

2012年7月1日

　　（XXXXX）

抄送：XXXXXXXX，XXXXXX，XXXXX，XXXXX，
　　　XXXXX。

XXXXXXXXX　　　　　　2012年7月1日印发

— 2 —

图1—5　加盖公章的公文末页版式

注：版心实线框仅为示意，在印制公文时并不印出。

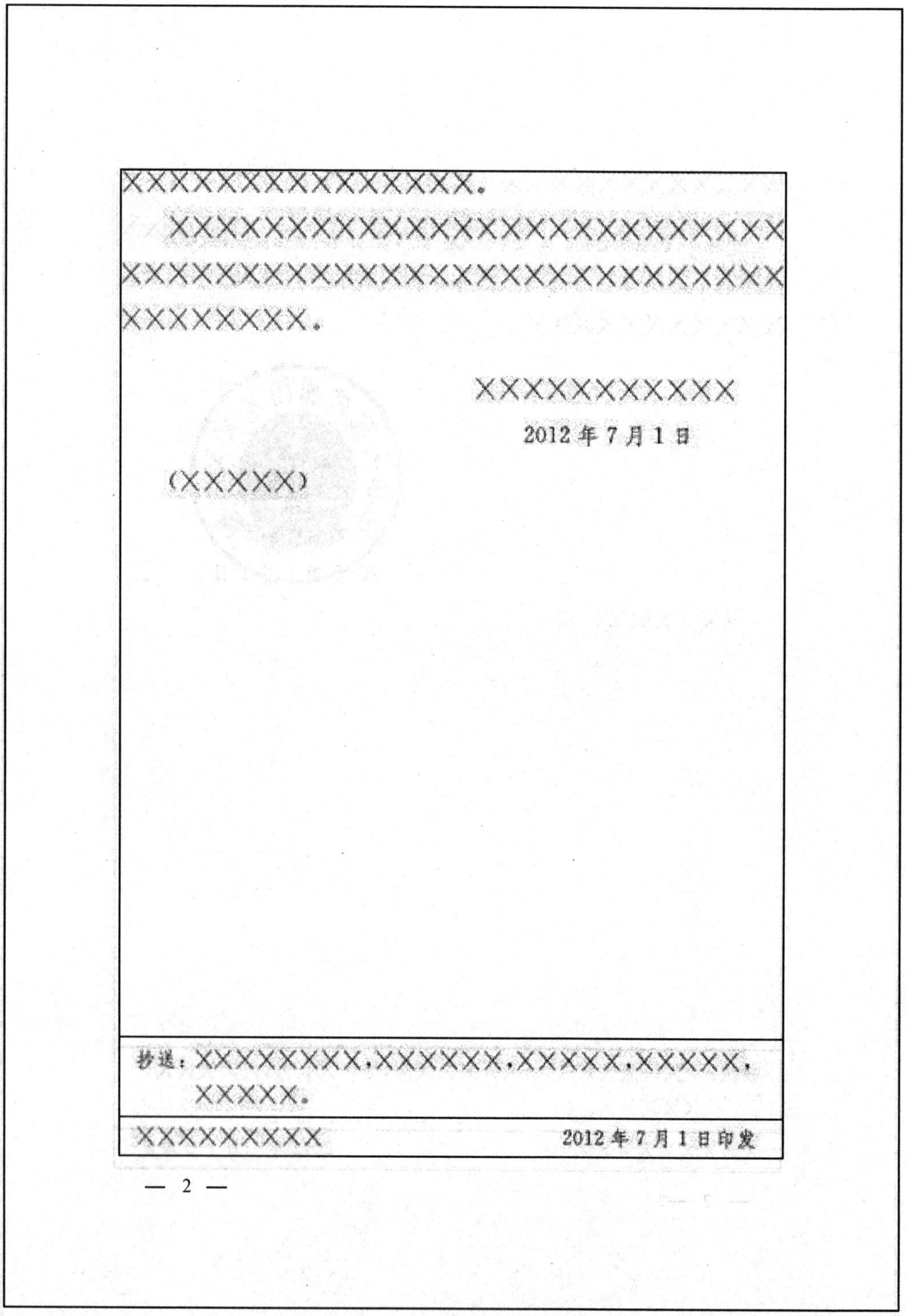

XXXXXXXXXXXXXXX。

XXXXXXXXXXXXXXXXXXXXXXXXXXXXXXXXXXXXXXXXXXXXXXXXXXXXXXXX。

XXXXXXXXXXX

2012年7月1日

（XXXXX）

抄送：XXXXXXXX，XXXXXX，XXXXX，XXXXX，XXXXX。

XXXXXXXXX　　2012年7月1日印发

— 2 —

图1—6　不加盖公章的公文末页版式

注：版心实线框仅为示意，在印制公文时并不印出。

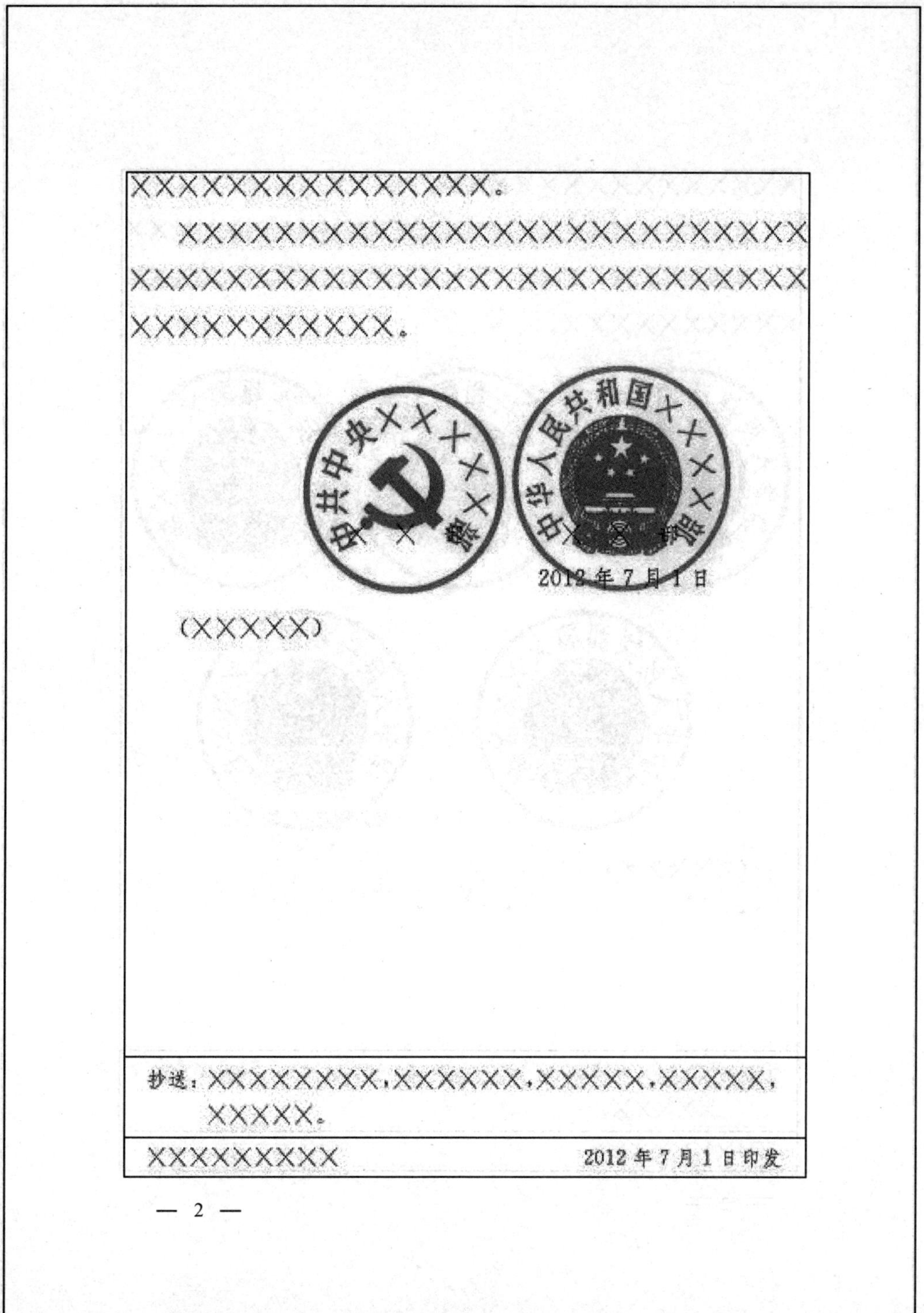

XXXXXXXXXXXXXXXX。

XXXXXXXXXXXXXXXXXXXXXXXXXX XXXXXXXXXXXXXXXXXXXXXXXXXXX XXXXXXXXXXXX。

中共中央XXXXX部　中华人民共和国XXXXX部

2012年7月1日

（XXXXX）

抄送：XXXXXXXX，XXXXXX，XXXXX，XXXXX，XXXXX。

XXXXXXXXX　2012年7月1日印发

— 2 —

图1—7　联合行文公文末页版式1

注：版心实线框仅为示意，在印制公文时并不印出。

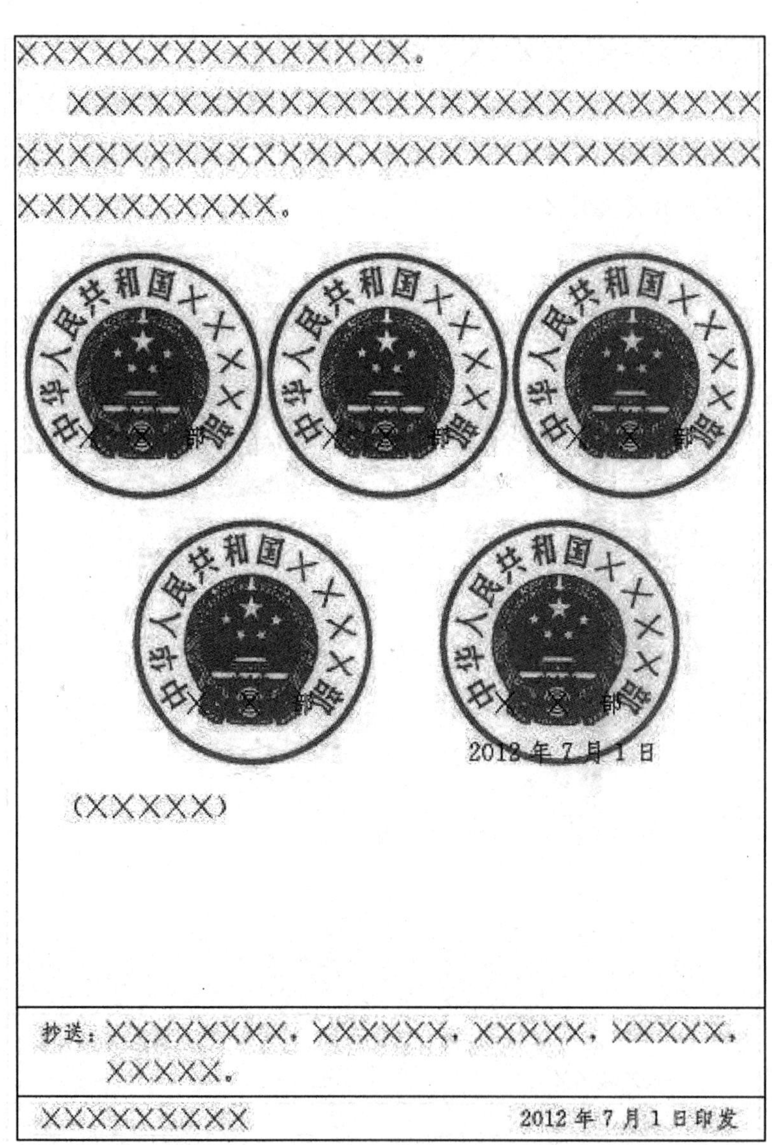
XXXXXXXXXXXXXXXX。

XXXXXXXXXXXXXXXXXXXXXXXXXXXXXXXXXXXXXXXXXXXXXXXXXXXXXXXXXXXX。

2012年7月1日

（XXXXX）

抄送：XXXXXXXX，XXXXXX，XXXXX，XXXXX，XXXXX。

XXXXXXXXX　　2012年7月1日印发

— 2 —

图1—8　联合行文公文末页版式2

注：版心实线框仅为示意，在印制公文时并不印出。

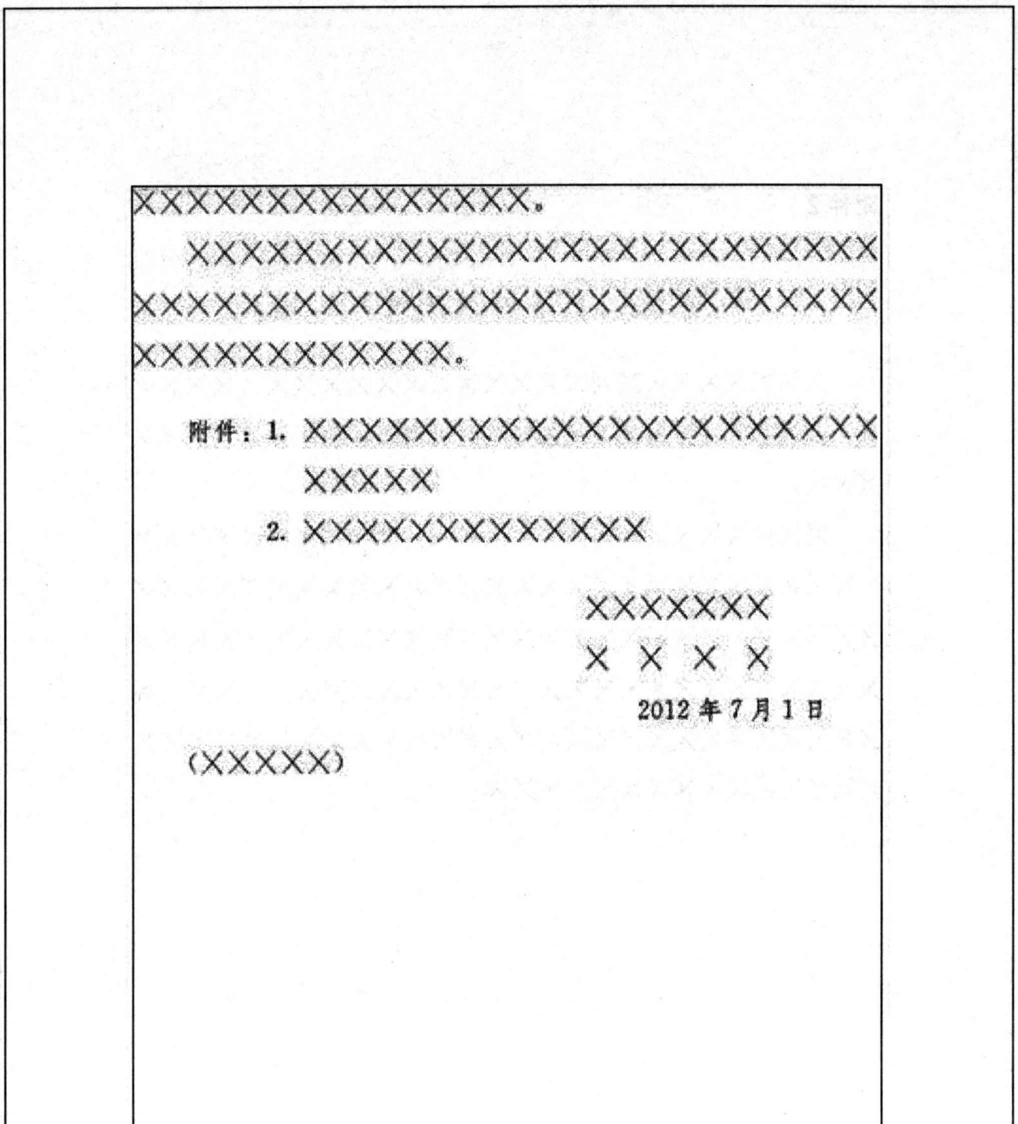

XXXXXXXXXXXXXXX。

XXXXXXXXXXXXXXXXXXXXXXXXXXXXXXXXXXXXXXXXXXXXXXXXXXXXXXXXXXXXXXXXXXXXX。

附件：1. XXXXXXXXXXXXXXXXXXXXXXXXXX

2. XXXXXXXXXXXXXX

XXXXXXX

X X X X

2012年7月1日

（XXXXX）

— 2 —

图1—9 附件说明页版式

注：版心实线框仅为示意，在印制公文时并不印出。

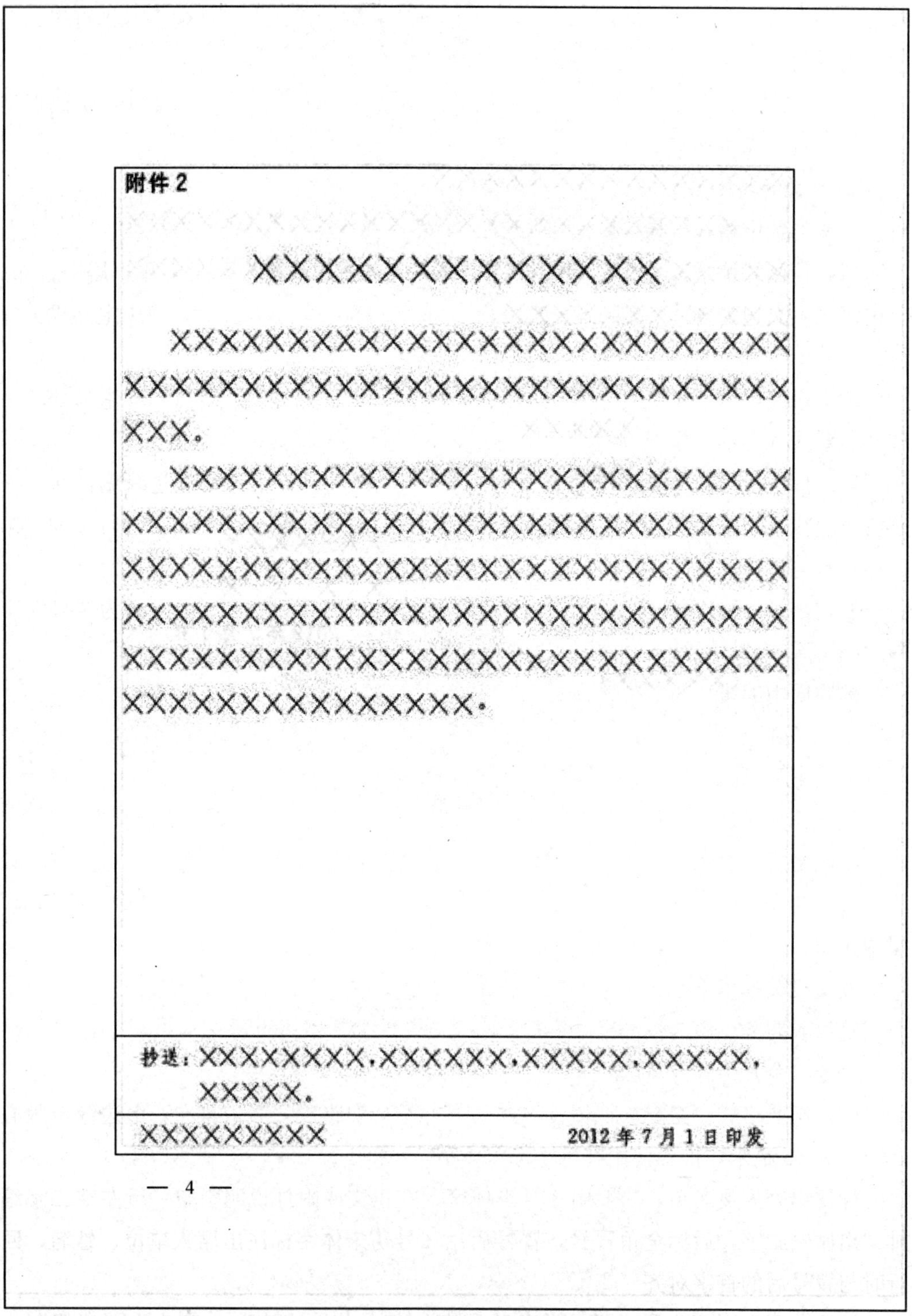

附件 2

XXXXXXXXXXXXXX

XXXXXXXXXXXXXXXXXXXXXXXXXXXXXXXXXXXXXXXXXXXXXXXXXXXXXXXXXXXXX。

XXXXXXXXXXXXXXXXXXXXXXXXXXXXXXXXXXXXXXXXXXXXXXXXXXXXXXXXXXXXXXXXXXXXXXXXXXXXXXXXXXXXXXXXXXXXXXXXXXXXXXXXXXXXXXXXXXXXXXXXXXXXXXXXXXXXXXXXXXXXXXXXXXXXXXXXXXX。

抄送：XXXXXXXX，XXXXXX，XXXXX，XXXXX，XXXXX。

XXXXXXXXX　　2012 年 7 月 1 日印发

— 4 —

图 1—10　带附件公文末页版式

注：版心实线框仅为示意，在印制公文时并不印出。

双页码居左空一字。公文的版记页前有空白页的，空白页和版记页均不编排页码。公文的附件与正文一起装订时，页码应当连续编排。

(5) 公文中表格。公文的 A4 纸型的表格横排时，页码位置与公文其他页码保持一致，单页码表头在订口一边，双页码表头在切口一边。

3. 公文的特定格式

公文的特定格式包括信函式格式、命令式格式、会议纪要格式。

(1) 信函式格式。发文机关标识使用发文机关全称或者规范化简称，居中排布，上边缘至上页边为 30 毫米，推荐使用红色小标宋体字。联合行文时，使用主办机关标识。

发文机关标识下 4 毫米处印一条红色双线（上粗下细），距下页边 20 毫米处印一条红色双线（上细下粗），线长均为 170 毫米，居中排布。

如需标注份号、密级和保密期限、紧急程度，应当顶格居版心左边缘编排在第一条红色双线下，按照份号、密级和保密期限、紧急程度的顺序自上而下分行排列，第一个要素与该线的距离为 3 号汉字高度的 7/8。

发文字号顶格居版心右边缘编排在第一条红色双线下，与该线的距离为 3 号汉字高度的 7/8。

标题居中编排，与其上最后一个要素相距二行。

第二条红色双线上一行如有文字，与该线的距离为 3 号汉字高度的 7/8。

首页不显示页码。

版记不加印发机关和印发日期、分隔线，位于公文最后一面版心内最下方。

信函格式首页版式如图 1—11 所示。

(2) 命令（令）格式。发文机关标识由发文机关全称加“命令”或“令”字组成，居中排布，上边缘至版心上边缘为 20 毫米，推荐使用红色小标宋体字。

发文机关标识下空二行居中编排令号，令号下空二行编排正文。

签发人职务、签名章和成文日期的编排与普通公文格式相同。

命令（令）格式首页版式如图 1—12 所示。

(3) 纪要格式。纪要标识由“×××××纪要”组成，居中排布，上边缘至版心上边缘为 35 毫米，推荐使用红色小标宋体字。

标注出席人员名单，一般用 3 号黑体字，在正文或附件说明下空一行左空二字编排“出席”二字，后标全角冒号，冒号后用 3 号仿宋体字标注出席人单位、姓名，回行时与冒号后的首字对齐。

标注请假和列席人员名单，除依次另起一行并将“出席”二字改为“请假”或“列席”外，编排方法同出席人员名单。

纪要格式可以根据实际制定。

中华人民共和国××××××部

000001　　　　　　　　　　　　　　　　　　×××〔2012〕10号

机　密

特　急

××××××关于××××××××的通知

××××××××：

　　××××××××××××××××××××××××××
××××××××××××××××××××××××××××
××××××××××××××××××××××××××××
×××××××××××××××××××××××××。

　　××××××××××××××××××××××××××
××××××××××××××××××××××××××××
××××××××××××××××××××××××××××
××××××××××××××××××××××××。

　　××××××××××××××××××××××××××
××××××××××××××××××××××××××××
××××××××××××××××××××××××××××
××××××××××××××××××××××××××××
××××××××××××××××××××××××××××
××××××××××××××××××××××××××××
×××××××××××××××××××××××××。

图 1—11　信函格式首页版式

注：版心实线框仅为示意，在印制公文时并不印出。

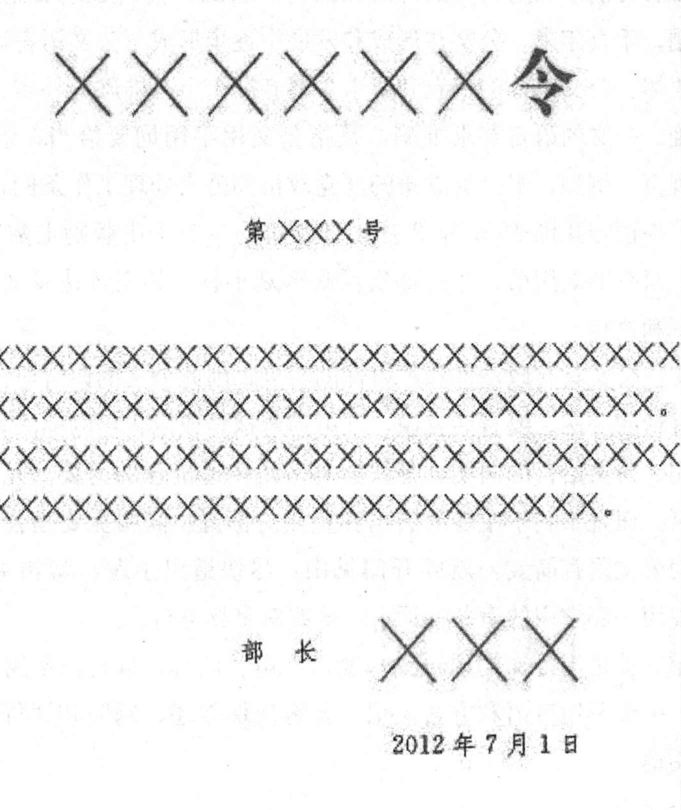
×××××××令

第×××号

××。××。

部　长　×××

2012年7月1日

— 1 —

图1—12　命令（令）格式首页版式

注：版心实线框仅为示意，在印制公文时并不印出。

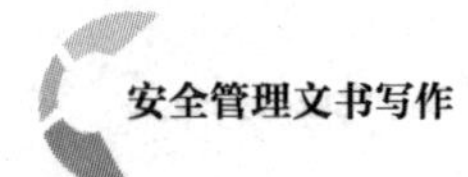

七、公文语言规范

1. 公文语体要求

公文语言会影响公文内容，对公文整体起着举足轻重的作用。一个小小的文字或标点错误，都有可能影响对公文的理解和执行。因此，我们必须要注意公文撰制过程中的语言问题。千百年来，公文在形成和发展中逐步形成了公文语言运用的特殊语体，这就是公文语体。公文语体的特点和要求主要有 8 个字：准确、朴实、简明、庄重。

(1) 准确。公文的语言要求准确，是指公文用字用词要恰当，语句段落要通顺，数字标点要规范。例如，根据新颁布的《党政机关公文处理工作条例》，公文中的数字写法就应当严格遵守我国 1987 年 2 月 1 日颁布的《关于出版物上数字用法的试行规定》的要求。只有准确用语，才能如实反映客观事物，如实传达发文意图，使公文得以更好的理解和执行。

(2) 朴实。公文具有政治性和严肃性的特点，因此公文的语言应当力求质朴无华，少用描写和抒情的手法。要直话直说，不可拐弯抹角或以含蓄的笔法委婉地表达意思。

(3) 简明。公文语言的简明，是快速高效地传递信息的需要。冗长的公文不仅会让人望而生厌，而且不利于主旨的突出和重点的把握。简明扼要是公文写作的一项基本要求。要使公文语言简要，就须开门见山，尽快道出主题，紧扣主题，摒弃套话，并学会熟练使用一套常用的事务性词汇，简要对事物进行表达。

(4) 庄重。就是指公文的语言要郑重、严肃、认真、客观，不用戏谑语，不追求诙谐与幽默，一般不用口语和方言土语。要客观地叙述、阐明和评价，尽量使用书面语和公文专用语。

2. 公文专用语

这里需要特别强调的是，公文专用语是在人们在长期公文写作实践中形成的，它既保留了某些古汉语的特色，又使公文获得言简意赅的效果，相对固定、十分简洁，因此长期沿用，经久不衰。这些公文专用语主要有以下六类：

(1) 称谓用语。即表示称谓关系的词：

第一人称："本""我"，后面加上所代表的单位简称，如：部、委、办、厅、局、厂或所等。如："本人""我局"等。

第二人称："贵""你"，后面加上所代表的单位简称。如："贵部""你委"等。

第三人称："该"，在应用文中使用广泛，可用于指代人、单位或事物。如："该同志""该厂""该部""该产品"等。

(2) 引叙用语。引叙词是用以引出应用文撰写的根据、理由或应用文的具体内容的词。常用的有：根据、按照、为了、接……、前接或近接……、遵照、敬悉、惊悉、收悉、……查、为……特……、……现……如下等。

（3）祈请用语。又称期请词、请示词，用于向受文者表示请求与希望。主要有：希、即希、敬希、请、望、敬请、烦请、恳请、希望、要求等。

（4）征询用语。又称询问词，用于征询对方意见和反映，具有探询语气。有：可否、妥否、当否、是否可以、是否同意、意见如何等。

（5）表态用语。又称回复用语，即针对对方的请示、问函，表示明确意见时使用的词语。如：应、应当、同意、不同意、准予备案、特此批准、请即试行、按照执行、可行、不可行、迅即办理等。

（6）结尾用语。结尾词即置于正文最后，表示正文结束的词语，用以结束上文的词语。如：此布、特此报告、通知、批复、函复、函告、特予公布、此致、谨此、此令、此复、特此、为要、为盼、为荷等。

八、情景写作训练

运用计算机技术分别设计正式行政公文格式模版、信函格式模版、纪要格式模版。设计时要注意纸张大小、边距和行距尺寸、字号等的编排。

第二节 通 告

问题思考：

安全生产管理通告写作应注意什么问题？如何才能符合规范？

一、基础知识

1. 通告的适用范围和特点

（1）通告的适用范围。通告适用于在一定范围内公布应当遵守或者周知的事项。通告虽然面向社会发布，但多是限定在一个特定社区范围内，内容多是要求一个特定的人群遵守或者知晓。

（2）通告的主要特点。

1）规定性。通告常用来对某些事项、行为作出规定和限制，特定范围内的部门、单位和民众都必须遵守、执行。例如《××市人民政府关于坚决清理非法占道经营的通告》，为改善交通秩序、保证交通安全和市容环境作出规定。

2）周知性。通告的内容，要求在一定范围内的人们或特定的人群普遍知晓，以使他们了解有关政策法令，遵守某些规定事项，共同维护社会公务管理秩序。

3）实务性。所有的公文都是实用文，从根本性质上来说都应该是务实的。但它们之间还是有一些区别，有的公文只是告知某事，或者宣传某些思想、政策，并不指向具体事务。通告则是一种直接指向某项事务的文种，务实性比较突出。

4）行业性。不少通告都具有鲜明的行业性特点，如税务局关于征税的通告，机动车管理部门关于机动车辆年度检验的通告，银行关于发行新版人民币的通告，房产管理局关于对商品房销售面积进行检查的通告等，都是针对其所负责的那一部分的业务或技术事务发出的通告。因此，通告行文中要时常引用本行业的法规、规章，也免不了使用本行业的术语、行话。

2. 通告的分类

通告有法规性通告和周知性通告两大类型。

（1）法规性通告。也称制约性通告，主要向受文者交代需要遵守、执行的政策、措施以及其他行为规范，具有政策性和法律性，要求有关人员必须遵照执行。

（2）周知类通告。周知性通告主要是使受文者了解重要情况、重要消息，主要用于维修道路、电路、输水管线以及工商、税务、卫生、城建、交通管理等部门要求有关人员在一定期限内登记、换证、检疫、拆迁、报考等。

当然，这两种通告的区分是以法规性的强弱不同为标准的，二者之间没有绝对的界限。法规性的通告不可能没有知照性，知照性的通告完全没有法规内容的也不多见。但二者在性质上毕竟有所区分，如《关于坚决清理非法占道经营的通告》，强制性措施较多，属于法规性通告；关于因施工停水、停电的通告，主要起告知事项的作用，没有强制性措施，属于周知性通告。

二、通告的结构和写法

通告由标题、正文和落款三部分组成。

1. 标题和发文字号

（1）通告的标题。通告的标题，主要有两种写法。

一是全题写法，也就是公文标题的常规写法，由发文机关、事由、文种三要素共同构成。如《国务院安委会关于安全生产重点工作专项督查和整治情况的通报》《国务院安委会办公室关于2014年春节期间全国安全生产情况的通报》《××市安委会办公室关于2015年元旦春节期间安全生产大检查情况的通报》等。

二是省略主要内容的写法，由发文机关、文种组成。如《中华人民共和国公安部通告》《××市安全生产监督管理局通告》等。

三是通告也可以由主要内容和文种构成标题，如《关于开展××小区消防安全通道整治的通告》等。

四是通告标题只有文种“通告”两字。

通告标题还有一种特殊的写法，将标题分为两个部分，第一部分是发文机关加文种，即“×××通告”，第二部分是通告的主要内容。例如《中国人民银行通告　明日起发行 1990 年版壹圆券人民币》等。

（2）通告的发文字号。通告的发文字号不像一般公文那样只用常规方式，在实践中有多种情况并存。

如果是政府发布通告，要有正规的发文字号，如《××市人民政府关于坚决清理非法占道经营的通告》，发文字号就是“市政告字〔2012〕6 号”。

如果是某一行业管理部门发布通告，则可采用“第×号”的方式，标示位置在标题之下正中。

一些基层企事业单位发布的通告，也可以没有字号。

2. 通告的正文

通告正文的结构一般由开头、主体、结尾和结语四部分组成。

（1）通告开头。作为开头部分，通告缘由主要用来表达发布通告的缘由、根据，要求概括说明发布通告的原因和目的。法规性通告一般还要求写清楚法律依据，以增强通告的法律效力。缘由后面常用习惯用语“现将有关情况通告如下”“特作如下通告”等过渡到下文。

（2）通告主体。这是通告的事项部分，文字最多，内容最复杂。通常采用分条列项的写法，要求做到主旨鲜明、事项具体、条理清楚、层次分明、简洁通俗、便于理解执行。如果内容比较单一，也可采用贯通式写法。

（3）通告结尾。通告结尾提出执行要求或号召。有的通告没有结尾。

（4）通告结语。通告结语写法比较简单，一般单独设段，多采用“本通告自发布之日起实施”或“特此通告”“此布”等习惯用语作结，以体现通告的规范性、严肃性。

3. 落款

通告的落款应写明发文机关名称和发文日期。如果标题中已冠有发文机关名称，落款处可以省略，只写年、月、日，或将发文日期年、月、日居中写在标题下方、正文上方。

三、通告的写作要求

1. 写作通告应符合有关的政策、法令，不得与国家的政策、法令相悖，要做到既从实际出发，又符合党和国家的方针、政策。

2. 所通告的事项，要表述得十分明确，切忌含糊、令人费解。

3. 通告语言要通俗、易懂，便于群众了解、遵守。即使是某些专业性很强的通告，也应力求如此。

四、阅读与分析

1. 范文评析

关于开展消防安全大排查大整治活动的通告

为深刻吸取近期重特大火灾事故教训，全面排查整治火灾隐患，有效遏制较大以上火灾特别是群死群伤火灾事故发生，确保人民群众生命财产安全。市政府决定，从即日起至11月15日，在全市范围内深入开展消防安全大排查大整治活动。现将有关事宜通告如下：

一、工作目标

通过单位自查、部门联查、群众举报等多种方式，采取行政、法律等手段，全面排查整治火灾隐患，严厉查处消防违法违规行为，进一步提高社会火灾防控能力，实现火灾事故明显减少，有效遏制较大以上人员伤亡火灾，杜绝发生重特大火灾事故，全力维护消防安全形势稳定。

二、排查范围

宾馆、饭店、商场、集贸市场、体育场馆、会堂、公共娱乐场所，医院的门诊楼、病房楼，学校的教学楼、图书馆、食堂和集体宿舍，养老院、福利院，托儿所、幼儿园，劳动密集型企业的生产加工车间和员工集体宿舍等人员密集场所，高层、地下建筑，建设工程施工工地，“三合一”“多合一”场所，易燃易爆危险品生产、经营、储存单位。

三、排查重点

（一）建筑、场所是否依法通过建设工程消防设计审核、消防验收、备案和投入使用、营业前消防安全检查。

……

四、工作要求

社会各单位要认真学习《中华人民共和国消防法》《××省消防条例》等消防法律法规，明确消防安全职责，落实消防安全主体责任，要对照排查重点进行自查自改，及时消除隐患。相关部门将开展督察检查，对排查发现的火灾隐患和违法行为，依法严格处理。

广大人民群众有权利和义务举报消防违法行为，如发现火灾隐患，可向当地消防

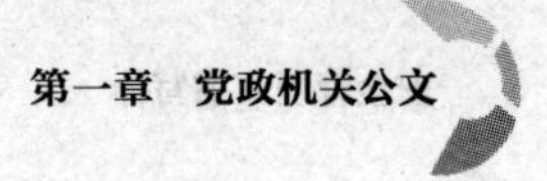

部门举报，举报投诉电话：96119。

特此通告。

××市消防安全委员会

2014 年 5 月 27 日

评析：

这篇通告开头部分主要简洁明白地写了发布通告的目的、依据。通告主体部分分条列写“工作目标”“排查范围”“排查重点”“工作要求”等内容，条理清楚，层次分明，逻辑性强。结语部分向广大人民群众发出号召。

2. 案例分析

开展居民小区消防安全通道整治的通告

××大街 5 号居民小区住户及相邻单位：

××大街 5 号、6 号小区居住有近 400 户居民，小区内消防设施落后，消防通道狭窄。现只有唯一的一个消防安全通道通往××大街。

我公司将于即日起，组织交巡警平台、派出所、社区居委会，对上述消防通道进行集中整治。为了保障广大群众的生命财产安全与社区的和谐稳定，同时也为了各车主的私人财产安全和车辆安全，请有车的住户及相关用车单位将车辆停放在规范的停车场内。

对于 2013 年 12 月 1 日以后，仍然停放在消防安全通道和小区通道上的车辆，我公司将对其采取强制措施，由此产生的一切后果由车主自行承担！

特此通告。

××物业管理有限公司

评析：

(1) 内容残缺，多处有语病。

(2) 主送对象比较宽泛，所以不必写主送对象。

(3) 思路不够清晰。缘由不清，目的不明，时间和措施不具体。

(4) 发文主体不当。物业管理公司不能组织安排政府部门的工作，也没有采取强制措施的权力。

五、情景写作训练

按照下面提供的材料写一份通告，向来往行人和车辆驾驶人员说明情况，确保安全，提出注意事项。

××建筑工程有限公司，要在××地段施工，每天上午 9：30 至 11：30 定时爆

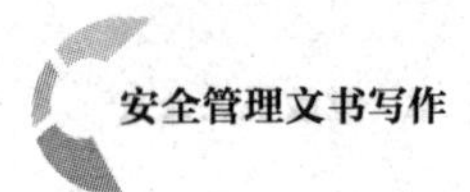

破，从×月×日起至从×月×日止。

第三节 通　　知

问题思考：

某公司让秘书写一份通知，秘书将其标题命名为通告。你认为该秘书的做法正确吗？说说通告与通知的异同。

一、基础知识

1. 通知的适用范围和特点

（1）通知的适用范围。通知适用于发布、传达要求下级机关执行和有关单位周知或者执行的事项，批转、转发公文。从行文关系上来说，通知多数是下行文，而有些告知性通知是平行文。

（2）通知的主要特点。

1）适用范围广。通知是公务活动中应用最广泛的公文，凡是发布法规和规章、传达上级机关的指示、转发上级机关和不相隶属机关的公文、批转下级机关的公文、发布要求下级机关办理和有关单位共同执行或者周知的事项、任免和聘用干部，都可以用通知。各级行政机关、企事业单位、社会团体对下级单位传达事项都可以使用通知，不受发文机关级别高低的限制，对行文路线限制不严，主要作上级机关对下级机关、组织对所属成员的下行文，但不相隶属机关之间有时也可使用通知来知照有关事项。

2）使用频率高。通知的内容既可是重大事件，又可是部门小事，所以使用频率很高。据统计，通知的用量是现行公文活动中最多的一种，有时超过公文总量的一半。

3）时效性强。通知对时效性具有严格的要求，它所传达的事项，往往要求及时执行和迅速办理，不能拖延，具有较强的执行性和约束性。如会议通知，只在指定的一段时间内有效。

2. 通知的主要类型

通知按其内容和性质，可以分为指示性通知、批示性通知、事项性通知、知照性通知（会议通知、任免通知）等。

（1）指示性通知。该类型通知用于直接发布行政法规和对下级某项工作的指示、要求，带有强制性、指挥性和决策性。

（2）批示性通知。该类型通知是用批转、转发、印发等方式发布某些法规，要求下级贯彻执行的通知。

（3）事项性通知。该类型通知即要求下级机关办理某些事项的通知。它除交代任务外，通常还提出工作要求，让受文单位贯彻执行，具有行政约束力。

（4）知照性通知。该类型通知用于告知某一事项或某些信息的通知，不具有强制性，如会议通知、任免通知等。不相隶属单位之间告知不要求办理和执行的事项，也可以使用告知性通知。如启用或作废某单位印章，更正文件差错，变更机关名称、工作地址、电话号码、邮政编码、作息时间等，都可以用这种通知行文。

二、通知的结构和写法

通知的基本机构一般由标题、主送机关、正文和落款四部分构成。

1. 标题

作为公文通知的标题，分完全式和省略式两种。完全式标题应写明发文机关、事由和文种。省略式标题有以下三种情况：

（1）省略发文机关。如果标题太长，可省略发文机关。如《关于召开全国首批物业管理师大会的通知》，这个标题便省略了发文机关。省略发文机关的标题很常见。如果是两个单位以上联合发文，不能省略发文机关。

（2）省略多余的“关于”和“通知”字样。如“部门经理会议通知”“停产通知”等。发布性和批转性通知的标题由“发文机关＋发布（批转、转发）＋被发布文件标题＋通知”构成。被发布、批转、转发的公文为法规、规章时，一般应加上书名号，有时由于被批转、转发公文标题中已有“关于”和“通知”字样，或者被批转、转发的公文标题比较长，这时，通知的标题一般可保留末次发布（批转、转发）文件机关和始发文件机关，省略去多余的“关于”和“通知”字样。如“××县人民政府关于转发《××市人民政府关于转发〈××省人民政府关于转发人事部关于×××同志恢复名誉后享受××级待遇的通知〉的通知》”。可把这个标题简化为“××县人民政府转发人事部关于×××同志恢复名誉后享受××级待遇的通知”。

（3）省略发文机关和事由。如果通知发文范围很小，内容简单，甚至张贴都可以，这样的通知标题可以省略发文机关和事由，只写文种“通知”二字。

需要说明的是，如果所发的通知比较紧急，需要被通知的单位尽快知悉和办理，可在“通知”之前加“紧急”二字，从而构成“紧急通知”。如《××矿务局关于进一步做好安全生产工作的紧急通知》。如果对某项事情发出通知后，由于情况发生变化，或因发出通知时考虑不周，认为有新的问题需要明确，有新的事情或规章要办理或执行，需要再发一个通知。这样的通知被称为“补充通知”，且常常将“补充”二字在标题中写出来。

2. 主送机关

主送机关是指要求办理、知悉通知事项的机关或个人。在正文前顶格书写，后跟冒号，以示引领下文。主送机关的名称可以用全称，也可以用规范化的简称。对于告知性通知，有时因为没有特定的收文对象，这时就不用写主送机关。

3. 正文

通知的正文一般由开头、主体和结尾三部分组成。颁布或转发性通知结构简单，其余通知一般由以下部分组成：

（1）开头。应写明制发通知的缘由、目的、依据或情况。

（2）主体。写出通知事项的内容，即要求受文机关承办、执行和应予以知晓的事项。这些内容如较复杂，可分条列项写出。

（3）结尾。这部分常用“特此通知”“专此通知”之类的习惯用语作结。

（4）附件。告知性通知及批示性通知常带有附件。

4. 落款

写出发文机关名称和发文日期，有的还要落上负责人的名字。如已在标题中写了机关名称和日期，这里可以省略不写。

三、阅读与分析

1. 范文评析

【例文 1】

交通运输部办公厅关于加强当前公路水运工程安全生产工作的通知

各省、自治区、直辖市、新疆生产建设兵团交通运输厅（局、委），天津市、上海市交通运输和港口管理局，天津市市政公路管理局，长江航务管理局，中国交通建设集团有限公司：

按照全国交通运输安全生产电视电话会议的部署，根据《国务院办公厅关于集中开展全国安全生产大检查的通知》（国办发明电〔2013〕16 号）和《交通运输部关于集中开展安全生产大检查的通知》（交安监明电〔2013〕21 号）的要求，为加强当前公路水运工程安全生产工作，全面深入推进平安工地建设常态化，现将有关事项通知如下：

一、突出督查重点，扎实开展安全生产百日大检查

各地交通运输主管部门要高度重视安全生产百日“大检查、大整改、大宣传、大提高”活动（下简称安全生产百日大检查），结合建设领域的“防坍塌、防坠落、反三违”专项整治活动，以整治成效为检验标准，突出对典型“三违”行为、重大事故隐患治理措施，以及防火防爆、防汛防台等预防工作开展重点督查，对检查出的重大隐患、问题要列出清单，建立台账，实施挂牌督办。

各地交通运输主管部门要创新督查形式，提高督查的覆盖面和有效性，防止隐患反复、问题反弹；同时加强宣传引导，充分利用报刊、广播、电视和网络等各种媒体，加大正反两个方面的典型宣传。要把安全生产百日大检查中形成的好经验、好做法，及时总结提炼固化为规章制度和政策措施，推动安全监管长效机制建设，确保行业施工安全形势平稳有序。

二、突出“平安工地”载体作用，深入推进安全生产百日大检查

各地交通运输主管部门要以“平安工地”考核评价为载体，扎实有效推进安全生产百日大检查的深入开展。加强“平安工地”考核评价标准的宣贯培训，完善本地区“平安工地”考核评价制度；强化执行力度，考核评价工作应与隐患排查治理紧密结合起来，逐步建立“平安工地”考核评价信用记录。督促指导项目建设单位做好今年上半年首次“平安工地”考核评价工作，掌握第一手情况，及时分析、解决执行过程中存在的突出问题，形成阶段性情况总结。8月20日前，将上半年本地区高速公路及大型水运工程项目建设单位组织开展的“平安工地”考核评价情况总结报部工程质量监督局。

三、突出标准化建设，夯实安全生产百日大检查成果

各地交通运输主管部门要巩固安全生产百日大检查的成果，提高公路水运工程施工安全标准化水平。积极推广《公路水运工程施工安全标准化指南》（人民交通出版社于今年6月出版），及时组织培训；确定本地区施工安全标准化建设的示范项目，进行重点跟踪指导，及时总结经验，充分发挥示范引导作用；分阶段、分步骤推进本地区公路水运工程施工安全标准化建设，逐步做到施工现场安全防护标准化、场容场貌规范化、安全管理程序化。

四、突出季节特点，提前做好汛期安全生产预防预警

目前全国大部分地区已进入主汛期，据预测，今年夏季我国东部呈南北两条多雨带分布，北方多雨带强于南方，登陆的台风个数接近常年，自然灾害形势依然严峻。各地交通运输主管部门要立足于防大灾、抗大灾、救大灾，加强汛期监测预警和应急值守，遇有重大险情要及时处置并上报。督促项目从业单位加强与当地气象、国土、地质等相关部门的沟通协作联动，储备必要的应急救援装备和物资，提前开展应急演练和培训；对施工工地存在滑坡、崩塌、洪水、泥石流等地质灾害危险要全面掌握、超前防范，尤其对周围存在山体滑坡、垮塌和泥石流威胁的施工驻地、深基坑、脚手架工程等，要加强巡视检查、动态监测，提前采取防范措施，确保在建公路水运工程安全度汛。

交通运输部办公厅

2013年7月5日

评析：

这是一则指示性通知。开头简明地阐释了交通运输部办公厅加强当前公路水运工程安全生产工作的依据、目的，正文部分对突出督查重点，扎实开展安全生产百日大检查；突出“平安工地”载体作用，深入推进安全生产百日大检查；突出标准化建设，夯实安全生产百日大检查成果；突出季节特点，提前做好汛期安全生产预防预警等事项做了具体的要求，准确、简明、针对性强，便于执行。

【例文2】

国家安全生产应急救援指挥中心关于转发重庆市安全生产监督管理局应急管理专项执法活动情况报告的通知

各省、自治区、直辖市及新疆生产建设兵团安全生产监督管理局，各省级煤矿安全监察局：

为深入贯彻落实国家安全监管总局依法治安的总体部署，加大应急管理执法检查力度，扎实推进安全生产应急管理工作，现将《重庆市安全生产监督管理局关于应急管理专项执法活动情况的报告》（渝安监文〔2015〕5号）转发给你们，供借鉴。

附件：重庆市安全生产监督管理局关于应急管理专项执法活动情况的报告

国家安全生产应急救援指挥中心

2015年1月27日

重庆市安全生产监督管理局关于应急管理专项执法活动情况的报告

国家安全生产应急救援指挥中心：

2014年，我局精心组织，周密部署，在全市范围内扎扎实实地开展了一场应急管理专项执法行动，积极推动应急管理工作由处置向预防、由应急向常态转变，有效提升了全市安全生产应急管理工作水平。现将我局应急领域专项执法活动情况报告如下：

一、主要成效

本次应急管理专项执法活动采取“企业自查、区县检查、市局抽查”方式进行。首先，由企业按照相关规定做好自查，完善相关措施和资料；其次，由各区县安监局对危化、烟爆、非煤矿山和规模以上工贸企业开展拉网式大检查；最后，由市安监局执法总队、应急中心相关人员组成4个督查组，分片区对区县工作开展情况进行抽查。整个活动期间全市安监系统抽查企业2 573家，下达整改指令2 565份，处罚金额90.1万元。通过专项执法行动的有效开展，全市高危行业预案编制率实现了100%；应急预案备案率、应急演练率实现了100%；应急物资装备器材的配备率实现了

100%；重大危险源普查、登记、建档、备案工作实现了100%；危险物品、非煤矿山企业与专业队伍的救援协议签订率达到80%以上，有效树立了安全生产应急管理的执法权威，进一步强化了责任意识。区县安监部门、有关行业主管部门和企业对应急管理工作开始真正重视了起来，有效推动了应急管理部门监管责任和企业主体责任的依法落实。

二、主要做法

（一）解决执法主体和资格。一是局党组会专题研究将全市安全生产应急管理行政执法权利委托市应急中心履行。并积极协调将市应急中心纳入了参照公务员法管理。二是多方协调，积极组织各类行政执法培训。2014年，组织应急中心工作人员参加市政府法制办举办的行政执法资格培训1期，参加安全生产业务培训5期，解决了执法主体和资格问题，确保了应急管理行政执法工作有人干，能干好。

……

三、下步打算

我局将严格按照新《安全生产法》等法律法规规定，紧紧围绕预案管理、应急培训、应急演练、应急队伍建设、救护协议签订、应急装备配备和重大危险源管理等内容，按照“检查诊断、行政处罚、整改复查”执法检查“三部曲”基本程序要求，将应急管理执法工作由集中式的专项执法转变为常态化执法工作，切实推进全市安全生产应急管理工作再上一个新台阶。

附件：1. 应急管理专项执法检查统计表

2. 安全生产应急管理行政处罚依据

重庆市安全生产监督管理局

2015年1月12日

评析：

这是一篇转发性通知。正文写明转发的目的、对象，一般采用“现将……转发给你们”形式写，此类通知要将转发的公文作为本通知的附件一同下发。

【例文3】

××省化工研究院安全培训中心
关于举办全省企业安全生产标准化评审员和评审专家培训班的通知

各有关单位：

根据国家安全监管总局《企业安全生产标准化评审工作管理办法（试行）》（安监总办〔2014〕49号）、省安监局《全省企业安全生产标准化二级评审单位复审工作方案》（×安监函〔2015〕20号）等有关规定，受省安全生产管理协会委托，××省化工研究院安全培训中心定于6月下旬在××、××分别举办全省企业安全生产标准化评审员和评审专家培训班。现就有关事项通知如下：

一、培训对象

首次培训人员：已报送材料并通过资格审查的新申请企业安全生产标准化评审员、评审专家的人员。

继续教育人员：有效期届满的企业安全生产标准化评审员、评审专家。

二、培训内容

首次培训内容：企业安全生产标准化达标工作的有关规定和要求、企业安全生产标准化规范、评审工作程序等。首次培训人员每期3天。

继续教育内容：企业安全生产标准化达标工作的有关规定和要求，安全生产标准化评审要点、难点解析等。继续教育人员每期2天。

三、培训考核

考核将严格考场纪律，杜绝替考、违纪等现象发生。考核合格的新申请人员将发放合格证书，继续教育人员在原证书上加盖继续教育印章。考核不合格的，择期补考。

四、培训安排

省化工研究院安全培训中心根据报名情况分行业、分类别确定了培训安排、人员名单（具体见附件1、附件2）。参加培训人员事先请安排好相关工作，培训班期一经确定，原则上不予调整。

五、其他事项

1. 参加培训人员报到时须携带本人身份证，以便核对相关培训登记信息。参加继续教育的，应同时提交评审人员证书原件。

2. 培训资料费据实收取。培训期间统一安排食宿，费用自理。

省化工研究院安全培训中心联系人：×××、×××。

联系电话：××××—×××××××××，×××××××××××××，×××××××××××。

传真：××××—×××××××××，E—mail：××××2015@126. com。

附件：1. 培训班期、时间和地点一览表

2. 培训分期名单

××省化工研究院安全培训中心

2015年3月21日

评析：

这是一篇会议通知。正文开头写明举办培训班的根据，然后一句过渡句连接通知的具体内容。通知事项采用分条列写的方式把会议的培训对象、培训内容、培训考核、培训安排和其他事项等详细列出，并附有名单。条理清楚，语言简洁，一目了然。

2. 案例分析

关于认真组织学习《化工人必知的化工装置常见安全隐患300项》的通知

中国化学品安全协会搜集整理了《化工人必知的化工装置常见安全隐患300项》，全面分析了化工装置常见的安全隐患，内容翔实，针对性强，对化工企业隐患排查治理具有很强的指导性。现全文转发给你们，请对照各自安全生产实际，认真开展挂图研判和分析讨论，找出这些常见隐患存在的根源，落实针对性的防范措施，切实根除隐患，保障安全生产。并将组织学习的情况上报。

2015年1月31日

评析：

(1) 没有主送机关。

(2) 内容残缺。组织学习的情况上报的日期、单位不明确。

(3) 没有附件，文中写了"全文转发"应有附件。

(4) 落款不正确。

四、情景写作训练

某市政府计划在年底举办全市危险化学品生产企业化工过程安全管理经验交流会议，要求各县（区）安全生产监督管理局、各危险化学品生产企业准备这方面的典型材料在大会交流，届时携带材料与会。预备通知要求提前一个月发出。请分别拟写预备通知和开会通知各一份。

第四节　通　　报

问题思考：

阅读以下案例，说说向社会公布该事件救援进展情况用什么文种？

据央视新闻报道，2015年6月1日深夜9点多，一辆载有400多人的客轮"东方之星轮"突遇龙卷风，在长江湖北监利县大马洲水道倾覆。沉船位置已确定，水深约15米。

长江海事局有关负责人介绍，"东方之星轮"大型豪华游轮突遇龙卷风，在一两分钟之内倾覆倒扣在水中，当时船上大多数人都准备休息，因此，事故发生时该船没有向外发出任何求救信号，目前已沉入江中，呈倒扣状，给救援工作造成极大困难。

船上乘客多为上海一旅行社组织的“夕阳红”老年旅游团成员，年龄在50～80岁不等。

一、基础知识

1. 通报的适用范围和特点

（1）通报的适用范围。通报适用于表彰先进、批评错误、传达重要精神和告知重要情况。

（2）通报的特点。

1）内容的真实性。真实是通报的生命。通报的任何情况、事实都必须是真实的，不能有差错，更不能编造假情况。因此，写通报，对正反两方面的事实都要认真核实，做到准确无误，没有水分。例如对先进事迹的通报表扬，要实事求是地反映，不要拔高，更不能借贬低群众，来抬高先进人物。

2）目的的晓谕性。表彰先进的通报，对被表彰单位是一种鼓舞、激励；对其他单位是一种教育，引导其找差距，学先进；对后进单位是一种鞭策，激励他们学习先进，迎头赶上。批评性通报的目的则是让人们知道错误，认识错误，吸取教训，改正错误，引以为戒。交流情况的通报，是让人们了解通报的事项。

2. 通报的主要类型及行文方向

根据通报的作用和应用范围，可将通报分为三类：

（1）表彰通报。用于在一定范围内表扬好人好事。

（2）批评通报。用于在一定范围内批评错误，纠正不良倾向。批评通报和表彰通报，都是下行文，制发单位没有级别限制。

（3）情况通报。多用于向有关方面知照应该掌握和了解的信息、动态，以供工作参考。情况通报多作下行文，也兼作平行文。

3. 通报的作用

通报对下级和有关方面的指导作用重于指挥作用，主要是起到倡导、警戒、启发、教育和沟通情况的作用。具体作用是：

（1）嘉奖和告诫的作用。通报在一定范围内对具体的人和事表扬或批评，借以达到鼓励先进、弘扬正气或批评错误、打击歪风邪气的目的。表彰通报和批评通报对当事人的奖励或惩罚，具有行政约束力。

（2）交流作用。传达重要情况和知照事项的通报，能及时交流信息，上情下达，并能促进上下级之间、有关部门之间的相互了解。

二、通报的结构和写法

通报的基本结构一般由标题、主送机关、正文、落款四个部分组成。

1. 标题

通报的标题通常由发文机关、事由和文种三个要素构成，有时可省略发文机关和事由，只写“通报”二字。但比较重要的通报则不能省略。

通报的签署和时间也可以在标题下方，这样则不再落款；通报也可以有抬头、落款，时间则写在发文机关下面。

2. 正文

（1）表彰通报正文的一般写法。

1）叙述先进事迹，包括时间、地点、人物、事迹、怎么做、结果。

2）对上述事件进行分析、评议，指出其典型意义，或概括其主要经验。语言要简明概括。

3）提出表彰或发出号召。如果是转发式的表彰通报，正文部分先对下级机关所发的这个材料进行评价，加上批语，即对被表彰者进行评议等，再发出号召或提出要求。

（2）批评通报正文的一般写法。

1）通报缘由，即将事故或错误事实的经过情况、时间、地点、事故、后果等交代清楚。

2）对事故进行分析评议，重点分析事故发生的原因，指出事故的性质及其危害，并提出处分决定。

3）写明防止此类事故的措施，要对症下药，提出告诫，或重申某一方面的纪律。

（3）情况通报的一般写法。情况通报的正文，关键在于对情况的掌握要确实、全面、充分。内容包括：

1）叙述情况。

2）分析情况，阐明意义。

3）提出指导性意见。

三、通报的写作要求

1. 注意时效性

发通报要抓住时机，及时将先进典型和经验向社会宣传推广，对反面典型予以揭露，引起警戒，或对某些重大事项和重要情况，及时予以通报，以起到交流情况、信息，指导工作的作用。错过时机的通报，就失去了它的时效性，没有行文的意义了。

2. 注意指导性

不能事无巨细都发通报，要选择对工作有普遍指导意义的事项来发通报。通报要有普遍的指导意义，应选择典型。先进的典型要能反映事物的本质特征，能揭示时代的本质，体现时代的精神。反面的典型，应有一定的代表性，能体现鉴戒的作用。所以，只有选准、选好典型，通报才能起到激励教育、推动工作和批评警戒的作用。

3. 注意真实性

通报中所涉及的事例，必须是客观存在的，经过反复调查、认为是真实可靠的，绝不允许捏造和虚构。同时，事例的反映要准确，不能夸大或缩小，要实事求是。通报在结尾提出的希望和号召，也必须切合实际，有一定的针对性，使读者能够接受或受到启示。

四、阅读与分析

1. 范文评析

【例文 1】

国务院安委会关于安全生产重点工作专项督查和整治情况的通报

各省、自治区、直辖市人民政府，新疆生产建设兵团，国务院安委会各成员单位，有关中央企业：

为深入贯彻落实习近平总书记、李克强总理等中央领导同志关于加强安全生产工作的一系列重要批示指示精神，国务院安委会去年以来组织开展了安全生产重点工作专项督查和油气输送管线及城市燃气、隧道交通、煤矿、危险化学品、尾矿库等专项整治。报经国务院领导同意，现将有关情况通报如下：

一、专项督查总体情况

2014 年 2 月下旬至 4 月上旬，国务院安委会组织 16 个督查组，对全国 31 个省（区、市）和新疆生产建设兵团安全生产重点工作进行了专项督查。马凯副总理和郭声琨、王勇国务委员审定督查方案、亲自动员部署。国务院安委会办公室和国家安全监管总局成立专门工作小组统筹协调，国务院安委会有关成员单位通力协作，16 名部级领导同志带队，采取抽查暗访等多种方式，重点抽查检查了 116 个市（地）、600 余家企业（单位），涵盖各重点行业领域，发现并督促整改问题和隐患 1 300 余项，有力推动了安全生产工作的深入开展。

……

二、专项整治基本情况

（一）油气输送管线及城市燃气安全专项整治情况。据排查统计，我国陆上油气输送管线总长度约 12 万公里，其中：原油管道 2.34 万公里，成品油管道 2.12 万公里，天然气管道 7.54 万公里；9 家中央企业所属管道 10.36 万公里（主要权属单位为中国石油天然气集团公司和中国石油化工集团公司），地方企业所属管道 1.64 万公里。运行 10 年以内、10～20 年、20～30 年和 30 年以上的长输管道分别占总里程的 69.8%、16.9%、6.45%和 6.85%。从管道长度和管道数量两方面来看，主要集中在新疆、甘肃、陕西、浙江、河南、湖南、四川、山西、湖北、广东、江苏 11 个地区。截至 3 月底，全国共排查油气输送管线隐患 2.9 万余处，已整改 2 467 处。其中：存在管道占压 1.19 万处，已整改 1 612 处；存在安全距离不足 9 171 处，已整改 720 处；不满足安全要求交叉穿越 8 293 处，已整改 135 处。需要政府协调整改的隐患 1 万余处，其中重大隐患 5 072 处，整改任务十分艰巨。

……

三、发现的主要问题

（一）科学发展、安全发展理念树立不牢，红线意识不强。一些地方、部门和单位没有真正树立以人为本、生命至上、科学发展、安全发展理念，安全生产意识淡薄、摆位不正、把关不严等问题比较突出。一些地区对安全生产工作部署不得力、落实不到位，安全生产大检查“回头看”和专项整治进展不平衡。云南省曲靖市在进入 4 月份后不到半个月的时间内，接连发生两起煤矿重大事故，教训十分深刻。

……

四、下一步工作要求

各地区、各有关部门和单位要深入贯彻落实党中央、国务院关于安全生产工作的决策部署，高度重视安全生产重点工作专项督查和整治中发现的问题及隐患整改工作，采取有力措施，切实加以解决。要进一步加大督促检查力度，强化重点行业领域安全专项整治，狠抓各项工作措施落实，严防重特大事故发生，确保安全生产形势持续稳定好转。

（一）深入学习贯彻中央领导同志重要指示精神，强化红线意识。要结合今年 6 月份开展的第 13 个全国“安全生产月”活动，加大工作力度，深入学习贯彻习近平总书记、李克强总理等中央领导同志重要指示精神，强化各级领导干部、广大企业负责人和从业人员的科学发展、安全发展理念，自觉把保护人民群众生命安全作为最高职责，正确处理安全与发展、安全与生产、安全与效益的关系，认真实施安全发展战略，人人从我做起，坚守安全红线。

……

目前，全国各地相继进入汛期，各地区、各有关部门和单位要牢牢绷紧安全生产这根弦，密切与气象、水利等部门的联系沟通，加强预测预报预警，及早做好准备。要强化汛期隐患排查治理和隐患点除险加固，认真落实尾矿库防溃坝、煤矿和金属非金属矿山防淹井、烟花爆竹防雷电、道路交通和建筑施工防滑坡坍塌等安全防范措施，严防自然灾害引发生产安全事故。

国务院安全生产委员会

2014 年 5 月 15 日

评析：

这篇情况通报开头部分主要简洁明白地写了发布通报的目的、概述相关内容。通报事项部分分条列写“专项督查总体情况”“专项整治基本情况”“发现的主要问题”“下一步工作要求”等内容，文字表述准确、简洁，条理清楚，层次分明，逻辑性强。

【例文 2】

关于近两年房屋市政工程质量安全典型违法违规案例的通报

各设区市、定州市、辛集市住房和城乡建设局（建设局），华北石油管理局：

去年以来，住房城乡建设部、省住房城乡建设厅对我省工程质量安全和建筑市场进行了多次执法检查，现将检查发现的违法违规典型案例通报如下：

案例一：2014 年 9 月，住房城乡建设部工程质量治理两年行动督查组抽查邯郸市金百合小区 4 号楼工程。建设单位：邯郸市腾易房地产开发有限公司，项目负责人王森；施工单位：河北中建工程有限公司，项目经理冯杰；监理单位：邯郸市四方建设监理有限公司，项目总监李义平。

主要违法违规行为：一是自然人高国辉存在挂靠行为，其以施工单位名义承揽工程；二是施工单位存在出借资质证书行为，其允许高国辉以施工单位名义承揽工程；三是 LL15 梁抗扭钢筋不符合设计文件要求；四是约束边缘构件在连梁高度范围未设置箍筋，违反强制性标准；五是结构 15 层以上楼层临边、预留洞口、电梯井口等未设置防护，违反强制性标准；六是塔式起重机力矩限位器失效，违反强制性标准；七是未采用 TN—S 接零保护系统，违反强制性标准。

处理情况：一是责成邯郸市金百合小区 4 号楼工程各有关单位对存在的工程质量问题和市场违法行为认真进行整改，邯郸市建设局对其整改情况进行跟踪检查；二是省厅责成各级建设主管部门对河北中建工程有限公司河北省范围内所有在建项目进行检查，并将检查、整改情况和处理意见上报省住建厅。

……

以上存在工程质量安全问题和市场违法违规行为的单位要认真进行整改，各级住房城乡建设主管部门要做好跟踪督查，督促所有工程建设企业和从业人员，要吸取这些典型案例教训，积极开展工程质量安全隐患排查，加大对违法违规行为的查处力度，有力推动工程质量治理两年行动各项重点工作，切实保障人民群众生命财产安全。

河北省住房和城乡建设厅

2014 年 10 月 27 日

评析：

这是一则批评性通报。通报的内容主要是违法违规的人和事。本通报的正文概括有关单位违法违规事实，交代违法违规行为的时间、地点和主要情节，造成的损失或影响；指出主要违法违规行为，剖析原因，提出处理情况和要求，防止类似事件发生。

2. 案例分析

××人民政府关于表彰2014年度安全生产工作先进集体和个人的通报

2014年，各地、各有关单位认真落实安全生产责任制，深入开展十大重点领域安全生产专项整治、城中村安全综合整治，大力推进安全生产“两化一网”体系建设、宣传教育培训以及基层基础建设等工作，实现“三个持续下降”目标，保持了全市安全生产形势的总体稳定。为鼓励先进，进一步做好安全生产工作，市政府决定，对××市政府等37家先进单位和×××等45名先进个人予以通报表彰。

希望进一步加强对安全生产工作的领导，严格落实安全生产责任制，切实采取有效措施，受表彰的单位和个人珍惜荣誉，再接再厉，再创佳绩。各地、各单位要以先进为榜样，严防各类事故发生，为全市“赶超发展、再创辉煌”做出更大的贡献。

2015年1月30日

评析：

(1) 缺少主送机关。

(2) 没有表彰具体名单，应以“附件”形式展示。

(3) 结尾提出希望内容逻辑混乱。

(4) 落款不正确。

五、情景写作训练

阅读下列材料，请查看用语、内容是否正确；如有错，请修改。

通　　报

最近期间，我厂生产部门忽视安全现象又有所滋长，以致继木工车间失火事故之后，又发生一起严重责任事故。

××××年×月×日下午3时半，我厂生产管理处设备科仓库工人王××、张××两位同志，用3吨的铲车运送仪器设备，由王××驾驶铲车，张××则站在铲车前面的两根铲条上扶住仪器。行驶到某车间前，因前有一辆卡车卸货挡道，王××即掉头向来路开去，铲车大转弯掉头时行驶过速，由于离心作用，将张××连同仪器甩出车外，张××当场昏迷。经送医院急救，医生诊断为脑出血，并于当日施行脑部手术。护理至×月××日出院，目前情况尚可。价值数千元的精密仪器已严重损坏，一时难于修复。

这次严重事故的发生，是由于没有严格贯彻执行安全操作制度的结果，除由生产管理处在有关部门进行安全生产教育外，特根据厂长批示通报全厂。希望生产、科研、后勤、基建等部门吸取教训，认真检查本部门的不安全因素，制定切实的安全措施，防治再有类似的事件发生。

厂长办公室

第五节　报　　告

问题思考：

想一想作为行政机关公文的报告和一些专业部门从事业务工作时所使用的、标题中也带有“报告”两字的行业文书，如“关于2008年度勘察设计检查情况的报告”“××公司2013年度审计报告”“××公司资产评估报告”“××公司立案报告”“关于2014年煤矿系统安全生产的调查报告”等，这些都带有“报告”两字，是不是相同的概念。为什么？

一、基础知识

1. 报告的适用范围和特点

（1）报告的适用范围。报告是行政机关广泛采用的重要上行文。《党政机关公文处理工作条例》对报告适用范围的表述是：报告适用于向上级机关汇报工作、反映情况，回复上级机关的询问。

（2）报告的特点。

1）单向性。报告是下级机关向上级机关汇报工作、反映情况、提出建议时使用的单方向上行文，不需要上级机关给予批复。在这方面，报告和请示有较大的不同，请示具有双向性特点，必须有批复与之相对应，报告则是单向性行文，不需要任何相对应的文件。为此要特意注意：类似“以上报告当否，请批示”的说法是不妥当的。

2）陈述性。报告在汇报工作、反映情况时，所表达的内容和使用的语言都是陈述性的。本单位遵照上级的指示，做了什么工作、怎样做这些工作、取得了哪些成绩、还存在哪些不足，必然要一一向上级陈述。反映情况时，也要把时间、地点、人物、事件、原因、结果叙述清楚，向上级机关提供准确的现实性信息。

3）事后性。在机关企事业单位的工作中，有“事前请示，事后报告”的说法。多数报告，都是在开展了一段时间的工作之后，或是在某种情况发生之后向上级作出的汇报。

2. 报告的类型

（1）工作报告。凡是用来向上级汇报工作的报告，都是工作报告。工作报告又可分为综合工作报告和专题工作报告两种。

综合工作报告涉及面宽，涉及主要工作范围的方方面面，可有主次区分，但不能有大的遗漏。大到国务院提供给人民代表大会的政府工作报告，小到某单位向上级提供的年度、季度、月份工作报告，都属于这种类型。

专题工作报告的涉及面窄，只针对某一方面的工作或者某一项具体工作进行汇报，如党的机关关于“三讲”工作的报告，行政机关关于技术革新工作的报告，企事业单位关于消防安全检查工作报告，等等。

（2）情况报告。如果本单位出现了正常工作秩序之外的情况，譬如说发生了事故，出现了意想不到的问题，等等，对工作产生了一定程度的影响，应该及时向上级将有关情况原原本本地进行汇报。

即使对工作没有太大影响，一些有倾向性的新动态、新风气，以及最近出现的新事物等，必要时也要向上级报告。

凡此种种，都属于“情况报告”。作为下级机关，有责任做到下情上传，保证上级机关耳聪目明，对下面的情况始终了如指掌，这就是情况报告的意义。如果隐情不报，则是一种失职的表现。

（3）答复报告。答复上级机关询问的报告，称为答复报告。这种报告内容针对性最强，上级询问什么，就答复什么，不能答非所问。对待上级机关的询问，一定要慎重，如果不了解真情，要经过深入的调查研究后再作答复。

（4）报送报告。这是向上级报送文件、物件时使用的报告，正文通常非常简略，只需写明“现将××××报上，请指正（请查收）”即可。真正有意义的内容都在所报送的文件里。

二、报告的结构和写法

报告的基本结构一般由标题、主送机关、正文、落款四个部分组成。

1. 报告的标题和主送机关

（1）报告的标题。报告的标题有两种写法，一是“发文机关＋主要内容＋文种”的写法，如《中共中央纪律检查委员会关于清理党政干部违纪违法建私房和用公款超标准装修住房的报告》；二是“主要内容＋文种”的写法，如《关于进一步加强我市公共场所防火工作的报告》。

(2) 报告的主送机关。行政机关的报告，主送机关尽量要少，一般只送一个上级机关即可。但行政机关受双重领导的情况比较多见，只报送其中一个上级机关显然不妥，因此，有时主送机关可以不止一个。报告应报送自己的直接上级机关，一般情况下不要越级行文。

作为党政机关公文的报告，要按《党政机关公文处理工作条例》第十五条的规定执行："原则上主送一个上级机关，根据需要同时抄送相关上级机关和同级机关，不抄送下级机关。"

2. 报告的正文

报告的正文一般由开头、主体和结尾三部分组成。

(1) 报告开头。报告的开头部分起着引导全文的作用，所以称为导语。

不同类型的报告，其导语的写法也有较大不同。概括起来，报告的导语有以下几种类型：

1) 背景式导语。就是交代报告产生的现实背景，例如：

前不久，中央纪委召开了部分省市清理党员干部违纪建私房座谈会，总结交流了各地清理工作的情况和经验，并就清房中遇到的一些政策性问题，进行了讨论，根据各地的做法和座谈会中提出的问题，中央纪委常委研究提出以下建议：

2) 根据式导语。就是交代报告产生的根据，例如：

根据省委、省政府领导同志的指示，我厅于上周派人到××区和××县，与市、县的同志一道，对××区和××县春运安全的落实情况作了相关调研。××区委、区政府和××县县委、县政府对此十分重视。现将调研的情况报告如下：

3) 叙事式导语。在开头简略叙述一个事件的概况，一般用于反映情况的报告。例如：

20××年2月20日上午9时40分，我省××市百货大楼发生重大火灾事故，市消防队出动15辆消防车，经4个小时的扑救，大火才被扑灭。这次火灾除消防队员和群众奋力抢救出部分商品外，百货大楼三层楼房一幢及余下商品全部烧毁。时值开门营业不久，顾客不多，加之疏散及时，幸未造成人员伤亡。但此次火灾已造成直接经济损失792万余元。

4) 目的式导语。将发文目的明确阐述出来作为导语。例如：

为认真贯彻落实《国务院批转国家林业局关于进一步加强森林防火工作报告的通知》(国发〔××××〕42号)，切实做好我市防火工作，保护和发展森林资源，更好地为改革开放和经济建设服务，结合我市实际情况，就进一步加强森林防火工作提出以下几点意见：

报告导语的写法不止以上四种，运用时可以举一反三，融会贯通，灵活处理。

（2）报告主体。报告的主体也有多种写法，下面择要介绍两种常见形态。

1）总结式写法。这种写法主要用于工作报告。主体部分的内容，包括成绩、做法、经验、存在的不足以及今后工作意见等，在叙述基本情况的同时，有所分析、归纳，找出规律性认识，类似于工作总结。

总结式写法最需要注意的是结构的设计安排。按照总结出来的几条规律性认识来组织材料、安排层次，是最常用的结构方式。例如2015年3月5日在第十二届全国人民代表大会第三次会议上李克强总理所作的政府工作报告，全文分为六个部分，分别是：

一、2014年工作回顾；二、2015年工作总体部署；三、把改革开放扎实推向纵深；四、协调推动经济稳定增长和结构优化；五、持续推进民生改善和社会建设；六、切实加强政府自身建设。

2）“情况—原因—教训—措施”四步写法。这种结构多用于情况报告。即先将情况叙述清楚，然后分析情况产生的原因，接着总结经验教训，最后提出下一步的行动措施。例如《××省商务厅关于××市百货大楼重大火灾事故的报告》，采用的就是这样的写法。

（3）报告结尾。报告的结尾比较简单，可以重申意义、展望未来，也可以采用模式化的套语收结全文。模式化的写法大致是：“特此报告”“以上报告，请审阅”“以上报告如无不妥，请批转执行”等。

三、阅读与分析

1. 范文评析

关于安全生产大检查工作完成情况的报告

市安委会：

根据市安委会《关于认真落实甘肃省安委会要求开展安全生产专项检查活动的通知》（兰安办发〔2014〕26号）要求，现将我社安全生产大检查完成情况汇报如下：

一、安全生产大检查总体完成情况

一直以来，我系统上下高度重视安全生产，把安全生产工作作为保稳定、促发展的大事来抓，牢固树立“安全责任重于泰山”的责任意识，以科学发展观和安全发展理念为指导，坚持“安全第一、预防为主、加强监管、落实责任”的方针，特别是安全生产大检查工作开展以来，我社根据市安委会《关于开展春节及“两会”期间安全生产大检查的通知》（兰安委发〔2014〕5号）、市安委会办公室《关于开展春节及“两会”期间安全生产大检查的补充通知》（兰安办发〔2014〕4号）和市安委会《关于认真落实甘肃省安委会要求开展安全生产专项检查活动的通知》（兰安办发〔2014〕26号）要求，于第一季度，特别是春节、“两会”期间和三月份在全系统内进行了全面深入的安全生产大检查。通过安全生产检查，对于发现的问题要求相关单位及时进行了整改，消除了隐患。第一季度，全系统没有发生安全生产事故。

二、工作措施

（一）精心组织，加强领导

为切实加强对市供销社安全生产大检查工作的组织领导，我社在成立市供销社安全生产大检查工作领导小组的同时要求直属各公司成立安全生产大检查工作领导小组（以下简称领导小组），由领导小组具体负责安全生产大检查工作，确保安全生产大检查工作取得实效。

……

三、下一步工作打算

（一）积极宣传引导，在系统全体干部职工尤其是企业领导中牢固树立“安全责任重于泰山”的责任意识，以确保安全生产得到充分重视，各项工作措施真正落到实处。

……

虽然安全生产大检查这一阶段性工作已经结束，但安全生产工作不会终止，我们将在认真总结此次大检查活动的经验的同时仔细查找安全生产工作中的不足，本着高度重视，狠抓落实，丝毫不放松的原则，切实将安全生产工作做实做好，确保完成年初与市政府签订的各项目标任务，保障人民群众生命财产安全，维护社会和谐与稳定。

兰州市供销合作社联合社

2014年4月4日

评析：

这是一份汇报工作的专题报告。兰州市供销合作社联合社就2014年度安全生产大检查工作完成情况检查工作向市安委会进行情况汇报，报告开头部分说明了开展工作的依据，主体部分分别从安全生产大检查总体完成情况、工作措施、下一步工作打算等方面进行汇报，同时也反映了工作中存在的具体问题，为上级部门了解掌握工作开展情况提供了丰富的材料和事实依据。

2. 案例分析

安全生产自检自查申请报告

尊敬的×××领导：

为了认真贯彻落实××县运政管理所所印发的××县交通运输局〔2014〕26号文件《××县交通运输局关于立即开展安全生产大检查的紧急通知》，根据文件通知精神，我公司积极组织召开安全生产例会，要求全体驾驶员要高度重视安全隐患大排查、大整治工作，对公司安全生产工作进行周密的部署，要求安全小组立即组织安全员开展自查自纠，坚决排除隐患，不留死角，要按照“抓早、抓紧、抓好”三原则，坚持“安全第一、预防为主、综合治理”的方针，统一思想，管理人员要居安思危，以保障公司安全生产为职责。出租车从业人员以保障乘客生命财产安全为首要，让从业人员认识到“我不伤害自己、我不伤害别人、我不被别人伤害”。只有从思想深处形成一道共抓安全的统一战线，才能挖出车辆运营当中隐藏的各类安全隐患，明确主体责任和驾驶员的关键责任的长效机制。现将检查内容及存在的安全隐患和整改情况报告如下：

一、进一步完善公司安全组织机构，建立健全安全生产规章制度，查找不足之处。

二、制定安全生产大检查及隐患排查治理工作实施方案及安全生产应急预案。

……

总之，在这次安全隐患大排查中，我公司负责人起到带头作用，全体驾驶员对安全生产工作高度重视，进一步增强了驾驶员的安全生产责任感和紧迫感，因此许多不利于安全生产的隐患得到了快速有效的排除，对需要整改的环节进行了整改，将安全生产检查工作真正的做好、做细、做实。

2014 年 10 月 14 日

评析：

(1) 标题文种错误，“申请”“报告”分属两个文种，不能混用。

(2) 主送机关不正确。

(3) 落款不正确。

四、情景写作训练

请你抽空观察校园内的学生宿舍、教学楼、图书馆、运动场、食堂、道路、池塘、山体、堡坎等看看有哪些消防、地质等安全隐患。请你以学校安全管理处的名义向学校写一篇反映情况的报告。

第六节 请 示

问题思考：

请示对于下级机关工作的作用是不言而喻的。但是，现在还有人在需要写作请示的时候说“打个报告”，甚至还有人编造“请示报告”文种，这些都是不规范的说法。请问：请示有哪些特点？请示与报告有哪些区别？

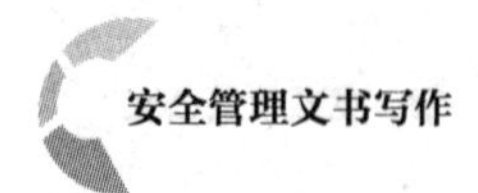

一、基础知识

1. 请示的适用范围和特点

(1) 请示的适用范围。《党政机关公文处理条例》规定:“请示适用于向上级机关请求指示、批准。”

(2) 请示的特点。

1) 呈请性。请示是向上级机关请求指示和批准的公文，行文内容具有请求性。而报告是向上级机关汇报工作、反映情况、答复上级机关的询问或者要求的公文，具有陈述性。

2) 求复性。请示的行文目的是请求上级批准，解决某个具体问题，要求作出明确答复。而报告的目的则在于使上级掌握某方面或阶段的情况，不要求批复。

3) 超前性。请示行文时机具有超前性，必须在事前行文，等上级机关作出答复之后才能付诸实施。而报告则可在事后行文，也可在工作进行过程中行文，一般不在事前行文。

4) 单一性。请示事项具有单一性，要求一文一事。而报告可以一文一事，也可以一文数事。

2. 请示的类型

请示的分类主要是根据行文的目的和内容的不同来进行的，通常可分为以下两种:

(1) 事项性请示。这种请示是下级机关请求上级机关审核批准某项或者开展某项工作的请示，属于请求批准性的请示。这种请示多用于机构设置、审定编制、人事任免、重要决定、重大决策、大型项目安排等事项。这些事项按规定本级机关无权决定，必须请示上级机关批准。

下级机关在工作中遇到人力、物力、财力等方面难于解决的事项，用请示请求上级机关给予帮助、支持的请示，也是事项性请示。

(2) 政策性请示。下级机关在工作中对某一方针、政策、法规、指示等不明确、不理解，请求上级指示；遇到新问题和新情况，依据原先规定难以处理，需要上级机关指导、解释或解决；平行机关间对某一工作发生意见分歧无法统一，需要向同一上级机关请示作出裁决等，所用的请示属于请求上级指示的政策性请示。行文时，往往需要提出解决的意见，请求上级机关给予明确的解释和指示。

二、请示的结构和写法

请示的结构及写法，在行政公文中应该说是比较规范的。请示的结构包括标题、主送机关、正文和落款，结构完整规范。

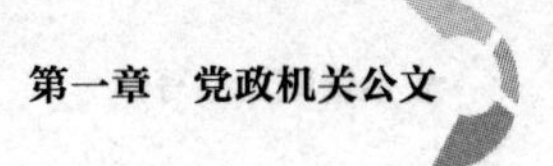

1. 标题

请示的标题一般要写明"发文机关＋事由＋文种"，发文机关一般可以省略。写标题要注意，不能将"请示"写成"报告"或"请示报告"，缘由中也不要重复出现"申请""请求"之类词语。

2. 主送机关

主送机关是指办理请示的直接上级机关或主管部门，只能写一个。

3. 正文

请示的正文都要包括缘由、事项和结语三部分：

（1）缘由。请示的缘由是请示事项和要求的理由及依据。要先把缘由讲清楚，然后再写请示的事项和要求，这样才能顺理成章。缘由很重要，关系到事项是否成立，是否可行，当然关系到上级机关审批请示的态度。因此，缘由常常需要十分完备，依据、情况、意义、作用等都要写上。

（2）事项。请示的事项包括办法、措施、主张、看法等，要符合法规，符合实际，具有可行性。因此，事项要写得具体、明白。如果请示的事项内容比较复杂，要分清主次，一条一条地写出来，条理要清楚，重点要突出。如果请示的事项简单，则往往和结语合为一句话，如"特申请……，请审批"。

请示事项应该避免不明确、不具体的情况和把缘由、事项混在一起的情况。否则，不得领会要领，不知要求解决什么问题。

（3）结语。请示的结语有"以上请示，请批复""以上请示如无不妥，请批准"等。结语是请示必不可少的一项内容，不能遗漏，更不能含糊其辞。

4. 落款

落款写明发文机关名称和日期。

三、请示的写作要求

1. 一文一事

一份请示只能写一件事，按照《党政机关公文处理条例》规定，结合实际工作需要。如果一文多事，可能导致受文机关无法批复。

2. 单头请示

请示只能主送一个上级领导机关或者主管部门。如果需要，可以抄送有关机关。这就可以避免出现推诿、扯皮的现象。

3. 不越级请示

这一点，请示与其他行政公文是一样的。如果因特殊情况或紧急事项必须越级请示时，要同时抄送越过的直接上级机关。除个别领导直接交办的事项外，请示一般不直接送领导个人。

4. 不抄送下级

请示是上行公文，行文时不得同时抄送下级以免造成工作混乱，更不能要求下级机关执行上级机关未批准和批复的事项。

四、阅读与分析

1. 范文评析

关于拓宽改造××路的请示

市人民政府：

为了搞好我市的城市基础设施建设，我们拟拆除××路至××路之间的××路（以下简称××路以北的××路）进行改造拓宽。

一、拓宽改造××路的理由

1. 为了实施城市规划。按照经市政府批准的《××市城市规划管理纲要》，××路是城市的主干道，其××路以南规划道路红线宽度60米；××路以北考虑到街道已形成，因此，仍维持原来的规划宽度30米。但是，现在××路以北的××路9米宽的人行道已被临时建筑占用5米左右，迫使行人走行车道，致使人流、车流混杂，造成交通经常阻塞。因此必须按规划全部拆迁人行道上的临时建筑，拓宽××路。

……

二、拓宽改造××路的方案

××以北的××路，全长2 036米，规划红线宽30米。按照城市规划的要求，提出如下拓宽改造方案两个：

方案一：

(1) 拆除人行道上的临时占道建筑，把道路拓宽到30米宽。

(2) 12米宽的车行道全部铺设水泥路面。

(3) 车行道两边各设1米宽的绿化隔离带。

(4) 绿化隔离带的两边各建3米宽的非机动车道，铺设柏油路面。

(5) 非机动车道两边各建5米宽的人行道，全部铺设人行道板。

此方案主要工作量为：25毫米厚的混凝土路面24 432平方米，6厘米厚的沥青路面12 216平方米，人行道板20 360平方米，挖运土方32 590立方米，挡土墙砌石方6 426立方米，分车带路沿石8 144米，工程造价400万元左右。

……

我们建议采用第一方案，因为该方案有利于交通畅通，有利于城市管理。

三、资金来源

因为建在人行道上的建筑，绝大部分属于临时占道建筑，按照规定，因国家建设需要拆除临时建筑，都是没有任何补偿的。据初步摸底，共需拆迁30个单位，12户私房，其中行政事业单位24个，建筑面积7 052.54平方米，企业单位4个，建筑面积1 198.3平方米，私房建筑面积996.56平方米。

道路拓宽改造工程的投资，采取国家投资和受益单位集资两条渠道解决。

国家负责机动车行道水泥路面工程、非机动车工程、路沿石工程的投资，人行道工程（含挡土墙、土方和人行道板）投资由临街单位或个人集资。按照第一方案，国家需要投资320万元，按照第二方案国家需投资260万元，国家投资部门的资金由市自来水公司铺设源水管道、供水管道而开挖道路应缴纳的道路挖掘补偿解决。

四、工期要求

现在，该工程的设计已经完成，市自来水公司的资金已基本到位，工程的前期准备工作已基本完成。如果市政府同意上述意见，我们打算：6月完成人行道上临时建筑的拆迁工作；行车道的水泥路面工程于5月28日开工，7月完成；源水道和供水管道工程于6月中旬开工，9月底完成。整个工程计划于今年11月中旬完成。

当否，请予批示。

××市建设委员会

2015年1月20日

评析：

这是一份事项性请示。××市建委针对拓宽改造××路问题向市政府提出请示，首先说明有关拓宽道路的五大理由，接着就拓宽改造××路提出两个方案供上级部门参考，另外对涉及单位、资金、工期等均有详细的阐释。因拓宽改造道路是要协同其他单位共同完成，上级机关作出决定批准后方可转给有关部门执行。

2. 案例分析

关于兴建图书馆的请示

近年来，我校发展较快，现有教职工860人，在校学生4 000人，图书馆资料100万册。自1958年建校来，一直沿用改造而成的2 000平方米的图书馆早已不能适应教学的需要了，且学校在发展之中，师生人数和图书馆还在不断增加，图书馆又是学生主要的基本建设。为此，拟建新的图书馆，面积10 000平方米，造价700万元，资金请上级解决600万元，自筹100万元。××××年×月动工，××××年×月竣工。

附：图书馆设计方案（图）三份

××大学

2006年6月30日

评析：

这则请示缺乏主送机关名称，不知向谁请示；而且在正文结尾处缺乏“妥否，请批示”“当否，请批示”或“请予审批”等习惯用语，使该请示针对性不强；落款有误。

五、情景写作训练

请你以学校安全管理处的名义根据第五节情景写作训练的内容，要整改、消除这些安全隐患向学校写一份请示。

第七节　函

问题思考：

因实习需要联系实习单位，张××决定拟写一份咨询函。

请问：张××该怎么写这份咨询函呢？

一、基础知识

1. 函的适用范围

函适用于不相隶属机关之间商洽工作、询问和答复问题、请求批准和答复审批事项，是为数不多的平行文种。函的适用范围如下：

（1）不相隶属机关之间商洽工作、询问和答复问题。“不相隶属机关”（或无隶属关系）是指非同一组织系统内的任何机关之间，既不是领导与被领导的上下级关系，也不是业务上的指导与被指导关系。也就是说，函的发文与受文机关之间，无论机关大小，级别高低，都不存在职权上的指挥与服从关系，相互行文只能用函。

（2）向有关主管部门请求批准事项，以及有关主管部门答复审批事项。“有关主管部门”是指“某一职能部门”，即某项工作的执法或专管部门，由于某方面工作由其专管，任何机关、单位、社会团体若要办理涉及其主管范围内的公务，均需征得该主管部门的同意或支持，就应向其发文请求批准。但由于不是上下级关系，所以只能用函。例如，某镇人民政府向银行申请贷款，向县城建局（部门）报建工程，向县教育局申请社会办学；某大学向所在地供电所要求增加用电量等，均应采用请批函行文。

2. 函的特点

（1）沟通性。函对不相隶属机关之间商洽工作，询问和答复问题，起着沟通作用，充分显示平行文种的沟通功能。

（2）灵活性。表现在两个方面：一是行文关系灵活。函是平行公文，但是它除了平行行文外，还可以向上行文或向下行文，没有其他文种那样严格的特殊行文关系的限制。二是格式灵活。除了国家高级机关的主要函必须按照公文的格式、行文要求行文外，其他一般函，比较灵活自便，既可以按照公文的格式及行文要求办理，也可以没有文头版记，不编发文字号，甚至可以不拟标题。

（3）单一性。函的主体内容具备单一性的特点，一份函只宜写一件事项。

3. 函的分类

函可以从不同角度分类：

（1）按性质分。函按性质可分为公函、便函。公函：用于机关单位正式的公务活动往来。便函：用于日常事务性工作的处理。便函不属于正式公文，没有公文格式要求，不用发文字号，甚至可以不要标题，只需要在尾部署上机关单位名称、成文时间并加盖公章即可。

（2）按发文目的分。函按发文目的可分为发函、复函。发函：即主动提出事项所发出的函。复函：为回复对方所发出的函。

（3）从内容和用途上分。函按内容和用途可分为商洽函、问复函、请准函。此外还有通知事宜函（知照函）、催办事宜函（催办函）、邀请函、报送材料函等。

二、函的结构和写法

由于函的类别较多，从制作格式到内容表述均有一定灵活机动性。在此主要介绍规范性公函的结构、内容和写法。公函的基本结构：标题＋主送机关＋正文＋落款＋成文日期。

1. 标题

公函的标题一般有四种形式：

（1）发文机关名称＋事由＋文种，如《国家安全生产监督管理总局关于生产安全事故认定若干意见问题的函》。

（2）事由＋文种，如《关于上报〈××公司二期改造项目评估报告〉的函》。

（3）主送机关＋文种，如《给×××（单位）的函》。

（4）发文机关＋事由＋去（复）函机关＋文种，如《贵州省安全生产监督管理局关于对毕节市安监局上报煤矿企业接替采区手续有关问题请示的复函》。

2. 发文字号

公函要有正规的发文字号，写法与一般公文相同，由机关代字、年号、顺序号组成。大机关的函，可以在发文字号中显示“函”字，如《国家安全监管总局办公厅关于使用危险化学品单位安全监管有关问题的复函》以“安监总厅管三函〔2012〕97号”为该函的发文字号。

3. 主送机关

主送机关即受文并办理来函事项的机关单位，于文首顶格写明全称或者规范化简称，其后用冒号。

4. 正文

函的正文结构一般由开头、主体、结尾（结语）等部分组成。

（1）开头。主要说明发函的缘由。如果是去函，先概括交代发函的目的、根据、原因或背景等内容，然后用“现将有关问题说明如下：”或“现将有关事项函复如下：”等过渡语转入下文。

复函的缘由部分，一般首先引叙来文的标题、发文字号，然后再交代根据，以说明发文的缘由。

（2）主体。这是函的核心内容部分。主要说明致函事项。发函要写清商洽、询问、告知、请准的主要事项；复函则要针对来函内容，作出具体的、明确的答复。要注意答复事项的针对性和明确性。不论去函还是复函主体的内容都要求明确、集中、单一，做到一函一事。行文要直陈其事。

（3）结尾。结尾部分，向对方提出希望或请求。或希望对方给予支持和帮助，或希望对方给予合作，或请求对方提供情况，或请求对方给予批准等。

最后，应根据函询、函告、函请或函复的事项，选择运用不同的结束语。如“特此函商”“特此函询”“请即复函”“特此函告”“特此函复”“以上如无不妥，请批准”等惯用结语收束。

有的函也可以不用结束语，如属便函，可以像普通信件一样，使用“此致”“敬礼”。

（4）落款。一般包括署名和成文时间两项内容。署名机关单位名称，写明成文时间年、月、日，并加盖公章。

三、函的写作要求

首先，要注意函的行文简洁明确，用语把握分寸。无论是平行机关或者是不相隶属的函的行文，都要注意语气平和有礼，不要倚势压人或强人所难，也不必逢迎恭维、曲意客套。一般来说，请批函要谦恭，批准函要庄重，商洽函要亲切。至于复函，则要注意行文的针对性，答复的明确性。

其次，函也有时效性的问题，特别是复函更应该迅速、及时。像对待其他公文一样，函件也需要及时处理，以保证公务等活动的正常进行。

四、阅读与分析

1. 范文评析

【例文 1】

××市建设集团公司关于委托 ××建筑学院举办管理人员培训班的函

××建筑学院：

为了培养建筑管理高级人才，我集团公司拟委托你院举办一期管理人员培训班，时间 1 年，人数 30 人，采取脱产学习的形式。学费按你院有关规定支付。能否接受，请予研究函复。

××市建设集团公司（盖章）

2007 年 2 月 12 日

评析：

这是一封商洽函。××市建设集团公司委托××建筑学院举办管理人员培训班，就培训时间、人员、形式、费用等事项与××建筑学院进行商洽。语言平和得当，篇幅短小，体现了函写作的灵活性和功能的实用性。

【例文 2】

关于整治阳山县七拱阳坪选矿厂尾矿库等八座尾矿库安全隐患的督办函

清远市人民政府：

8 月 27 日至 31 日，省安全监管局督导组对你市阳山县七拱阳坪选矿厂尾矿库等八座尾矿库进行了现场检查，发现均存在不同程度的安全隐患（具体详见附件）。

你市应高度重视，按照《广东省安全监管局等 6 部门关于印发广东省尾矿库综合治理行动方案（2013—2015 年）的通知》（粤安监〔2013〕233 号）等要求，禁止违规放矿，督促治理责任单位切实落实安全生产责任，对存在的安全隐患立即采取措施，排除险情；迅速启动隐患综合治理工作，做到措施、责任、资金、时限和预案“五落实”，加快尾矿库治理进度，确保尾矿库安全。同时加强安全巡查，一旦发现险情应立即启动应急预案，严防事故发生。

请将整改落实情况及时报送省安委办。

此函。

附件：尾矿库现场检查情况表

广东省安全生产委员会办公室

2014 年 9 月 23 日

评析：

这是一份督办函，标题中直接点明。

标题直接用“督办函”。正文一开始便直截了当主要说明发函的缘由。接下来说明了督办内容并提出具体要求。

2. 案例分析

××建筑学院关于为××市建设集团公司举办管理人员培训班的复函

××市建设集团公司：

关于为你公司举办管理人员培训班的问题，经研究答复如下：

一、同意为你公司举办管理人员培训班，开学时间：2014 年 3 月 19 日。

二、有关学籍管理及实习、收费标准等问题，请参照《××建筑学院关于举办管理人员脱产培训班的规定》中有关条款另议。

特此复函。

附：《××建筑学院关于管理人员脱产培训班的规定》

××建筑学院（盖章）

2014 年 2 月 27 日

评析：

这是一封答复函。复函一般要写“××（指单位）××××（批年号）××字××号函悉”来交代复函起因，此复函未写；而且，该文未对来函的培训人数、培训时间、培训方式等问询问题做出明确肯定的答复。

五、情景写作训练

请指出下列材料的错误之处并修改。

××市第一变压器厂关于抓紧归还服务公司借款的函

市建筑集团二公司：

你公司于 2009 年 1 月从我厂借去资金 3.5 万元，作为你公司劳动服务部的开办费，当时双方讲好了，年内一定给我们。现在已经是 2009 年 3 月了，我厂早已编制了财务决算，无法算清。为使我们能及时搞好各项款项的清理结账，要求你公司务必将所借之款于4日内归还我厂，切不可一拖再拖，否则后果自负，给我厂财务工作的顺利进行带来困难和麻烦。

2009年3月20日

第八节　纪　　要

问题思考：

某建筑公司召开年终董事会议，主任对新任秘书小蔡说：你要做好会议记录，会后写个会议纪要。小蔡不敢怠慢，会议记得非常详细。会后，马上整理会议记录，按照会议议程将会议记录“瘦身”，形成了“会议纪要”。他整理好后，反复检查了几遍，自认为文从字顺，主任一定会表扬他。没想到主任看了却很不满意。要他好好学习一下会议记录和会议纪要的写法。

请问：会议记录和纪要有哪些不同？怎样写纪要才符合规范？

一、基础知识

1. 纪要的适用范围

纪要是用于传达会议议定事项和重要精神，并要求有关单位共同遵守、执行的一种纪实性公文。《党政机关公文处理工作条例》规定：纪要适用于记载会议主要情况和议定事项。纪要根据会议记录和会议文件以及其有关材料加工整理而成，反映会议基本情况和精神，其主要作用是通报会议精神，统一认识，指导工作。

2. 纪要的特点

（1）内容的纪实性。纪要如实地反映会议内容，它不能离开会议实际搞再创作，不能搞人为的拔高、深化和填平补齐。否则，就会失去其内容的客观真实性，违反纪实的要求。

（2）表达的要点性。会议纪要是依据会议情况综合而成的。撰写纪要应围绕会议主旨及主要成果来整理、提炼和概括。纪要重点应放在介绍会议成果，而不是叙述会议的过程，切忌记流水账。

（3）称谓的特殊性。纪要一般采用第三人称写法。由于纪要反映的是与会人员的集体意志和意向，常以“会议”作为表述主体，“会议认为”“会议指出”“会议决定”“会议要求”“会议号召”等就是称谓特殊性的表现。

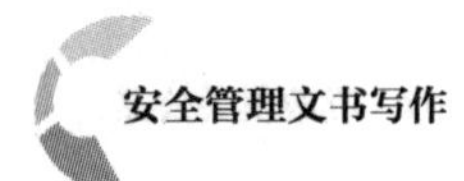

二、纪要的结构和写法

纪要通常由标题、正文、主送、抄送单位构成。

1. 标题

纪要的标题有三种情况：一是“会议名称＋纪要”，如《安全生产专项检查会议纪要》；二是“召开会议的机关＋内容＋纪要”，如《××省安全生产监督管理局党组会议纪要》；三是复式标题，如《一切围绕经济好转，一切围绕效益实干——××省沿江四市负责同志座谈会纪要》。

2. 正文

纪要正文一般由两部分组成。

(1) 会议概况。主要包括开会的根据（背景）、目的、时间、地点、名称、与会人员（包括主持人、出席人、列席人）、主要议题、基本议程、对会议的总体评价等。具体内容可以根据情况灵活把握。

(2) 会议的精神和议定事项。常务会、办公会、日常工作例会的纪要，一般包括会议内容、议定事项，有的还可概述议定事项的意义。工作会议、专业会议和座谈会的纪要，往往还要写出经验、做法、今后工作的意见、措施和要求。

根据会议性质、规模、议题等不同，这部分大致可以有以下几种写法：

1）集中概述式。这种写法是把会议的基本情况，讨论研究的主要问题，与会人员的认识、议定的有关事项（包括解决问题的措施、办法和要求等），用概括叙述的方法，进行整体的阐述和说明。这种写法多用于召开小型会议，而且讨论的问题比较集中单一，意见比较统一，容易贯彻操作，写的篇幅相对短小。如果会议的议题较多，可分条列述。

2）分类标项式。召开大中型会议或议题较多的会议，一般要采取分项叙述的办法，即把会议的主要内容分成几个大的问题，然后另上标号或小标题，分项来写。这种写法侧重于横向分析阐述，内容相对全面，问题也说得比较细，常常包括对目的、意义、现状的分析，以及目标、任务、政策措施等的阐述。这种纪要一般用于需要基层全面领会、深入贯彻的会议。

3）发言提要式。这种写法是把会上具有典型性、代表性的发言加以整理，提炼出内容要点和精神实质，然后按照发言顺序或不同内容，分别加以阐述说明。这种写法能比较如实地反映与会人员的意见。某些根据上级机关布置，需要了解与会人员不同意见的纪要，可采用这种写法。

4）指挥命令式。这种写法主要用于写会议决定事项，会议情况一笔带过，简练明快，多用于安排部署重要工作的会议。一般都这样写：“会议决定：……”“会议同

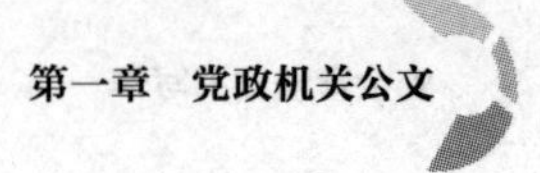

意……”“会议通过了……”等。

3. 结尾

有些重要的纪要有结尾部分。这部分主要写对有关单位会后贯彻执行会议精神的希望和号召。讨论性纪要的结尾常常写希望和建议，一般的纪要可以不写这一部分。

三、纪要的写作要求

1. 要真实地反映出会议的情况和与会者的观点。
2. 要突出中心议题，真正地写出会议的“要”来。
3. 要条理清晰，语言准确，使人一目了然。
4. 纪实写完后，必须经主管领导过目，同意签发，加盖公章，才能形成文件。

四、阅读与分析

1. 范文评析

研究深化安全生产行政审批制度改革有关工作的专题会议纪要

2014 年 12 月 16 日下午，局党组书记、局长李尚宽在六楼第一会议室主持召开局长办公（扩大）会议，专题研究深化安全生产行政审批制度改革有关工作。党组副书记、副局长叶文邦，党组成员、副局长陈富庆出席会议。

会议强调，要认真贯彻落实《省人民政府关于当前深化行政管理体制改革的若干意见》（黔府发〔2014〕19 号）和《省人民政府办公厅关于当前深化行政审批制度改革工作的实施意见》（黔府办发〔2014〕29 号）精神，按照贵州省人民政府法制办公室公告（2014 年 3 号）要求，通过减少行政审批事项、减少审批环节、减少审批时限、减少审批层级，提高行政效能，优化发展环境。

会议经过研究，议定以下意见：

一、关于行政审批当场办结的有关问题

根据贵州省人民政府法制办公室公告（2014 年 3 号）要求我局当场办结的 8 项行政审批事项变更、补办事宜的，必须当场办结。分管局领导、处室主要负责人要充分授权进驻省政府政务服务中心窗口（以下简称中心窗口）工作人员，符合当场办结条件的，中心窗口工作人员可以通过打电话、发短信等方式请示汇报，分管局领导、处室主要负责人在第一时间回复后，立即当场办结。

……

参会人员：政策法规处李彬、罗标志、罗飞霆，安全监察处谢志昌、黄圣旭、曹佐勇，安监一处李立奎，安监三处李超，安监四处包勇，职业健康处李彬，规划科技

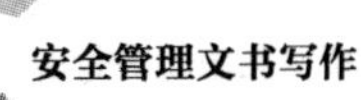

处刘霞，煤矿监管处杨文权，人事培训处田锦平，纪检组（监察室）姜周林，办公室文晓。

记录整理：××

2014年12月17日

评析：

这是一份专题会议纪要。开头部分简要介绍了会议召开主要议题、与会人员、时间和地点，主体部分就会议进行的有关问题讨论以及作出的相应决定给予纪要，详略得当，重点突出。采用分条列项式，条理清楚，便于贯彻执行。

2. 案例分析

市安全生产监督管理局专题会议纪要

2014年7月21日，×××副局长主持召开了××输油气管道安全监管移交工作协调会议，会议明确了矿山安全监督科、危险化学品监督科关于移交工作的相关事宜。

一、会议时间：2014年7月21日上午

二、会议地点：××市安监局×楼会议室

三、主持人：×××副局长

四、参会人员：×××、×××、×××、×××、×××

五、拟定意见：

1. 会议要求各县市区安监局和市局相关科室近期要做好“三个一”工作：进行一次摸底，做到底数明确、职责明确、依据明确、管辖范围明确、企业主体责任人和安全监管人明确；召开一次会议，掌握××市境内长输油气管道基本情况，了解突出问题，做到工作不停步，确保各环节顺利对接；开展一次检查，将××输油气管道安全检查作为危险化学品企业安全生产大检查的一项重要内容，逐一、细致排查，通过检查加强安全监管的主动性与针对性，多措并举，推动工作顺利进行。

2. 按照国家安全监管总局办公厅《关于调整油气管道安全监管职责的通知》（安监总厅〔2014〕57号）和省安监局关于××输油气管道安全监管移交工作专题会议精神，从即日起，原由矿山安全监督科承担的××输油气管道安全监管职责调整由危险化学品监督科承担，并与国家安全监管总局监管三司、省安监局监管三处承担的××输油气管道安全监管职责相对应，保证协调统一；矿山安全监督科与危险化学品监督科要密切配合，确保无缝隙交接；各县市区安监局即日起也要按照本会议精神执行。

3. 会议上还就目前穿越我市境内的××条油气长输管线（××条主线，××条支线）及企业部分相关资料、档案进行了移交，详见附件。

评析：

（1）内容结构不当，主次不明。

（2）内容不全，无附件。

五、情景写作训练

假设你班上近日召开安全教育主题班会，组织学习《学生手册》中有关的安全规章制度，结合已发生的安全事故和潜在的安全隐患进行了讨论，辅导员重申了有关纪律和要求。试根据此班会内容，写一份纪要。

要求：通过会议情景模拟，体验、学习如何概括、确立纪要的写作内容，并根据纪要的格式要求写作。

第二章
安全生产事务文书

学习目标

知识目标：

• 了解安全生产事务文书相关的基本知识。

• 掌握常用安全生产事务文书写作的基本格式和写作方法。

• 具备撰写计划、总结、调查报告、述职报告等事务文书写作的基本能力，并能根据安全管理工作需要规范撰写上述文书。

能力目标：

• 能说明计划、总结、调查报告、述职报告等事务文书的结构。

• 能在具体工作中正确选用计划、总结、调查报告、述职报告。

• 能撰写规范的计划、总结、调查报告、述职报告。

重点与难点

• 安全生产事务性文书的种类及行文规范。

• 常用安全生产事务文书写作的基本格式。

• 计划、总结、调查报告、述职报告的写法。

第一节　计　　划

问题思考：

假如你是公司某个生产部门经理的助理，年终的时候要做一个第二年的部门工作安排，请问：从文种的角度来看，应该选用什么文种？该怎么写？

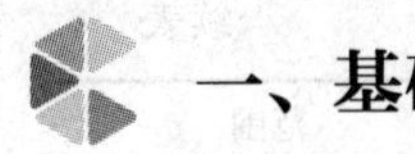

一、基础知识

1. 计划的含义和特点

(1) 计划的含义。计划是单位或个人对未来一定时间内要做的工作从目标、任务、要求到措施预先作出设计安排的事务性文书。

计划是计划类文书的统称。由于目标远近、时间长短、内容详略等的差异，计划类文书还有不同的名称，如下：

1) 规划。规划是一种时间跨度长（三年以上），范围广，内容较为概括的计划。例如：《××市城市建设总体规划》。

2) 纲要。纲要和规划相同，它们都是各级领导机关根据战略方针，为实现总体目标对某个地区或某一事项作出长远的部署。不同的是纲要比规划更为原则和概括，一般只对工作方向、目标提出纲领式要求和指导性措施。例如：《××市 2010 年经济发展纲要》。

3) 设想。设想是一种粗线条的、初步的、预备性的非正式计划。相对来讲，其适用时限较长。例如：《××市拓展就业安置门路的设想》。

4) 打算。打算也是一种粗线条的、其想法不太成熟的非正式计划。相对设想，它的内容范围不大且更多考虑近期要做的。例如：《××学校争创文明校园的打算》。

5) 要点。要点是将计划的主要内容择要摘编，使之简明突出。它适用于时间相对较短的计划。例如：《××局 2012 年工作要点》。

6) 方案。方案是从目的、要求、方式、方法、进度等作出全面周密部署，有很强可操作性的计划。方案一般适合专项工作，其实施往往须经上级批准。例如：《××市住房分配制度改革实施方案》。

7) 意见。意见属粗线条计划，它适用于上级向下级布置工作任务并提供基本的思路、方法，交代政策，提出要求等。例如：《××公司关于下属企业 2012 年扭亏增盈全面提高经济效益的意见》。

8) 安排。安排是短期内要做的，且范围不大、内容单一、布置具体的一类计划。例如：《××管理处第×周工作安排》。

大体来说，上述计划类文书的差别如表 2—1 所示。

表 2—1　不同的计划类文书的重要差别

名称	时间	内容	范围
规划	比较长期	涉及面广，内容较概括，只是个大轮廓	本单位
纲要	长远	只对工作方向、目标提出纲领式要求和指导性措施	上级对下级、本单位
设想	长远或近期	对工作任务作粗线条的、非正式的安排	本单位、本部门

续表

名称	时间	内容	范围
打算	近期内	提出任务，但其中的指标、措施较粗略	本单位、本部门
要点	一定时期内	布置主要任务，交代政策，提出原则性要求	上级对下级 本单位、本部门
方案	近期、短期	就某项任务、课题的具体实施，从目的、要求、方式、方法都作全面安排	本单位、本部门
意见①	一个阶段内	布置任务，交代政策，提出要求，制定措施	上级对下级
安排	短期内	任务明确，内容较单一，事情较具体	本单位、本部门

（2）计划的特点。

1）目的性。制定计划就是为了在一定时间、范围内完成某项任务，因而目的性在计划中十分明显。它在每份计划中好比是灵魂，制约着一切，决定着一切。如果没有明确的目的，计划就失去了意义。

2）预见性。计划必须对未来工作中可能发生的问题有充分的考虑和估计，据此提出必要的、科学的、可行的措施和方法。

3）可行性。计划应该是先进性和可行性的高度统一，计划中提出的目标是先进的，但是这个目标又必须是经过努力可以实现的。

4）指导性。计划一经制定，就要对完成任务的事件、活动起到控制和约束作用，工作的开展、时间的安排等都必须按照计划严格执行。

2. 计划的主要类型

计划的种类较多，按不同的划分标准有不同的种类：

（1）按时期，主要分为十年规划、年度计划、季度计划、月份计划。

（2）按形式，主要分为表格式计划、条文式计划、表格条文式计划。

（3）按性质，主要分为综合性计划、专题性计划。

近些年，计划以表格形式出现的居多，既方便填写，又一目了然。有的计划不便用表格形式，则采用条文式，采用分条列项的方法说明。

二、计划的结构和写法

1. 标题

计划一般有公文式标题和正副式标题两种类型。

（1）公文式标题。计划一般包括生产公司或企事业单位名称、适用期限、计划内容等，常见的写法有：

① 这里的“意见”是按表列内容制定的计划文种之一，至于对下级有所指示的意见，则不在上述范围内。

1）单位名称＋计划适用时限＋计划内容＋文种名称，如《××公司2012年工作计划》。

2）单位名称＋计划内容＋文种名称，如《××公司财务收支计划》。

3）计划适用时限＋计划内容＋文种名称，如《2012年工作计划》。

4）计划内容＋文种名称，如《第四届诗歌朗诵比赛方案》。

（2）正副式标题。正标题以生动形象的语言概括主题，副标题则为公文式标题，如《开拓创新 再写辉煌——××公司2014年工作计划》。

2. 正文

正文是计划的主体部分。

文字式计划一般先写前言，后写计划的主要内容。其中，前言一般包括概述形势、制定计划的目的、重要依据和指导思想、单位的基本情况、要达到的总目标等，但须写得言简意赅。

表格式计划则不必写前言，计划的主要内容一般包括要达到的各项具体目标、指标、要求、措施、步骤、方法、完成时间等，有的还有附表、附图、解释说明等。

3. 落款

（1）署名。若标题上已冠有制定计划的单位名称，则只需在正文右下方加盖单位公章就行了。若标题未冠单位名称，那么正文右下方就要署上单位全称，并加盖公章。

（2）日期。在署名的下方写明制定计划的详细日期。

三、企业发展规划

1. 企业发展规划的含义

企业的发展规划是涉及经济和发展的较长期的战略问题，规划的制定过程是对整个企业进行系统分析与经济开发的系统设计过程。一个企业的发展规划既有内部的结构调整、能力平衡、功能设计的问题，又有与社会联络沟通、获得支援、排解困扰的问题。

2. 企业发展规划的原则

发展规划是企业的总体战略部署和具体行动纲领，因此在制定规划时应始终坚持以下基本原则：

（1）坚持改革和创新的原则。改革和创新是在遵循社会主义基本原则的前提下，进行的一些具有突破性和进展性的改造和创新。

（2）坚持提高经济效益的原则。提高经济效益应当包括提高经济、社会和环境三个方面的效益。

（3）坚持依靠科技进步的原则。要依靠科学技术作为提高工业生产力的主要手段。

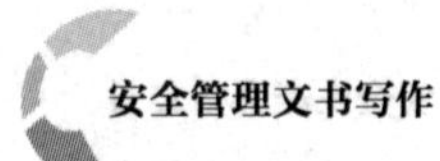

（4）坚持有利于促进企业群体经济发展的原则。一个企业的发展规划应有利于宏观经济及整个社会生产力走上良性循环的路子，使其持续、稳定、协调地向前发展，避免出现大的起伏。

（5）坚持扬长避短、发展优势的原则。有所不为，才能有所为，这是因为制定规划的过程是一个决策过程，亦即是科学的取舍过程。

3. 企业发展规划的特点

（1）规划的总体性。整体观念体现在规划本身结构上的矩阵联系，亦即从确立目标到分解目标、项目规划、相关环节、内外条件、实施方案等，是一个相互依赖、相互联系、相互制约的有机整体。因此，规划在内容上应上下左右相互呼应，相互协调，其主要的分系统、分目标、局部环节等均应统一在整体目标之下。

（2）规划的层次性。发展规划的逻辑性是由目标按照它的逻辑关系向纵深依次展开的。具体地说，总目标向下延伸展开成为分目标，对策是方案的延伸，从而形成一个上下协调的互为依存的统一体。

（3）规划的实践性。发展规划本身是行动纲领。

四、专项施工方案

1. 专项施工方案含义

专项施工方案是根据一个施工项目指定的实施方案，包括组织机构方案（各职能机构的构成、各自职责、相互关系等）、人员组成方案（项目负责人、各机构负责人、各专业负责人等）、技术方案（进度安排、关键技术预案、重大施工步骤预案等）、安全方案（安全总体要求、施工危险因素分析、安全措施、重大施工步骤安全预案等）、材料供应方案［材料供应流程、接保检流程、临时（急发）材料采购流程等］，此外，根据项目大小还有现场保卫方案、后勤保障方案等。施工方案是根据项目确定的，有些项目简单、工期短就不需要制订复杂的方案。

规范化、标准化的专项施工方案对于保证工程质量，加强建设工程安全管理，指导施工现场的安全文明施工，预防重大安全事故的发生，均具有重要的指导作用。

2. 编制专项施工方案的依据

（1）应保证规范全面，不漏项。编制依据应包括工程合同、地质勘测报告、施工图纸、设计变更、本工程所涉及的（技术、文明施工、环保、职业健康安全）国家（行业）标准、规范及强制性条文、地方标准和企业标准、作业指导书等，其中应列出所使用部分名称。

（2）引用的规范、标准、操作规程、作业指导书等版本有效，列出规范名称的同时，还要列出其版本号。

3. 编制专项施工方案的原则和要求

专项施工方案更能体现其分项和分部工程内容的真实性和实用性，故要求方案的编制原则应围绕工程质量的形成，做到安全第一、预防为主，对施工方法和技术措施等更应体现针对性、可操作性、及时性。具体如下：

(1) 工程概况：对工程总体框架作简要说明，并结合专项方案题材，对相关情况进行针对性介绍。

(2) 施工方法和程序：应符合总进度计划、质量目标和安全生产文明施工要求，方法明确具体，具有可行性，程序严格按照施工操作规程，并能与工程总体安排相适应。

(3) 分部（分项）工程施工进度计划安排：应符合总进度控制计划要求，并编制线条横道图、计划表。

(4) 质量、安全技术措施：应突出其针对性和可操作性，管理到位，责任到人。

(5) 结构安全性能验算：计算过程思路清晰，运算准确，数据明白。

(6) 参插图示说明：包括主要平面、剖面和节点详图，图示含义表明清楚，文字、尺寸清晰。

五、阅读与分析

1. 范文评析

【例文 1】

×××煤矿生产技术部工作计划

2012 年，生产技术部将继续在矿领导的带领下，紧紧围绕安全生产这个中心，以引领、指导、服务井下为重点，积极履行职责，强化内部管理，认真落实贯彻公司总经理 2012 年工作报告中的“挖内勤”“练内功”“促效益”工作精神，促进我部门在全年的工作再上一个新台阶而不懈奋斗！

一、2012 年奋斗目标

1. 认真贯彻和学习××煤集团、××××股份有限公司和×××矿业有限公司有关文件精神。

2. 积极协助生产连队搞好技术工作，确保全矿完成生产计划（原煤 9 万吨、掘进巷道 1 800 米）。具体安排如下：

2012 年度回采工作面安排：采区为 206.216 采区，开采回采工作面为 2065A 工作面、2065 南工作面、2163 工作面。

2012 年度掘进工作面安排：采区为 216.376 采区，掘进工作面为 216（—220 米）

轨道下山延深至—300米主石门岩巷工作面（673米），376深部下山（71），37618岩巷工作面（556米），300～376米南大巷（500米）。可根据矿井生产实际情况调整岩巷进尺。

3. 质量标准化工作常抓不懈。2011年我部门在质量标准化建设上虽然取得了一定的成绩，但是这离我矿的要求还有差距。2012年，我们决定再加强质量标准化建设力度，围绕矿井安全生产是在质量标准化的基础上加大检查力度，为迎接集团公司“质量标准化”检查及“安全型矿井建设”打下坚实可靠的基础。

二、全年工作计划

1. 强化内部管理，实现工作创新。一是认真落实各项工作管理制度，以制度管人，以体系管人。力争做到人人按制度办事，从而进一步增强我部门技术人员的工作责任感。二是进一步明确工作职责，按照各自的分工，严格工作质量考核，使每项工作有计划、有安排、有督促、有落实，保证按时、按质、按量完成各项工作任务。

2. 重点搞好作业规程及安全技术措施的编写、制定工作。所编制的作业规程及安全措施要符合生产实际。同时，要抓好所有作业规程及安全技术措施的贯彻、学习、考试等各项工作，并且做好现场检查落实，严把现场工程质量关。凡是不按作业规程施工，严格按工程质量验收标准进行处罚。

3. 根据矿井每月实际，认真编排每月的作业计划。同时要抓好计划落实到位，确因井下地质条件变化时，要及时向总工程师汇报，调整作业计划，力争使计划切实可行。认真制定生产所需的各项材料计划，各种材料的规格、型号要准确无误，为圆满完成当月生产任务提供可靠的物质保证。

4. 加强石门及主要大巷的素描，认真编制各地质“三书”（采区地质说明书、工作面掘进地质说明书、工作面回采地质说明书）及做好储量报表。积极开展周边小煤窑调查及上报工作，严格落实预测预报工作，加强探煤找煤工作，缓解矿井采掘接替紧张局面。

5. 做好216绞车房绞车安装准备工作，确保绞车及各类机电设备安装完好。

6. 加强一通三防及防治水管理，做好年度瓦斯鉴定、反风演习工作，提高矿井防灾、抗灾能力，确保矿井安全，维护矿区和谐稳定发展。

7. 加强业务学习，坚持“多问”“多做”“多深入工作现场”，以三个“多”的形式学习，促进经验的积累，并对新技术员多提供帮助，采取“以老带新”的原则，确保在本年度里全部能独立工作。

×××煤矿生产技术部

2012年2月13日

评析：

这是×××煤矿生产技术部门的年度工作计划。该范例围绕计划的年度重点工作，从指导思想、现实情况及年度工作目标，提出完成年度工作的措施。如果在文章结尾提出希望，会更鼓舞员工士气。该工作计划所提目标具体而适度，措施切实可行，具有较强的操作性和指导性。

【例文2】

2014年×××家具公司发展规划

一、2014年的经营方针

在认真审视公司经营的优势和劣势、强项和弱项的基础上，公司发展战略中心对当前行业的竞争形势和趋势作出基本研判，将2014年的经营方针确定为：

灵活策略赢市场，扩大规模增实力，加强管理保利润。

经营方针是公司阶段性经营的指导思想，各单位、各部门和各级干部的各项经营、管理活动，包括政策制定、制度设计、日常管理，都必须始终不渝地围绕经营方针展开、贯彻和执行。

二、2014年的经营目标

（一）核心经营目标

2014年，公司的核心经营目标是：

年度销售收入3 800万元，增长率93%，保底销售收入2 000万元；年度税后利润580万元，增长率228%，税后利润率15%，资产回报率20%，保底利润300万元。

在核心经营目标中，利润是能够反映公司经营质量的唯一指标，也是评价和考核经营团队的"核心之核"。

（二）销售目标细分

销售目标细分表　　　　（计算单位：万元，人民币）

分类	项目	年度目标	第一季度	第二季度	第三季度	第四季度
按责任部门分解	公司家具销售	1 000	260	240	200	300
	公司建筑模板销售	1 500	350	400	350	400
	××超市销售	500	100	100	80	220
	××商场	800	150	200	150	300
	合计	3 800	860	940	780	1 220

三、主要经营策略

（一）市场策略

要实现销售收入的大幅度增长，扩大市场覆盖面、扩大实质客户群，进而大幅提升订单量，是必然选择。因此，公司将2014年确定为"市场拓展年"，投入巨大投资开拓市场，发展客户，争取订单。对此，应采取下列措施：

……

四、实现目标的保障措施

（一）生产资源保障

1. 公司新增投资400万元，增加生产设备，扩大生产场地，确保产品生产3 800万元和各项营销策略的实现。

2. 生产中心作为二线部门，理应成为办公和民用营销中心的坚强后盾，必须始终围绕客户要求而非生产要求运转，必须按照一线部门的产品策略规划和实际订单需求，组织设计开发、物料采购、产品生产和品质控制等各项生产管理活动。

3. 按时交付合格产品，始终是生产管理的不容置疑的核心任务。生产中心应订立适宜的品质目标，采取适宜的控制措施，以适宜的品质成本，为经营一线准时提供合格产品。

4. 生产成本特别是材料成本的控制，将是考验生产中心各级干部的关键所在，必须列入各级干部的首要议事日程，必须以非常手段克服和消化各类涨价因素，以降低材料采购成本为突破口，以提升生产速度、提升单位时间产量、采用计件计酬方式为基本点，带动人工成本、能耗成本等在内的各项产品成本的降低，使主营业务的材料成本控制在46%以内。

……

五、总体要求

公司高层清醒地认识到：2014年的经营目标，是在全面权衡和全面分析的基础上制定的，是一个充满机遇和机会的计划，也是一个具有挑战和风险的计划。要将这一理想变为现实，需要全体员工的共同努力。

（一）更新观念，创新管理

公司认为，要达成2014年的经营目标，首先要更新观念，各级干部和全体员工必须彻底摒弃“因循守旧、得过且过、小步前进、作坊经营”的思想观念，以宏观的立场，树立“产业洗牌、不进则退”的危机意识和“发展公司，分享成果”的捆绑意识，在生产管理的流水作业、产品开发的结构系列、采购管理的成本降低、订单评审的菜单管理、后勤保障的服务品质、财务监测的深入一线等各方面，创新经营思维、创新管理模式，为公司经营从作坊工厂向现代企业的彻底转型奠定良好的基础。

……

总之，公司希望并要求：所有从业人员，必须以全新的观念、全新的面貌、全新的行动，投身“打造高效团队，实现业绩翻番”的伟大征程中，为公司的跳跃发展做出更大的贡献！

×××家具公司

2013年11月28日

评析：

(1) 这是一份某企业的年度发展规划。规划标题简洁明了，突出了主题。

(2) 规划坚持改革和创新、提高经济效益、有利于促进企业群体经济发展及扬长避短、发展优势的原则。

(3) 规划体现了总体性、层次性及实践性。上、下、左、右相互呼应，相互协调。总目标向下延伸展开成为分目标，对策是方案的延伸，从而形成一个上下协调的互为依存的统一体，可操作性强。

【例文3】

×××大厦基坑施工方案

一、工程概况

拟建工程×××大厦位于×××广场，东邻×××路，西靠×××街，南依×××街，北邻×××街，建筑设计地下两层，地上二十六层，框架结构，建筑面积15 648平方米，建筑高度92米。

地层分布自上而下：(1) 杂填土；(2) 粉质黏土；(3) 碎石土；(4) 粉质黏土；(5) 强风化板岩。

建筑物东西长125.9米，南北西侧长25.3米，南北东侧长16.8米，建筑1～21轴，基坑最深处10.8米，建筑22～28轴，基坑最浅处2.9米，柱基础为独立柱承重基础，零星办公用房基础为条形毛石基础，基础分别坐落在粉质黏土层与强风化板岩上，在7～22轴和C轴位置上有防空洞。

基坑支护设计由×××设计所担任（甲方指定），支护设计在2013年3月完成，其基坑设计方案中的措施和挖土方施工由×××土石方公司担任（甲方指定），施工现场负责人×××，2013年8月完工，由×××监理公司监理，监理单位总监×××。

二、基坑周边环境

基坑北侧8米建筑6～14轴处有施工队伍二层宿舍（5米高），西侧4米处是交通道路（距马路边石），来往车辆和行人甚多，南侧7米建筑12～18轴外5米处是一座18层×××大厦，东侧是×××学校，基坑边缘距小学操场边缘3米远。

三、临边防护

因为四周人员和车辆来往频繁，故基坑周边用钢管插入地下做立杆，搭设0.6米和1.2米高两道防护栏，并绑扎密目安全网封闭，夜间挂红灯警示。

四、坑壁支护

(1) 基坑深度超5米占60%，基坑坑壁安全等级为一级，需作专项支护设计，此设计已由甲方委托重庆××设计所担任，重庆××土石方公司实施。专项支护设计，必须由有关部门审批意见后方可实施。

(2) 在建筑22～25轴基坑深度4.2米处，其土质为粉质黏土，采用桩锚混合支护方法，即人工挖桩孔和钻孔安装锚杆方法护壁。

(3) 在建筑25～28轴基坑深度2.9米处，其土质为杂填土，采用钻孔打锚杆护壁方法。

五、排水措施

根据地质资料查知，该地地下水位高，基坑施工又赶上雨季，故采取下列措施：

1. 基坑周边筑土堤阻止场外水流入基坑。

2. 设临时排水沟排地表水和雨水，排水沟纵向坡度不小于2%，最好能与道路上的排水沟连通。

3. 坑内挖深井控制水位，随时用水桶提出，减低深井中的水位。

4. 准备水泵5台和配套的配电箱、开关箱和电线等。

六、坑边荷载要求

1. 人工挖桩周围1.5米处，禁止堆放泥土和杂物。

2. 挖出的土方要立即运出现场，一时运不走的要距基坑2米以外堆放，堆放高度不准超过1.5米。

3. 基坑边缘2米以内不准摆放机械或堆放任何材料。

七、上下通道

1. 制作10个专用爬梯，放在不同位置，以便作业人员上下使用。

2. 爬梯的护栏、扶手等安全设施要齐全有效。

3. 不准使用木梯供作业人员上下。

八、支护变形监测

基坑周围环境复杂，虽有支护结构，但值雨季施工，故应设一名专职监护人员，每天监测6次以上，并做好记录，如发现支护有松动、变形、裂缝等情况，要立即报告，项目部要立即进行加固，或采取其他有效措施。

九、挖土方

1. 应在各种专项支护措施落实后，才可进行机械挖土和人工清边修角。

2. 机械挖土需采取逐点式开挖，起重臂回转半径内不准站人，夜间作业应备有足够照明设施，在陡坡危险地段设明显标识，按合理的顺序开挖，边挖土边清边清槽，注意不准人与机械同时作业。

3. 当挖至强风化板岩时，应组织空压机、风钻等进行钻孔，请公安部门放炮。

×××市第八建筑公司

2012年5月6日

评析：

这是一份工程专项施工方案，规范全面，不漏项。做到了安全第一、预防为主，对施工方法和技术措施等更体现针对性、可操作性、及时性。同时，正文部分强调了重点开展的工作，层次清晰、详略得当。

2. 案例分析

计　　划

厂属各车间（科、室）：

为了贯彻落实×××〔2013〕1号文件精神，对安全生产月活动做以下安排：

一、活动主题和时间安排

活动主题：强化安全基础 推动安全发展

活动时间：2013年6月1—30日

二、工作目标

通过“安全生产月”活动的开展，牢固树立以人为本、安全发展的理念，把安全生产摆到更加重要的位置，完善安全应急预案体系，促进安全生产责任进一步落实，增强员工安全意识、加强安全管理、将事故隐患整治在萌芽状态。

三、组织机构

组长：×××

副组长：×××

成员：×××

四、主要活动内容

1. 安全宣传方面。安环科负责制作安全宣传横幅，各科室、车间通过班前班后会、板报大力宣传营造安全氛围。

2. 案例学习和体会活动。将集团公司近半年来发生安全事故案例汇编成册，印发到各车间班组学习，要求每名员工写一篇“事故案例学习心得”；并由各车间选出（炼焦车间20篇，化产车间10篇，电仪车间5篇）优秀作品参加评比，对评出的“优秀作品”前5篇，进行奖励。

3. 开展“排除隐患大行动”活动，要求排查身边的安全隐患，具体如下：(1) 各车间领导要认真组织和动员员工开展“排除隐患大行动”；……。

4. 组织岗位员工开展背规程、讲规程讨论活动，参加人员为岗位员工、工段长、车间领导。目的就是要规范操作规程，提高理论知识。本次背规程、讲规程，由安环科组织。

5. 观摩碳黑厂事故应急预案演练，其目的是要提高本厂员工应急事故的组织和救援能力。观摩人员：各车间主任、工段长、技术员、班组长和各科室负责人。

6. 组织观看《火灾预防现场扑救》《事故案例警示录》《基层干部安全生产培训》安全教育光碟。组织观看时间及地点：6月8—10日，三楼会议室。

7. 事故预案演练活动。具体如下：

炼焦车间：大停电预案；

化产车间：大停电预案、火灾消防预案。

由各车间组织，演练时间为 6 月 15—25 日，分批进行。

五、活动要求

安全生产月活动要以“强化安全基础、推动安全发展”主题为指导，紧紧围绕公司年度安全管理目标，深入贯彻执行“安全第一、预防为主、综合治理”的安全生产方针。

各车间、科室要高度重视安全月活动的开展，围绕本车间实际情况召开动员会，结合厂部安全月活动计划制定本车间安全生产月活动计划报安环科并及时对活动开展情况进行总结。

在活动月期间，对发生的各类事故，要加大处罚考核力度。

2013 年 5 月 31 日

评析：

(1) 这是一篇××单位安全生产月活动计划。标题仅用“计划”二字，过于简单，缺少时限和活动内容。

(2) 背景内容介绍稍显简单，没回答清楚“为什么”制定的问题。

(3) 活动内容详细，在回答做到“什么程度”时，活动要求过于简单，无法保证活动达到预期效果。

(4) 落款中没有单位名称。若标题中已经出现单位名称，则落款处可省略。

六、情景写作训练

如果你是一名某公司生产部门经理助理，已在该公司工作了三年，年终时需要写下一年的工作计划。请你按照要求写一个年度生产工作计划。

第二节 总　　结

问题思考：

假如你是一名安全生产管理员，年终考核的时候要将一年的工作做一个回顾，思考一下该使用什么文种去写？

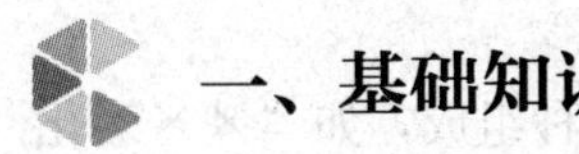

一、基础知识

1. 总结的含义和特点

（1）总结的含义。总结是单位、部门或个人对过去一段时间内，所做过的或者完成的某项任务进行总检查、总分析、总研究、总评价而写成的一种事务性文书。总结是一种回顾反思性文书，它本身并不具有行政约束力，但具有指导工作的作用。

（2）总结的特点。

1）回顾性。总结是对过去实践的回顾与概括，尊重客观是它的出发点。

2）客观性。总结要运用唯物辩证法的观点，一分为二地看待已经做过的事情，既要肯定成绩和优点，也要正视缺点和问题。同时对成绩的评价要实事求是，不言过其实，不弄虚作假；对问题的反映要客观实在。

3）事实性。包含两层含义：一方面，撰写总结所引述的事例、数据、单位和部门、时间、人物等是现实生活中确有的；另一方面，写总结时从事实中反映的认识是真话、实话。

4）概括性。写总结不能纯粹表述事实，不能罗列现象，不能就事论事，而是要对材料作必要的分析和研究，从中得出规律性的认识。

5）指导性。总结的最终目的还是为了提高认识，把握规律，使今后的工作扬长避短，做得更好。

2. 总结的主要类型

总结是对已经完成的某项任务、工作进行检查、分析、评判，用书面文字从理论认识的高度概括经验和教训，用以指导今后工作的一种文书。总结的种类很多，按照不同的标准可以分为许多类型：

（1）按时期分，主要分为年度总结、季度总结、月份总结等。

（2）按性质分，主要分为综合性总结、专题性总结等。

（3）按内容分，主要分为学习总结、思想总结、工作总结、财务总结、安全总结等。

二、总结的结构和写法

常用的总结类型有全面总结、专题总结、个人总结等，其写法不尽相同。

1. 全面总结

全面总结，又叫综合性总结，是对一个地方、一个单位的各方面的工作情况，包括成绩和经验、缺点和教训等进行全面的总结。但是，全面总结，也要突出重点，不能面面俱到。内容包括标题、正文、发文机关署名与成文日期。

（1）标题。标题的写法主要有两种形式：

1）公文标题式。公文式标题由单位名称、时间、事由、文种组成，如“×××化工公司2014年保安工作总结”，有的只写“工作总结”等。

2）非公文式标题。一种是新闻标题式，如“改制　转业　探索　创新　不断开拓物业管理市场——物业管理公司改制工作总结”。此种要注意虚题与实题的搭配。一种是论文标题，如“从改变行风做起，加强本系统职工队伍思想政治工作”，主题明确、思路清晰，多用于专题总结，尤其是经验性总结。

（2）正文。总结的正文一般由开头、主体两个部分组成，有的还有结尾部分。

1）开头。又称前言或导语，一般概述基本情况和总结的缘由，交代总结所涉及的时间、地点、单位和背景，概述主要成绩等。然后以“特作如下总结”承上启下。

2）主体。是正文的重点，有多种写作方法和结构形式。内容包括基本情况、主要成绩、主要经验和体会、存在的主要问题，对今后工作的打算及努力方向等。

这是总结的主要部分，内容包括成绩和做法、经验和教训、今后打算等方面。这部分篇幅大、内容多，要特别注意层次分明、条理清楚。

主体部分常见的结构形态有以下三种：

第一，纵式结构。就是按照事物或实践活动的过程安排内容。写作时，把总结所包括的时间划分为几个阶段，按时间顺序分别叙述每个阶段的成绩、做法、经验、体会。这种写法的好处是事物发展或社会活动的全过程清楚明白。

第二，横式结构。按事实性质和规律的不同分门别类地依次展开内容，使各层之间呈现相互并列的态势。这种写法的优点是各层次的内容鲜明集中。

第三，纵横式结构。安排内容时，即考虑到时间的先后顺序，体现事物的发展过程，又注意内容的逻辑联系，从几个方面总结出经验教训。这种写法，多数是先采用纵式结构，写事物发展的各个阶段的情况或问题，然后用横式结构总结经验或教训。

主体部分的外部形式，有贯通式、小标题式、序数式三种情况：

贯通式适用于篇幅短小、内容单纯的总结。它像一篇短文，全文之中不用外部标识来显现层次。

小标题式将主体部分分为若干层次，每层加一个概括核心内容的小标题，重心突出，条理清楚。

序数式也将主体分为若干层次，各层用“一、二、三……”的序号排列，层次一目了然。

3）结尾。结尾是正文的收束，应在总结经验教训的基础上，提出今后的方向、任务和措施，表明决心，展望前景。这段内容要与开头相照应，篇幅不应过长。有些总结在主体部分已将这些内容表达过了，就不必再写结尾。

（3）署名和日期。如果标题中已有署名，这里可不再写。

2. 专题总结

专题总结又叫经验总结，是对某一项或某一方面工作经验进行专项总结。专题总结的内容比较集中，针对性、思想性和理论性较强，对相关单位的工作具有较大的指导和借鉴作用。

专题总结既可以第一人称撰写，也可以第三人称撰写。内容一般包括标题、署名与成文日期、正文。

（1）标题。专题总结的标题，侧重于经验总结，主要有两种形式：

1）以总结的主题做标题。这种标题以精练的文字概括全文，集中反映总结的内容和特点，深刻地揭示总结的中心思想。

2）采取新闻方式的标题，有时间、引题、正题、副题，适用于第三人称撰写。

（2）正文。正文由开头、主题两大部分组成：

1）开头。交代总结所涉及的时间、地点、单位、范围和基本经验，点明中心思想和主要成绩等。表述方式主要有结论式，即先做出结论，点明经验的核心，然后再论证；提问式，即先提出问题，点明经验总结的重点，然后再回答问题；对比式，即采用对比的方法，将工作中的主要情况进行对比，分出优劣，显示标题，为下文总结经验提供依据。

2）主体。是经验总结的核心。按逻辑关系或时间顺序，将总结的内容分成若干部分，用小标题分项撰写。小标题既可是经验，也可是成绩、做法。

（3）结尾。包括署名与成文日期两部分。

3. 个人总结

个人总结是对个人的工作、学习和政治思想方面的情况进行总结，既有全面的总结，也有专题的、某一个方面的总结。

个人总结的结构和写法与前面的全面总结、经验总结大体相同。在撰写个人总结的时候，应注意：

第一，要明确总结的目的、要求：是要进行全面的总结，还是单项的总结；是以总结成绩为主，还是以查找问题为主。

第二，根据总结的目的和要求，确定不同的写作方法。个人的全面总结、专题总结与单位的全面总结、专题总结的写作办法和要求基本相同，只是个人署名和成文日期在正文之后。

第三，注意总结的结构和布局，可分段写，也可分项写，做到布局合理，结构严谨，层次分明，表述准确、恰当。要抓住主要问题，突出工作成绩和经验或思想上的收获和体会。对于失败的教训和存在的问题要抓准，实事求是，切不可诿过，或只讲成绩不讲缺点，或只讲缺点不讲成绩。

三、阅读与分析

1. 范文评析

【例文 1】

×××渡槽项目部安全生产工作总结报告

×××渡槽项目部的安全管理工作在公司、分局的正确领导下，在各部门工区的协助下，全面落实科学发展观，树立安全发展理念，以《安全生产法》为依托，始终坚持“安全第一、预防为主、综合治理”的安全生产工作方针，深入学习、贯彻落实国发《关于进一步加强企业安全生产工作的通知》重要文件精神，强化安全管理，提高安全认识，加强应急救援和事故防范，普及安全生产法律法规和安全知识，强化项目管理人员、施工人员的安全责任意识，推动安全生产各项措施落到实处，同时进一步完善了各项安全规章制度，层层落实的安全生产管理责任和签订责任书，形成了完整的安全生产管理体系，取得了开工至今无生产性责任事故、无人员伤亡、无各类设备、火灾事故的好成绩，目前安全生产处于受控状态。现将安全生产工作情况总结汇报如下：

一、施工概括简述

×××渡槽是南水北调中线工程总干渠上的一座大型河渠交叉建筑物，位于河北省永年县城西××村与××村之间，距永年县城约 10 千米。本标段起点桩号 76＋607，终点桩号 77＋537，全长 930 米，共布置大型渠道渡槽 1 座，长 829 米，进出口连接渠道长 101 米。工程等级为一等，主要建筑物级别为 1 级，设计防洪标准 100 年一遇，校核防洪标准 300 年一遇，地震设计烈度为 7 度。

×××渡槽由渡槽、节制闸、退水闸、检修闸、排冰闸组成综合枢纽。渡槽槽身纵向为 16 跨简支梁结构，单跨长 40 米。槽身为三槽一联矩形预应力钢筋混凝土结构，单槽净宽 7 米，槽净高 6.8 米。渡槽共布置 17 个槽墩，墩身为实体重力墩，由墩帽、墩身、承台组成。承台下设两排灌注桩，每排 7 根，桩径 1.7 米（边墩桩径 1.5 米），桩长 13.5～54 米。15 号、16 号槽墩采用扩大基础。

本合同工程主要工程量：土石方开挖 45.77 万立方米土石方回填 55.76 万立方米、混凝土 9.93 万立方米，钢筋 0.82 万吨、砌石 2.3 万立方米、钢绞线 2 075 吨。本工程合同价款 2.060 8 亿元。

二、安全生产机构建立情况

为实现对安全生产的全面监管，项目部成立了“×××渡槽项目部安全文明生产管理领导小组”，并设立专门的安全管理部门。项目部现有专职安全员 4 名，现场兼职

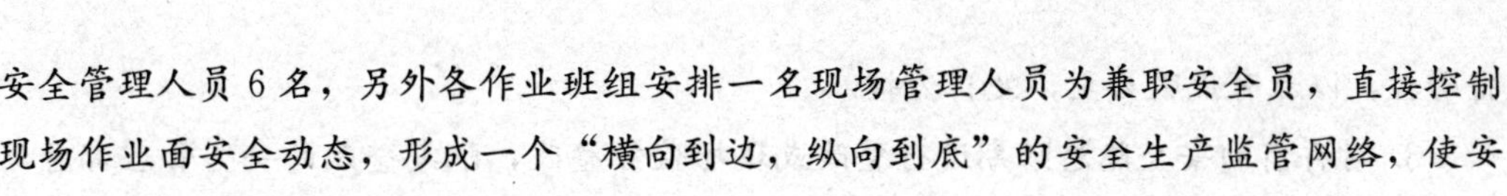

安全管理人员6名，另外各作业班组安排一名现场管理人员为兼职安全员，直接控制现场作业面安全动态，形成一个“横向到边，纵向到底”的安全生产监管网络，使安全生产处于受控状态。

三、制定制度、落实责任、强化管理

为了使项目部领导干部及各部门负责人认真履行各自的安全生产职责，根据公司相关文件精神，项目部领导班子成员及各部门负责人在2014年4月27日与安全管理部签订了《环境、职业健康安全生产责任书》，为本年度安全生产工作平稳健康发展及实现安全生产目标提供了有力保障。

为做到有章可依，有据可循，项目部制定下发了《2014年度安全工作计划》《安全生产管理与环境管理目标》《环境、职业健康、安全生产管理制度》《安全教育培训制度》等20多个安全生产规章制度。同时针对×××渡槽项目部管理的特殊性，编制了《×××渡槽工程安全事故应急救援预案》《消防应急救援预案》《×××渡槽桩基静载实验安全措施及应急救援预案》《防洪度汛措施及应急救援预案》《×××渡槽承重排架及大型脚手架应急救援预案》。在实施的同时不断改进、补充完善，使之落到实处，以制度指导、约束人，以执行落实情况检查制度的完善性，相辅相成补充完善。

四、制度执行情况及隐患整改情况

安全检查工作是及时发现事故隐患、预防事故发生的一种有效管理手段。项目部高度重视、积极开展安全生产检查工作，把“检查到位、整改有力”作为抓好安全工作的一项基本制度来落实，逐步形成了行之有效的工作方法。

安全管理部在日常检查的同时，还专门针对现场开展了下列专项检查工作：(1) 每周五进行现场临时用电大检查；(2) 每月15日现场进行安全综合大检查；(3) 每月月底对项目部属食堂、办公区的消防、卫生进行安全大检查。

安全检查工作的特点是：以定期检查为主线，以专题检查为补充，综合检查时以高处临边作业、施工现场临时用电、深基坑开挖、脚手架搭设及拆除、模板吊装与拆除、特种设备运转、易燃易爆危险物品的使用、各类安全通道等为重点，全面监控施工各处的安全生产情况。

开展的检查工作如下：

1. 依靠定期安全检查、专项安全检查和日常巡查检查落实安全生产责任执行情况。项目部每月定期进行一次安全大检查及设备安全检查，根据季节或特殊情况进行专项安全检查等。节假日期间由安全部门牵头联合物资设备部、综合管理部、工程管理部等部门进行了全面的综合性安全大检查，对检查中发现的安全问题，明确责任人落实了整改整治。

2. 对防火、场内交通（施工道路）、特种作业持证上岗、安全用电、雨季施工、模板安装及拆除、预应力张拉、龙门吊吊装作业重点进行监控，加强对习惯性违章进行管控，以教育说服为主，处罚为辅。

3. 对存有的安全隐患限期进行整改或现场监督整改，限期整改的安全管理部督促整改并进行验收，在规定的时间内安全生产隐患整改（控制）率100%。

4. 坚持安全投入制度的落实，安全费用专款专用，由财务制定台账，安全投入绝不吝啬，更不能乱用。良好的安全设施是确保安全的有效条件。

5. 强化人性化管理，为防止意外事故发生，造成经济损失，项目部购买了意外伤害保险。

安全管理部2014年上半年日常检查和各类专项检查累及排查隐患286项，现场立即整改232项，下发隐患整改通知书11份，监督整改隐患54项，整改率100%。通过不断排查、治理隐患，有效控制了各类安全事故的发生。

五、安全教育培训情况

安全管理部严格坚持对新进员工进行入场安全三级安全教育培训，经考试合格后方可上岗，同时对老员工进行安全教育再培训。2014年，对新进场的协作队伍员工教育培训181人次，通过安全教育培训，切实提高了作业人员的安全生产素质和技能。项目部将“加强劳务管理，完善安全责任制”作为安全文明生产的一项重要工作来抓。要求对所有协作队伍劳务人员作了一次全面登记，从开工到现在，对员工入场教育人数累计734人次，对作业班组和管理人员平时教育累计193人次。由项目负责人与各协作队负责人签订了安全生产协议责任书，严格履行承诺做到“不伤害自己、不伤害他人、不被他人伤害”。这样对管理人员和劳务人员双方的安全责任意识都有较强的触动。

六、抓好安全学习，启迪安全意识、增长安全生产知识、推动安全生产各项工作的开展

在安全教育中，我们特别注重民工的安全学习，使他们结合安全生产培训中讲的案例，学习安全知识，让他们知道自己所处环境的危险源，增强他们的自我保护意识。这一做法收到了较好的效果，工地上大部分员工能自觉正确佩戴安全帽，纠正违章、整改隐患工作进行得也较顺利。

安全月期间在施工现场组织了安全生产咨询活动，活动对象主要是一线民工，活动开展中一线民工踊跃参加，活动的收效普遍反映很好，不但使参加者增长了安全知识，更重要的是让参与者站在专职安全员这个角色去及时发现生产中存在的安全隐患，学会如何去防范，如何去整改隐患，真正做到防范事故、治理隐患。

七、安全生产投入情况

安全生产资金、物资是按照国家有关规定和建筑施工安全标准，购置施工安全防护用具、落实安全措施、改善安全生产条件、加强安全生产检查和管理等所需。

一季度安全生产投入195 678元，其中安全工程费用39 862元，安全宣传教育培

训及安全活动费用 26 972 元，劳动防护与职业健康费用 9 174 元，日常安全管理费用 65 192 元，其他与安全生产直接相关的费用 181 558 元。

二季度安全生产投入 313 280 元，其中完善、改造和维护安全防护设备、设施支出 48 950 元，安全工程费用 68 730 元、配备必要的应急救援器材、设备和现场作业人员安全防护物品支出 14 930 元，安全技能培训及进行应急救援演练支出 10 446 元，其他与安全生产直接相关的费用 170 224 元。

八、下一步工作重点

下一步×××渡槽项目部安全生产工作重点，首先应加强各从业人员安全知识教育与培训，对吊装作业、高处作业、模板安装及拆除作业、临时用电等要进行班前班组安全教育，对特殊工种及特殊工作区域加强监管力度，严格按照安全操作规程进行操作。坚持“安全第一，预防为主，综合治理”的方针，树立“以人为本”的思想，不断提高安全生产素质，着力提升安全防范意识，狠抓安全管理工作落实；加大安全生产投入，依靠科技进步，全面改善安全生产基础设施和提高管理水平，提高本质安全度；建立完善安全生产管理体系，强化执法监察力度；突出重点，专项整治，遏制重特大事故。安全管理工作争取再上一个新的台阶。安全就是效益、安全就是信誉、安全就是市场，只有不断创新和改革安全工作的思路、工作方法，努力提高安全管理水平，才能确保安全、环境目标的实现！

×××渡槽项目部

2014 年 7 月 20 日

评析：

这是一篇专题性总结。该范例围绕项目部工程安全生产工作，从工程项目介绍、安全生产基本做法，总结了该公司项目部在安全生产方面的成效，对下一步工作的发展方向进行展望。该总结内容全面、客观，数据充实具体，具有说服力和指导性。

【例文 2】

化工安全工作总结

本年度公司认真贯彻落实各项安全生产法律法规，落实安全生产责任制、全年未发生重大生产安全、环保事故，圆满完成了年初制定的安全环保工作目标，现总结如下：

一、落实各级安全责任制，加强责任制考核

年初，公司领导亲自制定安全生产管理目标，对目标层层进行分解，层层签订安全责任书，切实做到一级抓一级责任，一级对一级负责，各级部门时刻牢记安全关系到企业的生存与发展，关系到每个家庭的幸福，每月公司安环部门根据考核方案，对各部门进行考核。通过考核促进了各部门主体责任意识的提高，使安全工作能有序展开，持续改进并落实到实处。

二、开展各类丰富多样安全教育培训活动，提高员工的安全意识和应急处置技能

1. 年初，在全公司开展了一次“生命有限 安全无限”全员安全教育培训，并进行了考试，收到了良好的效果。员工的自我保护意识有了明显提高，违章现象明显减少。

2. 为了配合新《消防法》的施行，公司于5月底，邀请防火中心的老师到我公司开展消防安全培训，公司共有52人参加了培训。

3. 积极参加由总工会和安监局牵头的“安康杯”竞赛活动，获得了优胜奖。

4. 加强对新入厂员工和外来进厂作业人员的上岗安全教育培训，并进行考核，考核不合格的不准上岗作业。至本月总计有158名外来人员和83名新入厂员工参加了培训和考核。

5. 按照国家有关规定继续加强对公司负责人、安全管理人员及特种作业人员的资格培训和复审工作。本年度对公司2名负责人进行了新取证的培训，对3名公司负责人进行了资格复审培训，对4名专职安全管理人员、1名特种设备管理人员和9名特种作业人员进行了资格复审。

6. 组织3批公司基层重要岗位人员参加化工园区的应急处置技能培训，并在本年度化工园区举行的有31个公司160名人员参加的应急处置技能比赛中取得了团体第二名的成绩，在重型防化服着装竞赛中取得冠军。

三、认真组织各种形式的安全检查，落实安全隐患排查制度

公司每月开展各项三级安全检查，对查出的各类安全隐患都严格按照“四定原则”进行整改，确保整改的效果。全年公司级共检查出一般安全隐患28起，落实整改28起；查出重大隐患2起，落实整改2起，整改率达到100%。公司安环部将各级部门的安全隐患治理工作与月度奖挂钩，并作为年度考核的依据，确保了全年度安全生产目标的实现。

四、加强公司重大危险源的制度建设和监督管理

1. 公司根据应急管理中存在的问题，对危险化学品重大危险源管理制度重新进行了修订，并完善了重大危险源档案及重大危险源监控措施实施方案。

2. 为了认真贯彻“安全第一、预防为主、综合治理”的方针，根据《中华人民共和国安全生产法》和《危险化学品安全管理条例》，2013年6月30日上午10时，公司开展了一次规模较大的应急演练。公司总经理高度重视，为了提高应急演练的质量和效果，亲自组织各部门主管召开了应急演练协调会议，对本次演练计划进行了详细的审议，提出了修订意见。各个应急分队队长分别组织本队人员召开了会议，对修订后的预案进行了认真的学习，准备和检查了各类应急物资，并到现场实地进行了勘察和预演，演练结束后召开了总结会议。这次演练提高了应急指挥部的协调能力，提高了应急队伍的应急处置能力。同时也反映出以下问题：（1）应急物资配备不足，特别是

个体防护用品配备数量不足，如重型防化服和空气呼吸器；(2) 水源压力不足，给救援工作带来很大的困难。上述问题必须要尽快解决。

五、加强作业现场监管，严格作业审批制度，确保人员安全

作业现场是各类事故的多发地带，为了加强作业现场的作业安全，公司严格作业审批制度，特别加强对受限空间作业、易燃易爆区动火作业的监督管理，全年未发生一起因动火作业、临时用电作业、登高作业、受限空间作业等的安全生产事故。

六、建立环境管理体系，促进公司环保工作，确保无环境污染事故的发生

根据公司总经理的总体部署及企业发展的需要，10 月公司通过了 ISO14001 环境体系的认证。在整个体系的认证过程中，公司有关部门密切合作，对存有环境污染隐患，进行了初步的整治，取得了明显的效果，同时各生产部门的环保意识有了明显的提高。

回顾这一年我公司的安全工作情况，虽然在 2013 年公司未发生一起人身伤亡事故，但公司整体的安全形势依然比较严峻，各类小的工伤事故重复发生，安全文化建设任重道远，应急管理工作比较落后。上述问题有待在今后的工作中予以解决。

×××化工有限公司

2013 年 12 月 21 日

评析：

这是一篇综合性工作总结。该例文的主体部分按照纵横式结构展开，安排内容时，先按照时间的先后顺序分为多个层面进行叙述，后按照内容的逻辑联系，从几个方面总结完成工作情况和取得的业绩、存在的不足，最后提出今后的工作打算。文章条理清晰，内容充实。

【例文 3】

×××公司安全生产管理总结

为了继续贯彻执行“安全第一、预防为主、综合治理”的生产方针，确保人身财产安全，发挥广大职工的生产积极性，公司制定了各种确保安全生产的措施，公司领导高度重视，发动广大职工积极开展安全生产活动，现将 2014 年我公司的安全生产工作情况总结汇报如下：

一、安全生产活动的开展情况

根据市规划建设局的指示精神，今年公司组织开展了“钢管、扣件专项整治活动”“高处坠落隐患整治”专项。

1. 2014 年度上报 6 个工程，其中 3 个工程为跨年度创建市安全生产标准化工程：×××、×××、×××；2014 年上报创建安全标准化工程：×××、×××、×××。

2. 组织的落实、领导的重视是做好安全生产工作的关键。抓好安全生产工作、关键在于领导，只有领导重视，群众发动，安全生产工作才能搞好，生产才能受保障，工程进度才能受保证。为全面落实上级会议精神，我公司及时行动起来，组织各工程项目部紧锣密鼓宣传安全生产工作，进一步切实做好本辖区内的预防工作。于2014年2月16日调整公司安全领导小组，召开小组成员会议，学习中央领导同志有关安全生产工作的指导精神和其他安全生产管理的法律、法规知识，贯彻了“安全生产、预防为主”的理念，把安全生产法律、法规及公司安全生产规章制度贯彻到基层。

公司领导小组名单：

组长：×××

副组长：×××

成员：×××

(1) 公司总经理任总负责抓安全生产工作。

(2) 公司安全科长主管安全，并及时对职工进行安全教育，制定安全操作规章制度、措施，并监督各项目经理，质安小组定期检查各项目部安全交底及施工现场的安全防护设施情况是否到位、落实。

3. 制定安全生产管理目标：争创“全年安全生产无事故”目标，不准发生重大事故，杜绝死亡事故，轻伤事故发生率控制在1‰以内，落实各级人员安全生产责任制。召开公司安全生产全体职工大会，在会上公司领导强调要以中央领导同志有关安全生产工作的指示精神，进一步加强安全生产管理工作，各项目部经理挂帅，搞好各项目部的自查、自检工作。会议要求通过自查找出事故隐患，及时进行整改，对暂时整改不了的要有预防措施，并报公司质安科统一进行处理。各项目部要把自己所管理范围内的安全工作抓好，安全工作重点在预防，并对安全生产并作具体安排。

4. 开展安全生产宣传教育。为普及安全生产知识，把安全生产规范贯彻落实到基层。完成了以下几个方面的工作：一是公司开展丰富多彩、喜闻乐见的宣传活动，利用广播、宣传标语等宣传形式，使广大职工充分发动起来。二是开展安全思想教育，克服部分职工的麻痹思想。总结经验吸取教训，使广大职工真正认识到安全生产的重要作用。三是通过对职工的安全教育工作，使职工认识到安全生产准则。对所进场施工人员进行了安全三级教育，并与生产施工人员建立安全生产责任书合同。四是认真贯彻“安全第一、预防为主、综合治理”的方针，经常性开展安全知识教育，定期组织各工种学习建筑施工安全技术操作规程，特别是对新职工加强思想教育，对职工进行安全生产知识考核，并对考核成绩好的给予表扬。

5. 制定奖罚措施。对施工现场进行认真管理，进入施工现场的工作人员必须戴好安全帽，严禁穿高跟鞋、拖鞋及硬底鞋，进场施工作业认真执行对“三宝四口”的有关各项制度，要落实在一个“严”字上，尤其对高空作业和上下交叉施工，我们都采取必要的防护措施，各种机械操作人员必须持证上岗操作等一些规章制度。

6. 制定生产安全事故应急救援预案，公司法人代表总负责，项目部由项目经理为第一负责人。防止因应急反应行动组织不力或现场救援工作因无序和混乱而延迟，建立应急救援的体系。

二、安全检查落实情况

1. 公司在深入开展安全宣传教育的基础上对所有在建的工程落实检查情况，每月对公司所有的施工工程进行一次安全生产、文明施工检查。通过检查抓差距，取长补短，发现问题立即限令整改，使整改率能达到90%以上。

2. 积极配合市局在本公司范围内开展的安全生产活动，我们组织人员认真执行市局有关安全生产、文明施工、环境卫生及安全生产大检查的文件。落实措施、全面检查对全公司范围内的所有项目、工程，并能及时上报市局。

如今年我公司被市局抽查的3个工地（即×××、×××、×××工程）均获通过。特别是×××工程经市检查团检查得到好评。

3. 存在一些问题：

（1）个别项目部安全教育工作还做得不够深入仔细，对新工人与临时工人实行的三级教育比较薄弱。分部、分项工程的安全生产技术交底普遍存在资料不齐现象。有些人认为资料缺乏对安全生产工作影响不大，这是对安全资料不够重视的表现。

（2）施工机械方面：施工桩机架体定位销普遍存在不完善，施工桩机保养和正确使用不够重视，这次检查还发现施工机械少数未接地、接零，这是不允许的，对此我们按安全管理规定进行处罚并及时整改后，通过复核都能符合要求。

（3）建筑钢管扣件：个别工地的少数钢管扣件存在不符合要求，这对工程进度和安全生产起着很大的影响。

三、今后打算

通过今年的安全生产管理工作，职工的安全思想意识大有提高，认识到安全生产是我们在生产工作中不可缺少的重要环节。三级安全教育工作做到深入仔细，工程施工管理必须按有关法律、法规严格执行，安全工作才能有可靠保证，并经常性地开展安全生产活动的检查，从中找出缺点原因，从而确定预防对策，使安全生产隐患消灭在萌芽之中，从而保证安全生产的顺利进行。今后我们对安全生产管理工作将更严格加以完善，保证本年度上报的3个安全标准化工程和3个跨年度安全标准化工程达标率做到100%以上，为逐步实现标准化管理而努力奋斗。

×××公司

2014年12月28日

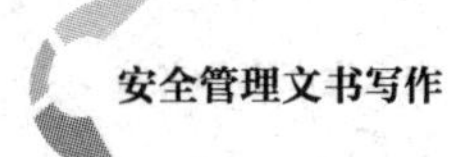

评析：

这是一篇单位安全工作总结。标题简洁明了，前言部分简要地概括了工作情况，主体部分层次分明、条理清晰，按照成绩、经验收获、不足和下步的打算，层层展开。其中“下步的打算”这一部分又可看作是对未来的展望的结语。

2. 案例分析

总结计划

一、2013 年工作总结

2013 年，技术科在各级领导的正确领导下，紧紧围绕公司及矿上的各项指标和安全生产为目标，抓住以矿井生产系统建设和 21701 回采工作面早日形成为重点，理清生产思路、精心规划，科学指导矿井的安全、高效生产。在结合我矿井下实际面临的地质变化大、地质条件复杂和通风系统改造等生产条件和队伍现状，通过全体员工的共同努力，克服人员少任务重，大力推广应用新技术、新工艺，积极参与安全、生产各项活动，很好地完成了公司和矿上下达的各项任务，现将 2013 年工作总结如下：

（一）规范技术管理工作，确保安全生产

1. 强化地质构造探测及巷道贯通管理工作：对掘进工作面严格超前探测水和构造的安全措施并认真落实，地质钻施工期间，技术科安排本科室人员进行了现场观察，保证打钻资料的准确性，给地质分析奠定了基础。2013 年共 15 处贯通，每个贯通测量人员都进行了多次复测，保证了准确贯通。

2. 严格按照技术管理规定做好资料收集、整理、存档工作：每月底由技术科下发下月技术工作安排及工作重点。执行“一措施一施工”，杜绝无措施施工现象。

3. 坚持技术例会制度，每月 22 日召开技术例会，总结这一个月来技术工作，并安排下个月的工作重点。通过技术例会使各职能科室之间，同时和生产单位充分进行沟通，对生产中存在的技术问题进行讨论，拿出解决办法，提出防范措施，使技术管理具有超前性。对于我矿地质条件复杂情况，定于每周召开一次地测防治水例会制度，及时解决地测防治水方面存在的问题，并安排各科室、各单位在地测防治水方面主要工作。

（二）优化布局，合理安排生产接替

在巷道设计和生产上紧紧围绕各生产系统建设，认真制定计划，合理安排地区。2013 年主要是加快 2 采区通风系统、运输系统以及 21701 回采工作面生产系统的形成，技术科积极进行谋划，合理安排生产衔接，认真编制月度和年度生产计划，并在每月根据实际情况进行调整计划，确保了生产工作的顺利施工。

（三）不足之处

不足之处主要是在对地质钻探分析上还不到位，其中主要原因：一是施工的地质

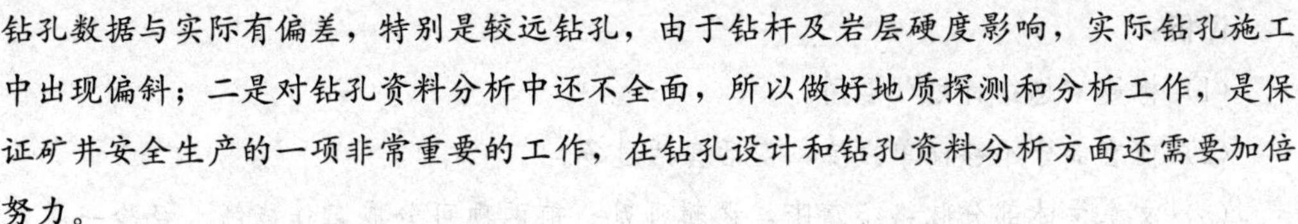

钻孔数据与实际有偏差，特别是较远钻孔，由于钻杆及岩层硬度影响，实际钻孔施工中出现偏斜；二是对钻孔资料分析中还不全面，所以做好地质探测和分析工作，是保证矿井安全生产的一项非常重要的工作，在钻孔设计和钻孔资料分析方面还需要加倍努力。

二、2014 年工作安排

技术科在 2014 年中，要继续在完成公司和矿上下达的各项生产任务的同时，更要坚定不移地贯彻落实“安全第一”的指导方针，筑牢安全生产防线，以安全稳定带动其他工作扎实推进。

2014 年技术科主要工作有以下几个方面：

（一）加强与科研院校合作

积极开展科技创新活动，提高核心竞争力，努力向科技要安全，以科技促生产，全面提升矿井科学技术实力。

1. 根据现场实际情况，及时优化巷道设计方案，保证安全施工。

2. 继续优化巷道设计及巷道支护，在确保施工安全的情况下，减少巷道支护成本。

（二）狠抓地测防治水工作，保证矿井安全生产

由于我矿地质条件复杂，地测防治水工作任务多、难度大，所以必须高度重视地质防治水工作。在工作中继续搞好水文探查，严格执行“预测预报、有疑必探、先探后掘”原则。提前编制打钻设计，制定打钻措施，保证安全施工，主要有如下任务：

1. 加强物探和地质构造探测工作：针对我矿地质构造复杂，断层多，从技术上想方设法采取措施探测探明，如采取芯钻、钻孔测斜等措施。

2. 加强地质预报工作：针对每月确定的下月进度计划，及时做出与计划相适应的地质预报，并确保预报的准确性。

3. 加强地面和井下的测量工作：定期对地面工业广场边坡的变形观测工作；加强井下各主要巷道的变形观测工作；及时对各巷道进行复测，保证巷道方向和标高按设计施工；及时做出各大型贯通设计，保证贯通精度。

4. 进一步完善地测防治水质量标准化工作，完善各种图纸和各种台账的资料整理，保证及时准确。

5. 对 2 采区和 17 东翼采区及工作面进行设计。

存在问题：

地质、采煤方面人员严重不足。我矿施工工作面，地质条件复杂，而且随着生产的不断进行，工作面距离越来越远，现有的地质人员已经不能满足安全生产的需要，望领导尽快给予补充地质方面的人员。

评析：

(1) 标题“总结计划”混用。

(2) 前言部分不够简单扼要，空话套话过多。

(3) 文章主体部分脉络不清晰，逻辑混乱。前两项可分成工作成绩、经验一层来安排，与第三项形成并列结构。

(4) 详略不当。“下步的打算”这一部分可看作是对未来的展望的结语，但太冗长。

(5) 没有落款。

四、情景写作训练

如果你是某建筑公司的一名安全员，已到该公司工作3个月即将通过试用期，这时需要你对过去3个月的工作做一个总结回顾。请你按照要求拟写一个个人工作总结，便于公司考察你3个月来的工作情况。

第三节　调查报告

问题思考：

一篇好的调查报告能够帮助我们了解市场，了解我们工作领域的新情况，发现新问题，并能以积极的态度探讨研究并解决问题。结合自己的专业学习，谈谈调查报告的主要内容。

一、基础知识

1. 调查报告的含义和特点

(1) 调查报告的含义。调查报告是就社会生活中的某项工作、某个事件、某个问题，进行深入细致的调查研究，然后把调查研究得来的情况真实地表述出来，以反映问题，揭露矛盾，揭示事物发展的规律，向人们提供经验教训和改进办法，为领导部门提供决策依据，为科学研究和教学部门提供研究资料和社会信息的书面报告。

调查报告是调查研究成果的运载传递工具，是其转化为社会效益，发挥社会作用的桥梁，可为决策和贯彻调整决策提供必要依据。

(2) 调查报告的特点。

1) 真实性。调查报告是在持有大量现实和历史资料的基础上，用叙述性的语言实事求是地反映某一客观事物。充分了解实情和全面掌握真实可靠的素材是写好调查报告的基础。

2）针对性。调查报告一般有比较明确的意向，相关的调查取证都是针对和围绕某一综合性或是专题性问题展开的，用来回答现实生活中迫切需要回答的问题并加以解决。所以，调查报告反映的问题集中而有深度。强烈的针对性是调查报告的重要特征，针对性越强，调查报告的作用就越明显。

3）逻辑性。调查报告离不开确凿的事实，但又不是材料的机械堆砌，而是对核实无误的数据和事实进行严密的逻辑论证，探明事物发展变化的原因，预测事物发展变化的趋势，提示本质性和规律性的东西，得出科学的结论。

4）指导性。指导性是指要求调查报告必须表现作者的态度，因此写作方式上要求做到叙述和议论紧密结合。但它的叙述不要求像记叙文那样把整个过程生动形象地表现出来，更不要像文学作品那样塑造人物形象，只要把事实准确、完整、清楚地表述出来即可。它的议论也不要像议论文那样运用概念、判断、推理等逻辑方式来多方论证自己的观点，只需就事实本身得出结论，切忌大发空洞议论。

调查报告常是方针政策制定、方法措施提出的依据和参考，具有引导人们统一思想和认识的作用。因此写作失误，产生的负面影响也很大，所以写作时必须慎之又慎。

2. 调查报告的种类

调查报告的种类主要有以下几种：

（1）情况调查报告。此类报告是比较系统地反映本地区、本单位基本情况的一种调查报告。这种调查报告是为了弄清情况，供决策者使用。

（2）典型经验调查报告。此类报告是通过分析典型事例，总结工作中出现的新经验，从而指导和推动某方面工作的一种调查报告。

（3）问题调查报告。此类报告是针对某一方面的问题，进行专项调查，澄清事实真相，判明问题的原因和性质，确定造成的危害，并提出解决问题的途径和建议，为问题的最后处理提供依据，也为其他有关方面提供参考和借鉴的一种调查报告。

二、调查报告的结构和写法

调查报告的写作比较灵活，没有统一的模式，一般由标题和正文两部分组成。

1. 标题

调查报告的标题可以有以下两种写法：

一种是规范化的标题格式，即“发文主题＋文种”，基本格式为“×××关于×××的调查报告”“关于×××的调查报告”“×××调查”等。

另一种是自由式标题，包括陈述式、提问式和正副题结合式三种：陈述式如《四川师范大学硕士毕业生就业情况调查》；提问式如《为什么大学毕业生择业倾向沿海和京津地区》；正副标题结合式，正题陈述调查报告的主要结论或提出中心问题，副题标明调查的对象、范围、问题，这实际上类似于“发文主题＋文种”的规范格式，如《高校发展重在学科建设——×××大学学科建设实践思考》等。

一般来说，推荐使用规范化的标题格式或自由式中正副题结合式标题。

2. 正文

正文一般分前言、主体、结尾三部分。

（1）前言。前言起到画龙点睛的作用，要精练概括，直切主题。前言有几种写法：第一种是写明调查的起因或目的、时间和地点、对象或范围、经过与方法，以及人员组成等调查本身的情况，从中引出中心问题或基本结论来；第二种是写明调查对象的历史背景、大致发展经过、现实状况、主要成绩、突出问题等基本情况，进而提出中心问题或主要观点来；第三种是开门见山，直接概括出调查的结果，如肯定做法、指出问题、提示影响、说明中心内容等。

事故调查报告前言部分主要写明背景信息，包括：事故单位的基本情况、事故发生的时间与地点、涉及的人员及其他情况、职工伤亡事故登记表、操作人员及证人、事故应急救援情况等。

（2）主体。这是调查报告最主要的部分，这部分详述调查研究的基本情况、做法、经验，以及分析调查研究所得材料中得出的各种具体认识、观点和基本结论。主体在写法上有三种类型：

一是纵式结构，按调查的先后顺序或按事物发展的过程写；二是横式结构，按调查材料的性质归类，分成几个方面写；三是纵式交错式，一般先归类几个问题横向展开，然后每个问题又按时序或过程纵向展开。无论采用何种方法安排结构，都要符合事物内在的逻辑顺序。

事故调查报告主体部分主要写明：事故描述，包括事故发生的顺序、破坏的程度、人员伤亡及经济损失情况、事故的类型、事故的性质、承载物或能量等；事故原因，包括直接原因和间接原因。

（3）结尾。结尾部分要求简洁干脆，言尽即止，写法不拘一格。结尾可以提出解决问题的方法、对策或下一步改进工作的建议；或总结全文的主要观点，进一步深化主题；或提出问题，引发人们的进一步思考；或展望前景，鼓舞群众。当然有的调查报告没有结尾，主体部分写完，全文就自然结束。

事故调查报告结尾部分主要写明：事故教训和预防同类事故重复发生的建议，包括立即采取的措施以及长期的行动规划；对事故责任人的处理建议；事故调查组的成员名单，写明姓名、工作单位、职务并签名；其他需要说明的事项。

三、调查报告的写作要求

1. 要遵循党和国家的方针、政策

调查报告是反映执行党和国家方针、政策的情况，要写好它，须具有明确的政策观点，用党和国家方针、政策作为观察、分析问题的准绳，像这样写出的调查报告，才有正确、普遍的指导意义。

2. 要掌握丰富的材料

写好调查报告，须掌握大量的、丰富的写作材料。这既要掌握间接的材料，更应掌握直接的材料；既要了解现状，又要了解历史；既要有一般材料，又要有典型材料；既要有一个个具体事例，又要有一个个准确数据。在掌握丰富材料的基础上，分析研究，以定取舍。只有在掌握丰富材料的基础上才能发现问题，总结经验，捕捉到规律性的东西，写出实事求是、言之有物的调查报告。

3. 要侧重阐述和说明

调查报告不能以议论为主，因为它不是主要靠逻辑推理来证明问题，而是靠事实来反映客观情况和说明问题的实质。因此，写作手法上要侧重叙述和说明，用事实说话，避免空发议论。但在叙述和说明中，力戒堆砌材料、罗列现象、说明冗长，要用正确的观点统率材料，做到主次分明，详略得当，布局合理。

四、阅读与分析

1. 范文评析

黑龙江龙煤矿业集团股份有限公司鹤岗分公司
振兴煤矿“3·11”重大水害事故调查报告①

2013 年 3 月 11 日 13 时 43 分，黑龙江龙煤矿业集团股份有限公司鹤岗分公司振兴煤矿（以下简称振兴煤矿）发生一起重大水害事故，死亡 18 人，直接经济损失 2 281 万元。

事故发生后，……。

5 月 6 日，依法成立了以黑龙江煤矿安全监察局总工程师张茂静为组长，黑龙江煤矿安全监察局、省煤管局、省监察厅、省公安厅、省总工会和省国资委相关部门参加的事故调查组，邀请黑龙江省检察机关派员参加。事故调查组通过现场勘查、查阅有关资料、询问当事人，查清了事故发生的时间、地点、经过、类别、直接经济损失

① 黑龙江煤矿安全监察局网站。

和原因，认定了事故的性质和责任，提出了对事故单位、责任人员的处理建议及事故防范措施。现报告如下：

一、矿井概况

振兴煤矿位于鹤岗市向阳区境内，设计生产能力60万吨/年，核定生产能力42万吨/年，隶属于黑龙江龙煤矿业集团股份有限公司鹤岗分公司，企业性质为国有。井田面积4.1平方千米，可采煤层13个，分别是3#、6#、7—1#、7—2#、8—2#、9—1#、9—2#、11#、13#、15#、16#、18#、30#煤层，截至2012年末，矿井地质储量为2 359.39万吨，可采储量1 074.4万吨。

矿井证照齐全并均在有效期内：（省略）

煤矿安全生产管理人员持证情况：（省略）。

矿井开拓方式为斜井多水平集中大巷布置。（省略）。

该矿有2个生产采区，1个开拓区，2个采煤工作面，2个煤巷掘进工作面，4个开拓工作面。

事故发生在采煤一队工作面，该工作面位于三水平中部区左一段，开采F40断层下盘18#层煤，设计走向长度290米，工作面倾斜平均长度103米。煤层平均厚度8米，平均倾角15度。采煤方法为走向长壁后退式，采煤工艺为滑移支架炮采放顶煤，顶板管理为全部陷落法。2012年11月7日正式回采，截至2013年3月1日已推进64米，开采面积为6 264平方米，剩余走向长度226米，斜长116米。工作面采高2米，放顶煤高度6米。

该采煤工作面附近发育有8个断层，从上至下分别为F13、F2、F40、F20、F18、F5、F4和F3断层。其中F40为压扭性逆断层，其他为张性断层，部分为含水断层。对回采工作面影响较大的断层有F13、F2、F40和F3断层。工作面直接顶为粉砂岩，厚度为0.9～1.6米，老顶为中细砂岩，厚度为13米，底板为中粗砂岩。

二、事故经过、抢险救援过程及事故类别

（一）事故经过

2013年3月2日，采煤一队工作面开始井下清淤工作，至3月11日零点班下班时，清淤工作基本完成。

3月11日8点班，振兴煤矿全矿入井总人数698人，其中采煤一区75人（采煤一队工作面56人）。当班带班矿长谢军（机电矿长），一采区带班区长丁传斌（生产区长）。当班5时30分，生产矿长陈仁海组织召开矿调度会，采煤一区区长贾兆财开完矿调度会后，召开采区调度会，安排当班对这个工作面加强硬帮绕道支护，机道挖水沟、清浮货，上巷清浮货。7时10分，工人入井作业。14时左右，陈仁海、丁传斌和队长孙玉明在94组架子附近，忽然一股飓风，距他们下边2.3米位置有大量煤、岩、泥浆从顶板溃出，然后他们往上跑，跑到无极绳绞车处，陈仁海安排孙玉明向矿调度汇报后，向机道打电话，联系不上，然后从回风道出来到二台皮带头查看情况，看到煤、岩、泥浆已经将机轨下山淤满了。陈仁海领着几个工人在一段机道皮带头将一个在淤泥里的工人救了出来，这时又听到有人求救，后在一段机道皮带头往下几米处，将一个在淤泥里往外爬的工人救出。

事故后经计算核实共溃出 5 750 立方米煤、岩、泥浆。煤、岩、泥浆淤满工作面机道、腰巷独头上山、一段机道集中巷、—266 米标高石门、二段机道集中巷、机轨下山—283 米标高联络巷、—283 米标高机轨下山及—285.9 米标高以下回风下山共 550 米长巷道。通风和通信系统被毁，事故发生后，全矿 673 人安全升井，25 人被困（采煤一区 18 人、掘进区 2201 掘进队 7 人）。

（二）抢险救援过程

……

（三）事故类别

水害事故（溃水溃泥）。

三、事故报告情况

3 月 11 日 13 时 43 分，采煤一队工作面发生溃水溃泥事故后，14 时左右，在溃出点上方 2～3 米处逃生的生产矿长陈仁海跑到无极绳绞车位置，安排采煤一队队长孙玉明马上打电话汇报事故。孙玉明向采煤一区值班调度郭剑英报告了井下事故情况，郭剑英立即向矿值班调度马德忠报告。14 时 30 分，马德忠又接到采煤一区区长贾兆财在井下打来的电话，报告采煤一队工作面第 96 组与 97 组架子（实际为第 97 组与 98 组架子）间溃水溃泥。……

四、事故原因及性质

（一）直接原因

在 F40 逆断层下盘放顶煤开采 18＃特厚煤层，致使导水裂隙带发育增大，波及上部 15＃、18＃煤层采空区和 F13 断层带（80～150 米宽），导致工作面发生重大水害事故。

（二）间接原因

1. 振兴煤矿矿井水文地质技术管理存在缺陷。三水平 18＃层中部区左一段属地质构造较复杂区域，同时存在 F40 断层上盘 18＃、15＃层煤采空区，缺少地质构造基础资料。在《作业规程》制定、审批过程中，应用经验公式，确定覆岩垮落带和导水裂隙带最大高度，对在多条不同力学性质断裂构造相互错动破坏条件下，近距离特厚煤层多煤层放顶煤重复采动导致顶板覆岩抽冒破坏带会出现异常发育高度现象缺乏认识。

2. 鹤岗分公司、振兴煤矿在水害治理上，对多层特厚煤层重复采动条件下断层（带）导（含）水性、采空区积水情况、断层带之间的连通性及其与上覆砾岩含水层之间的水力联系、重复采动影响下老顶离层空间及积水量、覆岩破坏高度等灾害认识不足，没有采取相关措施。

3. 该矿作为水文地质条件复杂矿井，在2013年3月1日发生溃水溃泥事故后，鹤岗分公司组织相关业务部门进行分析时，在未能有效探明上方采空区积水积泥情况下，制定的防范措施针对性不强，缺少防止再次溃水溃泥的措施。

4. 龙煤集团公司分工负责包保鹤岗分公司全国“两会”期间煤矿安全工作的相关人员，对振兴煤矿2013年3月1日发生的溃水溃泥整改情况未能实施有效的监督检查。

（三）事故性质：责任事故

五、对事故有关责任人员的处理和事故单位的处罚建议

……

六、事故防范措施建议

……

七、事故调查组的成员名单

……

评析：

（1）这篇事故调查报告中的事故属于特别重大事故，属于国务院授权有关部门组织事故调查组进行的调查①。

（2）标题采用了内容加文种的规范式标题形式，是一篇安全生产的事故调查报告。

（3）条理清楚，结构严谨。主线清楚，“一线到底，万变不离其宗”。内容客观、准确、科学。注重通俗易懂，语言平实。

（4）事故调查处理实事求是、尊重科学，及时、准确地查清楚事故经过、事故原因和事故损失，查明事故性质，认定事故责任，总结事故教训，提出整改措施，并对事故责任者依法追究责任。

2. 案例分析

生产安全事故调查报告

2014年7月15日下午4：50，第×项目部工人在地下室一层北区作业，因作业需要，在移动脚手架的过程中，因工人违规操作且脚手架下部建渣堆积，造成脚手架重心不稳，发生脚手架倒塌事故，致使工人手臂挫伤。

从事发现场分析，施工人员系踩在连墙件的一根钢管上，钢管发生转动，人员重

① 事故调查：特别重大事故由国务院或者国务院授权有关部门组织事故调查组进行调查；重大事故、较大事故、一般事故分别由事故发生地省级人民政府、设区的市级人民政府、县级人民政府负责调查；省级人民政府、设区的市级人民政府、县级人民政府可以直接组织事故调查组进行调查，也可以授权或者委托有关部门组织事故调查组进行调查；未造成人员伤亡的一般事故，县级人民政府也可以委托事故发生单位组织事故调查组进行调查。

心失衡发生坠落。该钢管与墙体抱死，与连墙件连接，系起固定连墙件作用，只能横向受力，若纵向承受偏心受力时会发生转动。

该施工人员在现场操作时没有佩戴配发的安全带及安全帽，所以发生坠落时造成了较为严重的伤害后果。

事故发生后，第×项目部门经理第一时间赶到现场，并将受伤工人送至医院急救。

针对此事，施工单位必须进一步对施工人员加强安全教育，进行安全培训，做好施工安全交底、安全监督、安全管理措施，安全管理专职人员要进一步落实到位。

脚手架上不可受力的杆件要做好明显标记，并向施工人员交底。

进入现场的施工人员必须佩戴安全帽，高空危险作业人员必须佩戴安全带及安全帽，施工单位管理人员要检查施工人员的安全防护措施，防护措施不到位的施工人员不得上岗作业，检查施工过程中施工人员的安全防护，对防护不到位的施工人员责令其停工，监理人员发现此类情况及时向施工管理人员、甲方代表反映，情况严重的立即下达停工令停止施工。

脚手架上只要有人员施工，安全措施就不可提前拆除，安全平网现在不可拆除，破了的、折了的要立即补上。

该事故发生后，公司内部高度重视，举一反三，认真吸取事故教训，在公司所有在建工程进行安全生产专项整治，做到防微杜渐，以避免类似事故再次发生。

×××工程建设监理有限责任公司

2014 年 10 月 10 日

评析：

（1）本文缺少前言部分，没有交代调查基本情况，导致主体内容来得突兀。

（2）写法不规范，内容显得散乱。文章显得散的原因主要是没有用小标题把每一方面的内容明确概括出来，使层次清晰，观点与材料统一。即使不用观点句，小标题，也至少应用序号标注出几个大部分。这样才符合应用文写作对内容层次安排的要求。而这样处理也符合应用文写作的文面格式，符合文体要求。

（3）事故调查报告内容不全面。事故调查应包括：事故单位概况、事故发生经过、事故的应急救援和善后处理、事故伤亡人数及初步估计的直接经济损失、事故发生的原因、事故的性质、事故责任划分、整改措施等。本文缺乏对事故责任单位情况介绍、无善后处理措施、无损失评估及无责任认定等内容。

五、情景写作训练

阅读下文：

××县是一个产煤大县，全县现有煤矿 60 个，其中年生产能力 3 万吨以上的 20

个，常年产量在120万吨左右，上缴税费近1 000万元，煤炭及其相关行业安排就业人员近8 000人，煤炭行业对全县的经济建设有着至关重要的作用。由于××县煤矿开采条件差，难度大、成本高，煤炭安全生产压力大。从2014年以来，该县共发生煤矿安全事故25起，死亡31人，百万吨死亡率达8.86%，直接经济损失138.45万元。特别是2014年发生煤矿生产安全事故12起，死亡17人，百万吨死亡率达14.16%，百万吨死亡率超过了全国、全省、全市的平均水平，给全县经济建设、社会发展带来了巨大的压力。结合自己的实际观察，运用所学知识，形成一份调查报告。

要求：请根据上述材料拟写一篇调查报告。

第四节　述职报告

问题思考：

小李是某煤矿公司的一名生产安全员，已经在公司工作3年，公司年底考核要进行公开述职。小李该怎样准备自己的述职报告呢？

一、基础知识

1. 述职报告的含义和特点

（1）述职报告的含义。述职报告是指各级各类组织的管理人员、专业技术人员等接受有关考核、向有关部门、下属群众陈述自己在一定时期内的任职情况（包括履行岗位职责，完成工作任务中的成绩、经验教训、今后工作设想等）的一种文体。述职报告是一种自我回顾、评估、鉴定的事务型文书。

（2）述职报告的特点。

1）个人性。述职报告对自身所负责的组织或者部门在某一阶段的工作进行全面回顾，要从工作实践中去总结成绩和经验，找出不足与教训，从而对过去的工作做出正确的结论。与一般报告不一样的是，述职报告特别强调个人性。个人对工作负有职责，自己亲身经历或者督查的材料必须真实。这就要在写作上更多地采用叙述的表达方式，还要据实议事，运用画龙点睛式的议论，提出主题，写明层义。

2）规律性。述职报告要写事实，但不是把已经发生过的事实简单地罗列在一起。它必须对搜集来的事实、数据、材料等进行认真的归类、整理、分析、研究。通过这一过程，从中找出某种带有普遍性的规律，得出公正的评价议论，即主题和层义以及众多小观点（包括了经验和规律的思想认识）。

3）真实性。述职报告是干部考核、评价、晋升的重要依据，述职者一定要实事求是、真实客观地陈述，力求全面、真实、准确地反映述职者在所在岗位职责的情况。对成绩和不足，既不要夸大，也不要缩小。

2. 述职报告的主要类型

述职报告的分类，可以从以下几个不同的角度进行划分：

(1) 从内容上划分。

1) 综合性述职报告：是指报告内容是一个时期所做工作的全面、综合的反映。

2) 专题性述职报告：是指报告内容是对某一方面的工作的专题反映。

3) 单项工作述职报告：是指报告内容是对某项具体工作的汇报。这往往是临时性的工作，又是专项性的工作。如果用于直接发布行政法规和对下级某项工作的指示、要求，则带有强制性、指挥性和决策性。

(2) 从时间上划分。

1) 任期述职报告：这是指从任现职以来的总体工作进行报告。一般来说，时间较长，涉及面较广，要写出一届任期的情况。

2) 年度述职报告：这是一年一度的述职报告，写本年度的履职情况。

3) 临时性述职报告：是指担任某一项临时性的职务，写出其任职情况。

(3) 从表达形式上划分。

1) 口头述职报告：这是指需要向固定人群进行述职时用口语化的语言写成的述职报告。

2) 书面述职报告：是指向上级领导机关或人事部门报告的书面述职报告。

二、述职报告的结构和写法

述职报告主要包括标题、称谓、正文和落款四部分。

1. 标题

述职报告的标题，常见的写法有三种：

(1) 文种式标题：只写“述职报告”即可。

(2) 公文式标题：名称＋时限＋事由＋文种名称，如“×××化工公司 2014 年上半年工作述职报告”。

(3) 双行标题：正题写主题，或者写述职报告类型，副题写述职场合，如“继往开来，与时俱进——在×××第二届教职工代表大会第四次扩大会议上的述职报告”。

2. 称谓

(1) 书面报告的称谓，写主送单位名称，如“董事会”“×××人事部”等。

(2) 口头报告的称谓，写听众的称呼，如“各位领导、代表”等。

3. 正文

述职报告的写法依据报告的场合和对象而定，一般其正文包括开头、主体、结尾

三部分。

（1）开头。开头又叫引语，一般交代基本情况，用最精练的文字，概括地交代主要情况、时间、地点、背景、事件经过等。

（2）主体。主体是述职报告的中心内容，主要包括成绩、经验、体会或教训、问题、今后打算等。

成绩经验：要分出层次来分析证明主题，这才能条理分明。层次一般采取横向排列，每一层次都要有一个小的主题，写成层义句。

问题教训：要实实在在，要有条理，不要避重就轻。

今后计划：包括目标、措施、要求三要素，要切实可行。这部分与总结不同，字数可少一些。

（3）结尾。报告结束时要用称谓礼貌用语，如“以上述职报告妥否，请予审议。”“谢谢大家！”等。

4. 落款

述职报告的落款要署名和署时。

三、不同类型述职报告的写法

作为生产管理单位，常用的述职报告类型有部门述职报告、个人述职报告等。

1. 部门述职报告

部门述职报告是指报告内容是某个部门一个时期所做工作的全面、综合的反映。

（1）标题。部门述职报告的标题同于一般应用文种，通常采取“单位名称＋时间＋述职报告”的形式或是省去时间直接采用“单位名称＋述职报告”，如“宝江管理处述职报告”。

（2）称谓。部门述职报告的称谓按照报告的形式分为两种：

1）书面报告的称谓，写主送单位名称，如“董事会”“×××人事部”等。

2）口头报告的称谓，写听众的称呼，如“各位领导、代表”等。

（3）主体。部门述职报告正文由开头、主体和结尾三个部分组成：

1）开头。开头包括两方面内容：一是基本情况介绍，说明本部门的主要职责，简要交代述职的内容和范围；二是评价，扼要介绍本部门的工作情况。这一部分力求简洁明了。

2）主体。这是述职报告的核心，主要陈述履行职务的情况，包括三个方面的内容：工作成绩，存在的问题及经验教训，今后工作的努力方向、目标或打算。

3）结尾。一般要求用格式化的习惯语来结束全文，采用谦逊式结尾、总结归纳式结尾或表决心式结尾等形式。

部门述职报告的落款包括署名、成文或述职时间两种，也可以将署名放在标题之下。

2. 个人述职报告

个人述职报告的标题比较简单，通常直接采用“述职报告”的形式，或者加上日期，如“2014年述职报告”。

称谓和部门述职报告相同。

正文主体部分的内容侧重介绍个人的工作情况，任职期间的任务完成情况，取得的主要工作成绩，存在的问题及经验教训，今后工作的努力方向、目标或打算等。

落款署名写上成文日期或是述职日期。

四、阅读与分析

1. 范文评析

【例文1】

述职报告

报告人：×××

尊敬的各位公司领导：

你们好！

我叫×××，是××××年××月参加工作的，现任第一项目部安全员一职，负责×××二期工程的安全环保工作。

回顾这一年多的工作经历，自我总结为转变之年。从书本上的知识转变到实际工作中的经验，从年少轻狂转变到虚心求实。这些转变全是因这一年中的历练，有苦有甜，有成功后的喜悦也有失败后的不甘，让我对生活和工作都有了新的认识。在这一年中，我主要负责现场的安全工作，在安全管理方面虽然做了较多工作，取得了一定的成绩，但也存在许多不足。下面我就自己所做的主要工作做以下汇报：

一、2014年基本工作内容

（一）认真学习安全法规和各种规章制度，不断提高自身综合素质和业务管理水平。今年以来，在工作之余，我始终坚持理论学习，以提高个人思想道德素质和政治修养，本着对企业负责，对工人负责的态度，恪尽职守，勤恳工作。理论和现场经验相结合，不断充实自己，提高自身业务管理水平。

（二）按规范管理安全生产工作。明确自己的管理责任，每天进入现场后自己第一件事就是对整个现场人员、安全设施、机械设备、施工用电等进行认真检查，对存在隐患的地方自己能解决的立刻解决，对不能解决的就及时安排现场队长进行整改。每周一都主持一次安全教育大会，对所有施工人员进行安全教育和总结上周的安全工作。

自己对新入场的作业人员都做了登记和入场安全教育，并进行安全考试和安全交底。今年现场共有作业人员200人次，培训200人次，考试合格率在95%以上。经过一年的努力，截至12月10日我项目部未发生重伤及以上事故，圆满完成二公司下达的安全指标，自己的管理能力也得到了提高。

（三）切实落实安全生产的相关文件精神，对现场监督工作严格按规范标准执行，加强现场的安全生产管理力度，开展安全大检查。对塔吊、机械实行进场验收制，检验合格后方可使用。现场临时用电严格执行JGJ 46—2005规范，配电箱设专业电工维护。脚手架、模板、混凝土等危险性较大的工程，实行安全交底制度，实时监控预防事故的发生，确保施工现场安全。在各项施工作业过程中对作业人员进行安全警示、教育，落实各项现场安全措施，保证施工正常、安全地进行。文明施工方面实行三区分离，搭设活动彩板房10间，砌筑彩板围挡300米，彩旗100面、安全标语6幅。对职工宿舍、食堂、厕所定期消毒，对现场生产生活产生的垃圾、废水、废弃物严格按环保规定进行处理，杜绝传染病的发生。今年项目部安全投入为：新采购密目网5 500平方米、安全网300平方米、安全帽200顶，安全带100条，灭火器4组，消防器材一套，绝缘手套、绝缘鞋若干套，加强了工人的安全防护能力。

（四）按公司内业资料管理方法，及时地整理安全内业资料，内容真实、字迹工整、资料完整。建立系统的规章制度赏罚办法，加强与工人的交流。以教育方式为主，惩罚方式为辅，认真检查排除隐患，及时纠正违规行为，对各类生产事故案例进行分析，培养岗位员工安全意识。加强员工应急预案演练培训，并根据冬季安全生产特殊情况对员工进行操作培训，提高员工对危险源的识别能力。

二、存在的问题

（一）自身的工作经验不足，有待进一步加强。理论和专业知识学习不够，与精细化生产管理的要求还有差距。参加工作的时间较短，在管理的过程中，工人常会产生抵触的情绪。

（二）对工人的安全教育针对性不强、学习内容较少；班组新员工增多，虽然我严格落实了三级培训教育，并制定了培训计划，但大量培训并没有完全建立在本工程现场条件的实际生产情况下，得到的效果不理想。

三、自我评价、今后努力方向

通过全年的努力工作，我能认真执行各项规章制度，能够紧紧以安全生产为中心开展工作，通过岗位任职磨炼，思想逐渐成熟，已具备了一定的工作能力，积蓄了一定的管理经验。

在今后开展工作的同时，我将不断学习业务知识，提高自身综合素质，以适应工作的需要。并经常开展批评与自我批评，广泛听取领导和同事的意见和建议，对合理的建议进行采纳，不断完善自己。同时我要努力的加强对现场施工管理和技术管理方面的学习，提升业务水平，使自己的知识面更加丰富，争做单位优秀员工，为项目部和公司贡献自己的力量。

以上是一年来的工作述职，有不妥之处敬请各位领导及同事批评指正。最后对一年来关心和支持我工作的领导、同事表示诚挚的谢意！

2014 年 12 月 25 日

评析：

标题采用单标题式，一目了然。主体部分，作者分三个方面对述职内容巧妙归结，理性概括。思路上紧扣主题，叙述上内容翔实、深入浅出，条理上序码排列、分门别类。结尾部分运用“呼吁式”的写法，鼓动听众。这种形式干脆利索，极富人情味和鼓动性。

【例文 2】

×××企业安全生产述职报告

报告人：×××

各位领导、同志们：

我是 2012 年 10 月担任公司生产副经理兼安全总监的，这一年半主要分管公司内部的生产组织、安全管理、物资管理工作。一年来，在书记、经理的领导下，在各位副职领导和有关部室及分公司的大力支持下，紧紧围绕职代会确定的工作思路和奋斗目标，认真地履行副职领导的各项职责，完成了公司副职领导目标责任状的内容。下面，我将一年来的工作情况做以述职，请各位领导和同志进行审议。

一、全年工作情况

（一）明确任务、开拓创新，有计划、有组织地抓好施工生产

2013 年对我们公司来说是极不平凡的一年，也是历年来在生产组织上最为困难的一年。油田内部项目由于受雨季时间长、劳务工紧张、计划下达晚、设备车辆紧张等诸多不利因素的影响，始终制约生产的全面展开。面对困难，广大干部职工一起分析生产形势，积极采取措施，协调好各方面的关系，充分挖掘和调动各方面潜力，千方百计保证了施工生产的顺利进行，较为圆满地完成了公司 2013 年的各项生产任务。

2013 年公司内部共承担施工项目 46 项，工作量 3.6 亿元，共完成建安产值 32 000 万元，为年计划的 123%，是去年同期的 161%。具体在生产组织过程中，有以下几个特点：

1. 强化市场开发的全员性

进入 2013 年以来，按照公司内部市场开发的总体构思，市政、管局、油田公司全面渗透。经王经理精心论证和公司领导及基层单位的共同努力，圆满地实现了既定目标，初步可达到 3.6 亿～4 亿元，为 2014 年储备将达到 1.5 亿元到 2 亿元左右。

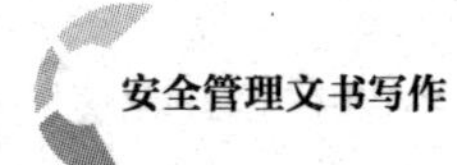

2. 强化生产准备的充分性

针对今年工程项目点多面广，施工难度大的实际情况，重点抓了施工前的组织准备、材料准备以及设备准备，体现施工准备的充分性，为各项目提前开工赢得了时间，争取了主动。特别是对已经落实46个项目中的37个，及时地组织生产、物资、设备等部室对施工方案进行敲定，明确了工期、质量、安全目标，为完成生产任务奠定了基础。

3. 强化生产组织的严密性

针对公司今年内部工程施工任务量较大，重点项目较多的特点，始终坚持生产例会制度，定措施，抓落实，提要求，解决实际问题，及时确定各分公司每个阶段的生产组织重点环节。多次组织召开现场协调会和专业办公会，帮助项目部科学合理地安排施工顺序，研究和确定了施工方案和施工计划，确保了公司今年生产任务的超额完成。

4. 强化生产计划的严肃性

我主要抓了生产计划的执行和考核，对生产会议确定的各项目阶段性工期，加大了督查力度，并采取超常规措施，及时纠正偏差，确定整体目标和阶段目标，明确主攻方向，突出重点，各个击破，取得了明显效果。在上半年雨季影响，及时在公司掀起了大干一百天、全面完成任务的活动，并适时地与各分公司经理签订了工期保证书。一年来共组织召开生产例会24次，并对10个项目的项目经理和项目部分别处罚，保证了2013年各项工程都按公司内控工期完成。

5. 强化施工管理文明的有序性

在施工管理中主要狠抓了现场文明施工管理，要求从建点开始，都努力要求按高起点、高标准、高水平运行，做到规范、整洁，对现场文明施工、样板起步一抓到底。实践证明：抓而不紧等于没抓，抓而不实等于白抓。通过对现场管理的常抓不懈，各项目的施工现场均达到了文明施工标准，树立了公司好的品牌与形象，受到了业主的普遍好评。

6. 强化协调设备的科学性

在公司设备紧张时，我和生产协调部的同志一起认真分析对策，本着充分发挥公司自有设备作用，最大限度减少外雇的原则，合理调派每一台设备。在设备平衡方面，做到了项目间就近平衡，减少了设备的闲置时间和调派频次，降低了调遣费用，提高了利用率。

7. 靠前指挥，及时解决问题

在施工季节，为了及时掌握各项目生产的第一手材料，每天早上4点多我都要到各个项目转上一圈，特别是自公司前线指挥部成立以来，和公司陈雅志副经理及两位副总吃住在工地，并与有关部室成员一起深入工地，靠前指挥、靠前指导、靠前协调、

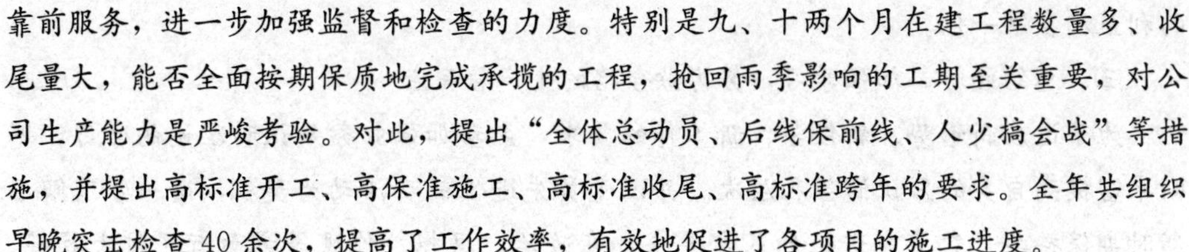

靠前服务，进一步加强监督和检查的力度。特别是九、十两个月在建工程数量多、收尾量大，能否全面按期保质地完成承揽的工程，抢回雨季影响的工期至关重要，对公司生产能力是严峻考验。对此，提出“全体总动员、后线保前线、人少搞会战”等措施，并提出高标准开工、高保准施工、高标准收尾、高标准跨年的要求。全年共组织早晚突击检查40余次，提高了工作效率，有效地促进了各项目的施工进度。

（二）加强安全管理工作，做到生产无事故

坚持“以人为本”的理念和“安全第一、预防为主、综合治理”的基本方针，以“安全生产基础年”活动为载体，结合“安全活动月”，加强对施工现场的监督检查力度，做到常抓不懈，警钟长鸣；对施工人员、操作手、驾驶员加强了安全教育，强化了全员的安全意识；切实落实安全生产责任制，保证了公司安全管理工作的平稳运行，并且今年公司有望获得安监局的安全金牌。

（三）以降低企业成本为目标，狠抓物资管理工作

今年，由于各项目的质量保证金和履约保证金等占用公司大量资金，加之已完工项目不能及时结算，新落实的项目不能及时拿到预付款等原因，造成公司资金异常的紧张。对此，多次与供应厂商沟通，在资金不到位的情况下，保证了各项目大宗材料及时供应，确保了生产正常进行。

1. 加强物资采购的计划性和程序性；严格控制各种物资材料在施工过程中的额定限耗，执行公司物资管理的“六个严格”“六个不准”；加强了对周转材料及小型机具的管理；强化了物资管理的基础工作。

2. 本着公开、公平、公正的原则，对具备条件的物资全面实行招标，采取公开招标保证价格、质量。

3. 积极克服资金紧张的困难，与物资装备集团、水泥公司及大宗材料供应厂商加强沟通，征得他们的理解与支持，及时确保材料到位，保证了各项目的顺利进行。

4. 对各分公司材料主管进行了调整，加强对物资系统人员执行公司“十不准”规定的监督，为公司的物资管理工作把好关。

二、加强自身廉政建设，牢固树立服务意识

作为一名领导干部，我深刻认识到廉洁奉公、勤政为民的重要性，常怀律己之心，增强自律意识，做到自重、自警、自励，清正自守，不该拿的东西不拿，不该去的地方不去，不该做的事情不做，保持一名共产党员清正廉洁的本色。一年来，我一是深入学习两个《条例》，认真学习各级党组织关于党风廉政建设的有关规定，严格执行领导干部党风廉政建设责任制的各项规定，自觉抵制不正之风，坚持讲真话、办实事、求实效，不断提高拒腐防变的能力。二是工作中坚持以身作则，在深入基层工作时，从不搞特殊化，不讲排场，一律吃工作餐。三是牢固树立为民意识，始终把为群众谋利益作为工作中的重点，把为群众服务作为自己的价值取向和行为规范，做到了群众

的利益放在第一位。

三、总结经验，加强学习，努力做合格的生产管理者

为了适应新形势、新任务、新工作的要求，主动加强业务知识和理论的学习，不断丰富提高自身的知识储备和层次。并以党员先进性教育活动为契机，进一步理解了新时期保持共产党员先进性的基本要求，在政治、思想、作风等方面有了较大收获。同时，我还能够从其他领导同志身长汲取优点和长处，弥补自身不足，努力做企业合格的管理者。

四、存在的不足

一年来，虽然围绕自身工作职责和年初确定的工作目标做了一定的努力，取得了一定的成效，但与领导的要求和群众的期望相比还存在一些问题和差距，主要是：

1. 有时因工作忙，政治理论学习还不够自觉，业务水平还需进一步提高。

2. 由于是第一年进入领导班子，在心理上总是想把工作干得出色，把公司的生产组织得更好。特别是今年公司内部生产任务繁重，感觉压力大、担子重，尤其是上半年下了 60 多天雨，使各项目不同程度欠产，造成工作中比较急躁，工作方法有待进一步改进，领导水平和领导艺术还需加强。

3. 在工作方法、增强责任感、努力提高管理水平和工作水平上下功夫，早日成为一名合格的生产管理者。

以上是我在 2013 年的主要工作。由于水平有限，在工作中难免会存在不足之处，恳请领导、同志们给予批评指正。在新的一年里，我将正视困难，团结同志，改进不足，使公司的生产管理工作再上一个新的台阶。同时，要对一年来各位领导和同事对我工作上的大力支持，表示衷心的感谢。

2013 年 12 月 7 日

评析：

这是一篇个人述职报告。标题直接采用“述职报告”简单明了。主体部分采用“归纳法”和“排列法”，把零碎的、分散的、复杂的事实材料进行科学分类，归纳概括，使其条理和层次清晰，便于记忆。作者将每一部分内容冠以小标题，表示出每一部分述职的内容范围或主旨，使人一目了然。

2. 案例分析

述职报告

2012 年我初为×××一名专职安全员，“做一名合格的安全员”是我本职工作的追求目标。回顾 2012 年，虽然没有轰轰烈烈的成绩，但也算经历了一段不平凡的考验。现就我一年来的安全工作述职如下：

2012 年，我始终以“做一名合格的安全员”作为自己工作的动力，一切以单位和

业主的切身利益着想，协助所领导认真落实服务处2012年“安全环保基础年”活动实施方案，制定了××干休所2012年“安全环保基础年”活动实施细则，编制了××干休所HSE两书一表和岗位风险危害识别，落实安全生产责任制，组织全所员工认真开展各项应急处置演练工作，坚定地履行《安全责任书》承诺。在工作中敬业爱岗，严谨安全意识和职业道德，对安全意识淡薄、经验不足、怕麻烦、惰性思想作祟的苗头及时地予以指正，不断增进提高大家的安全意识。

为了提高员工和小区业主的安全意识，组织动员大家认真识别身边风险、查找安全隐患。制定各种应急措施，完善应急体系；认真有效地组织了天然气防泄漏演练、锅炉防爆炸演练、防洪防汛演练、触电演练等，对应急器材设施按时检查，发现问题隐患及时整改。坚持每日安全自查自改工作，对检查出的问题坚持“四不放过”原则，定期和不定期地对小区和基建工地进行安全专项检查、用水、用电、用气、防火安全检查等，全年入户检查总计5次。在小区居民楼每单元的过道内配备了灭火器材。在车辆管理中，时刻对驾驶员进行安全知识宣传，严格做好出车和回场检查，严格杜绝疲劳驾驶、酒后驾驶，驾驶员带路单行车制度。5.12地震后，结合服务处安全大检查，及时组织全所员工深入住户家中和建筑工地，检查基础设施、房屋裂纹、天然气管线、电气线路等，查出隐患问题及时上报。积极主动配合HSE内审工作，认真学习程序文件，根据《HSE管理体系建设推进实施方案》，认真编制适合我所工作需要的HSE“两书一表”全部内容，对我所的重要岗位锅炉房的规章制度和操作规程进行了落实，完善了对警示牌、标识和制度上墙工作。共计更换制作制度牌5块，更换安全警示牌5处。坚持定期检查消防器材，二季度对我所失效和过期灭火器及时进行更换填充，保证了全所消防器材的正常使用。

尽管我在安全工作中做了大量的工作，但事实告诉我，安全工作决不能有半点松懈。对安全宣传检查工作力度不够。以人为本抓安全，强调通过发挥人的主观能动性将人的不安全因素降到最低，最终实现HSE目标。在这方面需要强化每一位员工包括外用工加大教育培训力度，提高全体员工的安全意识和素质及风险识别能力，按程序办事，按标准验收，按规范干活。

2012年在安全管理工作中虽然取得了一定成绩，但与领导要求还存有一定差距，新的一年里，我将认真学习，进一步提高工作能力和业务水平，严格按照上级领导的要求和指示精神，进一步狠抓安全管理，尤其是锅炉房这个重点防火部位，加大检查力度，认真落实各项规章制度、岗位职责、操作规程，严格遵守“六条禁令”，为实现全年安全生产无事故，保障小区居民有一个良好的生活环境，使我所的安全工作更上一个新的台阶！

以上述职报告妥否，请予审议。

谢谢！

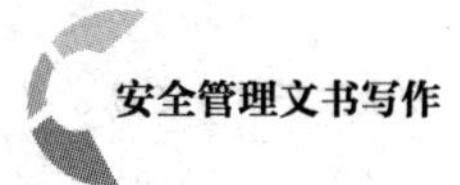

评析：

(1) 缺少称谓。

(2) 主体部分内容显得混乱，条理不够清晰。其实全文涉及三个方面：工作成绩(积极应对突发事件)、工作中的不足、新一年的工作打算。即使不用小标题把每一部分归纳出来，至少也应该用序号标出，使文章脉络清晰，一目了然。

(3) 缺少落款。

五、情景写作训练

如果你是某建筑施工项目部一名经理助理，公司在年末的时候要召开年会，各个部门的负责人要在年会上针对本部门一年的工作情况进行述职，请你按照要求为经理准备一篇本年度本部门的述职报告。

第三章

安全生产制度文书

学习目标

知识目标：

• 了解规定、办法、章程、制度、公约、守则和承诺书的含义、种类、行文基本规则等基本知识。

• 掌握章程、办法、制度、承诺书的基本格式和写作方法。

• 理解规定与章程、公约与守则的区别。

能力目标：

• 能说明规定、办法、章程、制度、公约、守则和承诺书的结构。

• 能在具体工作中正确写作规定、办法、章程、制度、公约、守则和承诺书。

重点与难点

• 章程、制度、守则和承诺书的基本结构。

• 承诺书的写作条件。

第一节　规定、办法

问题思考：

小张认为，在安全管理工作中，规定和办法是一个意思，是同一个文种，可以相互替换。小王则认为这种看法不对，他认为二者之间有区别。

规定和办法有区别吗？若有，区别在何处？你怎么看？

一、基础知识

1. 规定的基础知识

（1）规定的含义和作用。规定是领导机关或职能部门为处理或解决某种事项或问题提出要求和规范的公文，具有一定的规定性和权威性。规定涉及的工作或问题不如条例那么重大，法规性和约束力也次于条例。

规定是规范性文书中适用范围最广、使用频率最高的文种。它是领导机关或职能部门对特定范围内的工作和事务制定相应措施，要求所属部下和下级机关贯彻执行的法规性文书。

（2）规定的特点。规定是局限于落实某一法律、法规，加强某项管理工作而制定的，具有较强的约束力，而且内容细致、可操作性强。其特点具体表现如下：

1）针对广泛。从针对问题和涉及对象来看，规定都是针对带有一般性和普遍性的问题，涉及大多数人和事。

2）约束力强。从约束力和法定效力来看，规定都具有极强的强制约束力，它们的效力是由法定作者的法定权限与规范的公文内容决定的，包括效力所及的时间、空间、人员、机关等。此外，规定一般实行“不溯既往”和“后法推翻前法”的原则，即文书效力所及只是文件正式成立后发生的有关人和事，与其规定不一致的“旧文件”即行废止。

3）程序严格。规定产生的程序极为严格和规范，需要履行严格的审批手续和正式公布。

4）语言规范。规定要求语言运用高度准确、概括、简洁、通俗和规范。

（3）规定的种类。

1）政策性规定。用以规定某些政策，按照有关法律、法规的条文，制定有关的准则和政策，作为开展工作的主要依据。

2）管理性规定。即社会组织在各自的管理权限范围内就某一项工作作出的管理要求。

3）补充性规定。当法规性公文内容不够具体、贯彻执行有困难时，或者在贯彻执行过程中出现新情况、新问题时，要用此类规定作出一些补充。

4）实施性规定。用法近似于实施办法，和实施原件配套使用。

此外，从部门上分，有政府的规定、社会团体的规定和企事业单位的规定；从时间上分，有暂时性规定和长远性规定等。

2. 办法的基础知识

（1）办法的含义和作用。办法是国家行政主管部门对贯彻执行某一法令、条例或进行某项工作的方法、步骤和措施等，提出具体规定的法规性文书。

（2）办法的特点。办法是介于条例、规定和细则之间的一种文书，它具有条例、规定的原则性，又具有细则的具体性。

1）具体性。办法和条例、规定是比较近似的文种，它们都有法规性和分章列条的外部形式。但条例的制作单位级别高、意义重大，内容全面、系统、原则；规定的制作单位无条例那么严格，内容比较局部化，方法、步骤、措施比较详细；办法则由分管某方面工作的职能部门制定，内容更为具体。

2）普遍性。办法的应用范围广泛、使用频率高，它既可以用于指导实施国家的某一法律、条例，也可以对某项工作作出具体规定，越来越广泛地被行政主管部门所采用。

3）实践性。办法的内容都是贴近工作实践的方法、步骤和措施，带有很强的实践性特点。

4）派生性。有相当一部分办法是为贯彻落实某一法律而制定的，是法律的派生物。

（3）办法的种类。根据内容、性质的不同，办法可分为实施文件办法和工作管理办法两种。

1）实施文件办法。实施文件办法的派生性较强，它是相关单位和部门结合现实具体情况，对有关法律、条例和计划如何落实作出的指导性措施，有的办法标题就明确指出这一点。

2）工作管理办法。工作管理办法也以相关法律为依据，但不是哪一条法律和条例的派生物，有一定的独立性。它是行政主管部门对一些法律不可能涉及的局部性工作所作的安排。

二、规定、办法的结构和写法

1. 规定、办法的基本结构和写法

规定和办法的结构格式非常类似。一般由标题、正文、发布机关及发布日期三部分组成。

（1）标题。标题一般有两种写法：

1）由发布机关、事由和文种构成，如《××公司安全教育规定》。

2）由事由和文种构成，如《安全培训规定》。

（2）正文。正文的内容一般由总则、分则和附则组成：

1）总则交代制定规定或办法的缘由、依据、指导思想、适用原则和范围等。

2）分则即规定或办法的具体项目，包括规定或办法的实质性内容和要求具体执行的依据。

3）附则往往说明有关执行要求等。

正文的表述，一般大体有以下三种：

1）条款式。采用条款的形式，将有关内容逐条列出。

2）章段式。将有关内容以段落方式写出，每一段前标明小标题，并用序数标注。

3）序列式。将有关内容用序数标明，一一列出。

（3）发布机关、发布日期。发布机关和发布日期一般用副标题注明。

2. 规定的写作注意事项

（1）逻辑要严密，条理要清楚。

（2）语言应朴实简单、准确，不要使用易发生歧义的词句。

3. 办法的写作注意事项

（1）办法比条例、规定具体一些，故对规定的事项要具体、详细。

（2）语言表达要通俗、易懂，便于理解执行。

（3）提出的办法要具体可行，便于操作。

三、阅读与分析

1. 范文评析

【例文 1】

建筑施工企业主要负责人、项目负责人和专职安全生产管理人员安全生产管理规定

第一章　总　　则

第一条　为了加强房屋建筑和市政基础设施工程施工安全监督管理，提高建筑施工企业主要负责人、项目负责人和专职安全生产管理人员（以下合称“安管人员”）的安全生产管理能力，根据《中华人民共和国安全生产法》《建设工程安全生产管理条例》等法律法规，制定本规定。

第二条　在中华人民共和国境内从事房屋建筑和市政基础设施工程施工活动的建筑施工企业的“安管人员”，参加安全生产考核，履行安全生产责任，以及对其实施安全生产监督管理，应当符合本规定。

第三条　企业主要负责人，是指对本企业生产经营活动和安全生产工作具有决策权的领导人员。

项目负责人，是指取得相应注册执业资格，由企业法定代表人授权，负责具体工程项目管理的人员。

专职安全生产管理人员，是指在企业专职从事安全生产管理工作的人员，包括企业安全生产管理机构的人员和工程项目专职从事安全生产管理工作的人员。

第四条　国务院住房城乡建设主管部门负责对全国“安管人员”安全生产工作进行监督管理。

县级以上地方人民政府住房城乡建设主管部门负责对本行政区域内“安管人员”

安全生产工作进行监督管理。

第二章 考核发证

第五条 “安管人员”应当通过其受聘企业，向企业工商注册地的省、自治区、直辖市人民政府住房城乡建设主管部门（以下简称考核机关）申请安全生产考核，并取得安全生产考核合格证书。安全生产考核不得收费。

第六条 申请参加安全生产考核的“安管人员”，应当具备相应文化程度、专业技术职称和一定安全生产工作经历，与企业确立劳动关系，并经企业年度安全生产教育培训合格。

……

第三章 安全责任

第十四条 主要负责人对本企业安全生产工作全面负责，应当建立健全企业安全生产管理体系，设置安全生产管理机构，配备专职安全生产管理人员，保证安全生产投入，督促检查本企业安全生产工作，及时消除安全事故隐患，落实安全生产责任。

第十五条 主要负责人应当与项目负责人签订安全生产责任书，确定项目安全生产考核目标、奖惩措施，以及企业为项目提供的安全管理和技术保障措施。

工程项目实行总承包的，总承包企业应当与分包企业签订安全生产协议，明确双方安全生产责任。

第十六条 主要负责人应当按规定检查企业所承担的工程项目，考核项目负责人安全生产管理能力。发现项目负责人履职不到位的，应当责令其改正；必要时，调整项目负责人。检查情况应当记入企业和项目安全管理档案。

……

第四章 监督管理

第二十三条 县级以上人民政府住房城乡建设主管部门应当依照有关法律法规和本规定，对“安管人员”持证上岗、教育培训和履行职责等情况进行监督检查。

第二十四条 县级以上人民政府住房城乡建设主管部门在实施监督检查时，应当有两名以上监督检查人员参加，不得妨碍企业正常的生产经营活动，不得索取或者收受企业的财物，不得谋取其他利益。

有关企业和个人对依法进行的监督检查应当协助与配合，不得拒绝或者阻挠。

第二十五条 县级以上人民政府住房城乡建设主管部门依法进行监督检查时，发现“安管人员”有违反本规定行为的，应当依法查处并将违法事实、处理结果或者处理建议告知考核机关。

第二十六条 考核机关应当建立本行政区域内“安管人员”的信用档案。违法违规行为、被投诉举报处理、行政处罚等情况应当作为不良行为记入信用档案，并按规定向社会公开。

“安管人员”及其受聘企业应当按规定向考核机关提供相关信息。

第五章 法律责任

第二十七条 “安管人员”隐瞒有关情况或者提供虚假材料申请安全生产考核的，考核机关不予考核，并给予警告；“安管人员”1年内不得再次申请考核。

“安管人员”以欺骗、贿赂等不正当手段取得安全生产考核合格证书的，由原考核机关撤销安全生产考核合格证书；“安管人员”3年内不得再次申请考核。

第二十八条 “安管人员”涂改、倒卖、出租、出借或者以其他形式非法转让安全生产考核合格证书的，由县级以上地方人民政府住房城乡建设主管部门给予警告，并处1 000元以上5 000元以下的罚款。

……

第六章 附 则

第三十五条 本规定自2014年9月1日起施行。

评析：

(1) 采用条款式，简明清晰。安全生产管理的各项内容逐条逐项列出。

(2) 内容翔实全面，又具有操作性。将安全生产管理的各个责任人的相关职责、实施具体措施详细说明，且各条均具有可实施性。

【例文2】

××市××××年度安全生产目标管理考核实施办法

为进一步加强我市安全生产工作，全面落实安全生产工作职责，强化县（市、区）政府对本地安全生产工作的组织领导和监督管理，坚持“安全第一、预防为主、综合治理”的方针，把“安全发展”纳入构建社会主义和谐社会应遵循的原则和总体布局，树立全面、协调、可持续的科学发展观，防止和减少安全生产事故的发生，切实保障国家财产和人民群众生命及财产安全，建设平安和谐的××，根据《中华人民共和国安全生产法》和国务院以及省、市人民政府《关于进一步加强安全生产工作的决定》《××市安全生产监督管理工作职责》等有关法律、法规及有关文件精神，结合我市实际，特制定本实施办法。

一、考核的组织领导

成立市政府安全生产目标管理考核工作领导小组，分管安全生产工作副市长任组长，分管副秘书长、市安监局长任副组长，市监察局、安监局、人事局、财政局、发改委、经贸委、交通局、建设局、煤行办、质监局、消防支队为成员单位，负责组织协调全市安全生产目标管理考核工作，研究决定有关安全生产目标管理考核的重大事项，审批对各负责单位的奖惩；市安委会办公室具体负责全市安全生产目标管理考核的日常工作。

二、考核范围和对象

各县（市、区）人民政府、×××管委会、××经济开发区管委会。

三、考核范围和内容

1. 安全生产工作成效；

2. 政府履行安全生产工作职责；

3. 安全生产基础管理；

4. 安全生产“三同时”工作；

5. 安全文化建设和培训工作；

6. 完成上级布置的有关工作任务。

四、考核程序和方式

安全生产目标管理考核采取自查自评、现场检查考评、年终综合考核三种方式进行，实行半年初评、年度总评制。

1. 各单位分别于7月10日和明年1月10日前，将安全生产目标管理自查自评报告和工作总结书面报市安委会办公室。

2. 每半年和年终后，市政府考核领导小组将组织有关部门负责人组成检查考评组，依据各地自评情况，采取听政府汇报、查阅有关资料、抽查有关单位和考核相关责任人等方式，进行综合考评，确定考核得分和位次排序，报市政府批准后向全市通报。

3. 安全生产目标管理考核实行量化计分，采用千分制：700分以下含700分为不合格单位；701分至800分为基本合格单位；801分至900分为合格单位；901分以上为先进单位。

五、奖惩办法

1. 按照市政府《关于进一步加强安全生产工作的决定》的有关规定，凡与市政府签订安全生产工作管理目标责任状的单位必须缴纳5万元安全生产责任保证金，上交市财政专户，作为安全生产目标管理奖励基金。凡年度考核等次合格及以上单位，责任保证金可全部转入来年使用；凡年度考核等次基本合格单位，扣除当年50%的责任保证金，不合格单位扣除当年全部保证金，转用于奖励基金，被扣的责任保证金应立即填平补齐。凡未按规定缴纳保证金，不得评先。

2. 有下列情形之一的单位实行一票否决制，扣除全年责任保证金：

(1) 突破市安委会下达的全年安全生产控制指标总数的；

(2) 发生一起重特大安全生产事故的；

(3) 一个县（市、区）有违反烟花爆竹“三三制”或煤炭“二一制”的；

(4) 发生伤亡事故后隐瞒不报、迟报、漏报而造成重大经济损失或导致受害者举报和上访，给社会造成不稳定因素的。

3. 安全生产目标管理考核情况记入责任单位主要负责人和分管领导的档案，作为干部政绩考核的重要内容。被否决的责任单位不能评先，主要负责人和分管领导当年不能评先；对连续两年考核不合格的责任单位的主要领导和分管领导，建议有关部门进行组织处理。

4. 安全生产目标管理考核评为先进单位的由市政府表彰并给予奖励；考核为不合格责任单位，由市政府通报批评，实行一票否决制。

评析：

（1）结构完整，采用条列式，条目清晰。

（2）正文说明了制定目的、适用范围和具体事项等内容。具体交代了制定办法的目的、范围、具体事项、解释权和实施日期等。

（3）提出的具体办法详细、具体、可行，如“扣除全年责任保证金”的情况中，“突破全年安全生产控制指标总数”“一起重特大安全生产事故”和“违反烟花爆竹‘三三制’或煤炭‘二一制’”等，内容非常明确，毫不含糊。

2. 案例分析

单位创办内刊管理办法

为促进我所的发展，保证所内信息畅通无阻，使各班组之间能够进行有效的沟通，同时为所领导的决策提供信息依据，我所拟创办一份内部刊物，现将管理办法下发给各班组，请予以执行。

一、刊名《××××》，原则上每月出一期，如果一个月内容不足出一期，将灵活掌握刊期。

二、投稿

1. 全所人员均有权利和义务投稿，投稿内容分为五大类：一是检修、消缺、验收等任务部署安排和执行情况；二是安全生产教育学习培训情况或安全学习的心得体会；三是班组建设、员工队伍的合理化建议和内部会议讲话精神；四是个人生活感悟，工作中或外出培训学习的心得体会；五是各班组认为需要报送的具有重要价值的信息。

2. 三个生产班应各设宣传员一名，现已确定一次班宣传员：×××；二次班宣传员：×××；通信班宣传员：×××；以上三个班组成员的投稿，先递交各班宣传员审核后，再发至×××邮箱。另外辅助班、司机班和管理部门投稿，直接交于编辑处审核，每月×日前截稿。

三、稿件要求

1. 要求稿件（除辅助班和司机班稿件外）必须是电子版本，用WORD编辑。

2. 稿件需注明作者姓名、班组，新闻中需配图片的，图片不要放置在WORD中，请单独以附件形式发来，以方便编辑。

3. 稿件要注重时效性和典型性，字数要求不限，但需将事件叙述清楚明白。

四、奖惩办法

1. 各班组每月必须有投稿量，其标准是：一次班、二次班、通信班每月至少提供稿件××篇，管理部门至少×篇，辅助班、司机班也可投稿，但不作数量上的要求。

2. 党支部对各班组宣传通讯工作进行考评，每季度通报一次各班组的上稿情况，投稿量大的班组将给予一定的奖励。同时，年底将评选出年度优秀通讯员若干名，并张榜公示。

3. 凡被《××××》采用的稿件，视稿件内容及长短给予稿酬：

(1) 一句话简讯：×元/篇；

(2) 篇幅在×××字以内：×元/篇；

(3) 篇幅在×××字以上：×元/篇。

评析：

(1) 缺少刊物组织结构。刊物组织者与组织机构未出现，会导致刊物管理办法毫无依托。

(2) 缺少办法执行日期。

四、情景写作训练

中国传统佳节春节一直以团圆、热闹为主要特征。每逢春节，全家人相聚一堂，团团圆圆，欢声笑语。除了鼎沸的人声、喧嚣的气氛外，室外不断“噼噼啪啪”的鞭炮声也呈现出热闹祥和的气氛。然而这些年，由于不慎使用，鞭炮夺走了很多孩子的生命、毁坏了姣好的面容，有的甚至引起火灾，使得国家与集体财产遭到重创。为了保障国家、集体财产和人民人身安全，防止环境污染，××市决定在今年春节来临之前制定一份《关于禁止燃放烟花爆竹的规定》。

假如你是××市政府办公厅的文案人员，拟写这份《××市关于禁止燃放烟花爆竹的规定》吧。

第二节　章程、制度

问题思考：

某厂突发大火，员工们惊慌失措，寻找逃生出口，却没找到，以致大火夺去了很多员工的生命。后来事故调查时才发现，该厂在生产场所未设置任何安全警示标识，紧急通道和出入口也未设任何指示牌。而这些都是企事业单位安全生产制度中必备的内容。

一、基础知识

1. 章程的基础知识

（1）含义和作用。章程是社会组织、团体或企事业单位制定的关于组织规程或办事规则的应用文，是一种根本性的规章制度。章程主要用来系统地规定一个组织、团体或企事业单位的性质、宗旨、任务、组织结构、组成人员、权利和义务、活动规则等。章程往往有明确的范围和宗旨，有鲜明的目的性和较强的针对性，对该组织或团体的成员有较强的约束力。

（2）特点。

1）纲领性。章程是对该组织的性质、任务、奋斗目标和办事准则作最概括的规定，是该组织奋斗的纲领，所有成员行动的准则。

2）约束性。章程对属下的一切组织和所有成员都有约束力。不遵守章程，就不能成为其中的一员；谁违反了章程，就要受到该组织的纪律处分。

3）条理性。章程内容全部用条文表述，分章分条列项，纲目清楚，简明扼要地解说，既不具体叙述，也不展开议论。

（3）种类。

1）组织章程。组织章程由各类社会组织制定，用以对本组织的性质、宗旨、任务、机构、人员构成、内部关系、职责范围、权利义务、活动规则、纪律措施等作出明确规定。

而根据组织的性质，章程可分为党派章程（如《中国共产党章程》）、群众团体章程（如《工会章程》）、学术协会章程（如《房地产协会章程》）和企业章程（如《××公司章程》）。

2）业务工作章程。业务工作章程主要由有关企事业单位制定，阐明其业务性质、运作方式、基本要求、行为规范等。

2. 制度的基础知识

（1）含义。制度一般是指国家机关、团体、企事业单位对某一具体事项或行政工作制定的办事规程或行为准则，也指在一定历史条件下形成的法令、礼俗等规范或一定的规格。有明确的范围和很强的针对性。

制度一经颁布，就对某一岗位上的或从事某一项工作的人员有约束作用，是他们行动的准则和依据。

（2）种类。制度可分为岗位性制度和法规性制度两种类型。

岗位性制度适用于某一岗位上的长期性工作，故有时制度也称“岗位责任制”，如

《办公室人员考勤制度》《机关值班制度》；法规性制度是对某方面工作制定的带有法令性质的规定，如《职工休假制度》《差旅费报销制度》。

（3）特点。

1）指导性和约束性。制度对相关人员做些什么工作、如何开展工作都有一定的提示和指导，同时也明确相关人员不得做些什么，以及违背了会受到什么样的惩罚。因此，制度有指导性和约束性的特点。

2）鞭策性和激励性。制度有时就张贴或悬挂在工作现场，随时鞭策和激励着人员遵守纪律、努力学习、勤奋工作。

3）规范性和程序性。制度对实现工作程序的规范化，岗位责任的法规化，管理方法的科学化等起着重大作用。制度的制定必须以有关政策、法律、法令为依据。制度本身要有程序性，为人们的工作和活动提供可供遵循的依据。

二、章程、制度的结构和写法

1. 章程的结构、写法和注意事项

（1）章程的结构。章程一般由标题、正文、署名和日期等几个要素构成。正文的写作形式与规定相似，一般要求条文化，用章、条、款、项、目表述，条的序数按顺序排列。

1）标题。标题一般由组织（团体）名称加文种构成，如《××市安全生产协会章程》。

2）正文。正文一般包括组织（团体）的性质、宗旨、任务、组成人员、组织结构和活动规则等内容。

3）署名和日期。一般在副标题标明组织（团体）名称和发布日期，有时还注明××单位××××年×月×日通过，并用括号。

（2）章程的写作注意事项。

1）章程序列逻辑要严密，文字表述要准确通俗。

2）章程要简单扼要，切实可行，不要提过高的要求和目标。

2. 制度的结构、写法和注意事项

（1）制度的结构。与章程一样，制度也由标题、正文、署名和日期三部分构成。

1）标题。制度的标题主要有两种构成形式，一种是以适用对象和文种构成，如《保密制度》《档案管理制度》；另一种是以单位名称、适用对象、文种构成，如《××大学校产管理制度》《××市工业局廉政制度》。

2）正文。制度的正文有多种写法，主要可以概括为三种情况：引言、条文、结语式；通篇条文式；多层条文式。

引言、条文、结语式。先写一段引言，主要用来阐述制定制度的根据、目的、意义、适用范围等，然后将有关规定一一分条列出，最后再写一段结语，强调执行中的注意事项。

通篇条文式。将全部内容都列入条文，包括开头部分的根据、目的、意义，主体部分的种种规定，结尾部分的执行要求等，逐条表达，形式整齐。

多层条文式。这种写法适用于内容复杂、篇幅较长的制度，特点是将全文分为多层序码，篇下分项、项下分条、条下分款。如某省制定的《档案管理制度》，用“一、二、三……”来表示大项，用“（一）（二）（三）……”来表示大项下的条，用“1.2.3.……”来表示条下的款。

3）署名和日期。如有必要，可在标题下方正中加括号注明制发单位名称和日期，其位置也可以在正文之下，相当于公文落款的地方。

（2）制度写作的注意事项。

1）制度的各项规定必须具体、准确，并切实可行。

2）制度的内容必须全面、详尽。

3）制度的章法要严密，条理要清楚。

三、阅读与分析

1. 范文评析

××厂安全生产管理制度

第一章　总　　则

第一条　为规范××厂安全生产管理，保障员工人身和企业财产的安全，根据《中华人民共和国劳动法》《××省劳动安全卫生条例》及《××市安全监察管理规定》等有关规定，结合本厂实际情况，特制定此管理制度。

第二条　本厂内各部门和各位职员均应遵守本管理制度。

第三条　本企业的所有者是本企业安全生产第一责任人，对安全生产全面负责，厂长是安全生产的直接责任人，对安全生产负直接领导责任；其他负责人应对各自分管范围内的安全生产工作负责。

第四条　本厂须设置安全生产管理机构和配备安全管理人员，其职责是组织、管理、检查本厂的安全生产工作，定期向企业分管安全生产的负责人汇报有关情况。

第二章　安全生产职责

第五条　各部门的安全生产职责：

（一）组织、指导、督促本部门贯彻和落实安全生产的法律、法规和安全生产的规章制度。

（二）制定本部门的安全生产管理制度和安全生产计划，并组织落实。

（三）建立健全安全生产管理网络，建立本部门安全生产管理职责和安全生产管理人员。

（四）定期召开本部门的安全生产管理人员会议。

（五）组织本部门开展安全生产宣传教育活动。

（六）建立本部门安全责任制、安全教育、安全检查、安全奖惩等制度以及各工种的安全操作规程，并督促实施。

（七）组织安全检查，定期巡查本部门的安全生产状况并督促部门对存在的隐患进行整改。

（八）协助和参与企业职工伤亡事故的登记、统计、报告、调查、分析和处理工作。

（九）定期向安全生产负责人反映和汇报本部门的安全生产工作，完成安全生产的各项任务。

第六条　企业厂长安全生产职责：

（一）贯彻执行国家、省、市和管理区的有关安全生产的法律、法规和规章制度，对本企业的安全生产、劳动保护工作负全面领导责任。

（二）建立健全安全生产管理机构和安全生产管理人员。

（三）厂长任期目标要有安全生产内容，把安全管理纳入企业工作计划。每年应从固定资产更新和技术改造资金中提取一定的安全技术改造资金，用于安全技术措施项目。

（四）积极改善劳动条件，消除事故隐患，使生产符合安全技术标准和工业卫生要求。

（五）负责对本企业发生的重伤、死亡事故的调查、分析和处理，认真落实整改措施和做好善后处理工作。

（六）结合本企业的生产技术特点，组织有关安全管理人员制定以下有关方面的安全管理制度：

1. 职工安全生产守则；

2. 安全生产宣传教育制度；

3. 安全生产检查制度；

4. 安全生产奖惩制度；

5. 工伤事故管理制度；

6. 化学物品和毒品管理制度；

7. 安全技术档案（包括职工安全教育档案、事故档案、设备档案、事故隐患整改档案等）管理制度。

第七条 职工的安全生产职责：

（一）积极参加企业组织的安全生产知识的学习活动，增强安全法制观念和意识。

（二）严格按照操作规程作业，遵守劳动纪律和企业的规章制度。

（三）正确使用劳动保护用品。

（四）及时向企业有关负责人反映安全生产中存在的问题。

第八条 建立健全安全生产例会制度，定期研究分析安全状况，对重大安全生产问题制定对策，并组织实施。

（一）本厂安全性安全生产会议每年召开一次。

（二）各部门按季度召开安全生产会议一次。

第三章 安全培训

第九条 本企业厂长、经理以及各安全负责人必须接受相关的安全培训教育，确保有资格上岗。

第十条 本企业新招员工上岗前必须进行车间、班组安全知识教育。员工在企业内调换工作岗位或离岗半年以上重新上岗者，应进行相应的车间或班组安全教育。

第十一条 企业对全体职工必须进行安全培训教育，应将安全生产法规、安全操作规程、劳动纪律作为安全教育的重要内容，并保证职工有资格上岗。

第十二条 企业特种作业人员（包括电工作业、厂内机动车驾驶、机械操作者等），必须接受相关的安全专业知识培训，确保有资格后方可安排上岗。

第十三条 各类安全教育合格证按规定复审，逾期不复审，合格证无效。某特种作业人员的操作资格证书，每两年由发证机关复审一次。

第十四条 企业在生产中发生员工死亡事故的，由发证机关在事故发生的半年内，对该企业厂长和其他安全责任人进行一次安全生产知识的再教育。

第四章 安全生产检查

第十五条 企业必须建立和健全安全生产检查制度。车间安全生产检查每月一次，班组安全生产检查每周一次。

第十六条 企业应组织生产岗位检查、日常安全检查、专业性安全生产检查。具体要求是：

（一）生产岗位安全检查，主要由职工每天操作前，对自己的岗位或者将要进行的工作进行检查，确认安全可靠后才进行操作。

（二）日常安全生产检查，主要由各部门负责人负责，其必须深入生产现场巡视和检查安全生产情况。

（三）专业性安全生产检查，主要由企业每年组织对电梯、电气设备、机械设备、危险物品、消防设施、运输车辆、防尘防毒、防暑降温、厨房、集体宿舍等，分别进行检查。

第五章　生产场所及设备安全措施

第十七条　企业必须严格执行国家有关劳动安全和劳动卫生规定、标准，为职工提供符合要求的劳动条件和生产场所。

第十八条　企业的生产设备及其安全设施，必须符合如下要求：

（一）生产设备必须进行正常维护保养，定期检修，保持安全防护性能良好。

（二）发生强烈噪声或震动的生产过程及设备，应采取隔噪、隔震、屏蔽等有效防护措施，生产场所的噪声强度应符合《工业企业噪声卫生标准的规定》。

（三）各类电气设备和线路安装必须符合国家标准和规范；电气设备要绝缘良好，其金属外壳必须具有保护性接地或接零措施；在有爆炸危险的气体或粉尘的工作场所，要使用防爆型电气设备。

（四）企业对可能发生职业中毒、人身伤害或其他事故的，应视实际需要，配备必要的抢救药品、器材，并定期检查更换。

第十九条　特种设备必须按下列检验周期进行安全性能检验：

（一）溶解乙炔气瓶，每三年进行一次检验。

（二）溶化石油气钢瓶，出厂满四年进行第一次检验；出厂满七年进行第二次检验；出厂九至十三年的，每两年检验一次。

（三）在用电梯每年检验一次。

（四）叉车每年检验一次。

第六章　职工安全卫生保护措施

第二十条　企业必须建立符合国家规定的工作时间和休假制度。职工加班加点应在不损害职工健康和职工自愿的原则下进行。

第二十一条　企业应根据生产的特点和实际需要，发给职工所需的防护用品，并督促其按规定正确使用。

第二十二条　企业应认真贯彻落实国务院《女职工劳动保护规定》，做好女职工月经期、怀孕期、产期、哺乳期及更年期的特殊保护工作。

第二十三条　企业应做好未成年工的特殊保护工作，禁止招用未满16周岁的童工和在校学生，禁止安排未满18周岁的未成年工从事有毒、有害、过重的体力劳动或危险作业。

第二十四条　企业应通过卫生部门疾病预防控制中心对生产工人进行上岗前和定期体检，采取措施，预防职业病。

第七章　伤亡事故管理

第二十五条　劳动过程中发生的职工伤亡事故，事故单位必须严格按规定做好报告、登记、调查、分析、处理和统计等管理工作。

第二十六条　发生职工伤亡事故后，事故单位负责人应立即组织抢救伤员，采取有效措施，防止事故扩大和保护事故现场，做好善后工作，并报告有关部门。

第二十七条　发生因工伤亡事故或职业病的单位，应当自事故发生之日或职业病确诊之日起，15 日内向劳动部门提交事故调查报告和填报职工工伤确认申请表。经劳动安全部门确认后，企业持《职工工伤确认表》到社会劳动保障部门领取工伤保险金。

第八章　附　　则

第二十八条　本细则自公布之日起施行。之前本厂制定的有关规定和标准与本制度不相符的，按本制度实施。

评析：

(1) 采用多层条文式，条目清晰明朗。先采用章节形式将安全管理的各内容进行分散，接着在各内容下再细分内容，但全篇各项各条采用统一条目。

(2) 安全生产内容全面，规定具体、准确。包括“总则”中的目的；安全生产中各个责任人的职责；上岗前的安全培训；生产中的安全生产检查、生产地及生产设备的安全措施与职工安全条件等；伤亡事故的管理；本制度实施日期。

2. 案例分析

安全奖惩章程

为提高机动车驾驶员自觉遵守交通法规意识，减少和杜绝交通事故的发生，本着“安全第一，预防为主”的方针和“惩前毖后”的原则，制定本章程。

一、驾驶员要按时参加安委会组织的专业学习和例会，凡无故不参加者扣除当月安全奖。

二、驾驶员因违章发生交通事故的、造成单位超标的，除接受交通安全管理部门的规定处罚外，还应按单位与司机签订的交通安全合同条款处理。

三、严禁酒后和非司机驾驶机动车辆，如被交通管理部门查处的扣除当月绩效奖；屡教不改的，将其调离驾驶岗位。

四、全年无事故、无违章的司机将按安全合同规定给予物质奖励。

评析：

(1) 文种选择错误，应改为“制度”。章程是政治、经济、文化等组织或团体的纲领性文件，而制度往往是机关、企事业团体对某一项具体事项或行政工作制定的行为准则。本文是对（某范围内的）驾驶员的安全驾驶进行奖励或惩罚的具体措施，应属于“制度”文种而不是“章程”文种。

(2) 缺少确定的范围。制度往往有明确的范围和很强的针对性，而本文是针对哪个企事业单位或团体的驾驶员，并不清楚。

四、情景写作训练

为响应《中华人民共和国安全生产法》的颁布，加强安全生产工作，防止和减少生产安全事故，切实保障人民群众生命和财产安全，××省企事业单位及安全生产管理人员、安全科学技术工作者自愿自发成立了非营利性社会组织××省安全生产协会。为规范××省境内的安全生产以及明确自身的职责，该协会决定拟写一份《××省安全生产协会章程》。

请你根据本章学习，为该协会撰写这份章程。

第三节　公约、守则

问题思考：

五（三）班有相当一部分同学在集会活动时拖拖拉拉，打打闹闹，就算到了目的地也总是与周围同学说话、嬉闹，班主任老师很是头疼。他想了很久，决定拟订一份“班级集会活动公约”来约束同学们的这些行为。

这份公约该怎么写呢？

一、基础知识

1. 公约的基础知识

（1）含义。公约是由人民群众共同讨论制定或由人民群众团体共同协商制定的，在一定范围内要求人们共同遵守的道德规范和纪律规定的应用文。

（2）公约的特点。

1）公众约定性。公约虽有约束性，但它不是有关管理部门制定的强制性法规，而是订约单位或订约人自愿协商缔结的公共约法。它一般不产生于行政管理部门，而是产生于社会团体或民众之间，有一定的民间特色，对参与者只有道德约束力，没有法律效应。

2）长期适用性。公约所涉及内容一般都具有长期的稳定性，故公约具有长期适用性，不会在短时间内就因为时过境迁而成为一纸废文。制定公约要考虑到这一点，要选择大家共同关心的、有长期意义的原则性事项写入公约。

3）集体监督性。公约一经公众认定，就是订约人的行为和道德规范，每个人都有履行公约的义务，不得违反；同时，公约也是人们互相监督的依据，每个人都有以公

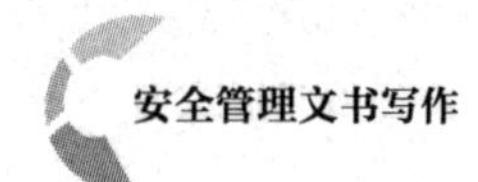

约为准则监督别人的义务。一旦发现有违背公约的行为，大家都有权进行批评和谴责。

4）基本原则性。公约的内容在多数情况下都是一些基本道德准则和精神文明建设的原则要求，一般不涉及具体的行动方法和实施措施，不像细则那样详尽具体，因而公约大多短小精悍。

5）一致认同性。公约是在一个公共协商的基础上拟定的，应得到每个缔约者的认可。就一般情况而言，有弃权票，不影响公约的通过，但有否决票则公约就不能通过，即每个制定者拥有"一票否决权"。

2. 守则的基础知识

（1）含义。守则是指某一社会组织或行业的所有成员，在自觉自愿的基础上，经过充分的讨论，达成一致的意见而制定的约束性行为准则。

守则是根据党和国家的各项方针政策、法律、法规的精神，结合本单位、本部门、本系统的实际情况而制定的用以规范、约束人们的道德行为的条文，它不具备直接的法律制约作用。

（2）作用。守则对其所涉及的成员有约束作用，但其从整体上说属于职业道德范畴，不是法律和法规，不具有强制力和法律效应。也就是说，如果有人不按守则办事，可能并不违法，但至少违背了道德准则，会受到人们的批评和谴责。守则旨在培养成员按道德规范办事的自觉性，对本系统、本单位、本部门的工作、学习、生活也能起到一定的保证、督促作用。

（3）特点。

1）原则性。守则的原则阐述多于具体要求，它在指导思想、道德规范、工作和学习态度等方面提出基本原则，但不过多涉及具体事项和方法、措施。

2）约束性。守则是用来规范人的道德、约束人的行为的，通常在一个系统内部人人都要熟悉守则，人人都要遵守守则。它虽然不具有法律效力，也没有明显的强制性，但对有关人员的教育作用和约束作用还是很明显的。

3）完整性。守则一般篇幅较为短小，但内容涉及成员应该遵守的所有基本原则和规范，系统而完整。为此，守则的撰写要注意条目清晰，逻辑严谨。

二、公约、守则的结构和写法

1. 公约的结构和写法

（1）公约的结构。公约一般由标题、正文、署名和日期三部分构成。

1）标题。公约的标题有三种写法：一是适用对象和文种，如《教师公约》；二是适用范围和文种，如《花园小区公约》；三是涉及事项和文种，如《护林公约》。

2）正文。公约正文由引言、主体和结尾组成。

引言主要用来写明制定公约的目的、意义，常套用“为了……特制定本公约”的固定格式。主体采用条文式写法，将具体内容一一列出。这部分最重要，一定要做到系统完整，层次清楚，言简意赅，朴实通畅。结尾写明执行要求、生效日期等，如无必要，可免除这一部分。

3）署名和日期。对于有些公约，署名是很重要的一项，因为署名意味着承诺，表明遵守公约的意向和意愿，为违背公约承担责任。特别是行业公约，这一点显得尤为突出。

（2）公约写作的注意事项。

1）公约的内容不能与国家和地方政府的法律、法规相违背，而且应是人民群众的共同约定，因而在制定之前必须充分酝酿，广泛讨论，在广泛征求意见的基础上通过。切忌由个别人或少数人包办代替。

2）条文要切合实际，具体实在，有针对性，不可过于笼统。

3）条文不宜太多，每条应写一个内容。

4）文字要练达，句子要短，语言要通俗，易懂易记，以便于执行和检查。

2. 守则的结构和写法

（1）守则的结构。守则一般由标题、正文和署名、日期三部分构成。

1）标题。守则的标题一般由适用范围、适用对象和文种组成，如《安全生产科工作人员守则》，有时也可省略适用范围，如《工作人员守则》。

2）正文。正文一般采用分条表述，其内容视具体情况和实际需要而定，可多可少，没有统一的模式。

3）署名和日期。署名和日期一般写在正文的右下方，也可以写在标题之下，用括号括起。

（2）守则写作的注意事项。

1）守则需要有关人员遵守，涉及人比较多，行文必须概括、准确、通俗。

2）条目要分明，语言要简洁。

3）步骤措施要切实可行。

三、阅读与分析

1. 范文评析

【例文 1】

××省金融机构关于制止存款业务中不正当竞争行为的公约

根据《中华人民共和国商业银行法》和中国人民银行的有关政策规定，为制止存款业务中的不正当竞争行为，规范经营，维护正常的金融秩序，××省各有关金融机构经过认真协商，特制定本公约。

第一条 加强内部管理，提高服务质量，建立正常的组织存款机制。废止存款单项考核和奖励办法，不对非存款部门下达存款考核指标，不把存款考核指标下达到职工个人，并以此作为对个人奖励的依据。

第二条 订约单位所辖对外营业机构均悬挂由人民银行省分行统一制作的利率公告牌，严格执行法定利率，不违反规定提高或变相提高利率，不以任何名目向客户和关系人支付利息以外的费用和馈赠物品等。

第三条 严格按照《储蓄管理条例》和有关政策规定办理个人存款业务。不违反关于存款期限、支付方式、计息办法等方面的规定，不擅自开办新存款业务。

第四条 认真执行《现金管理暂行条例》《结汇、售汇及付汇管理暂行规定》《信用卡管理办法》和中国人民银行有关账户管理等方面的规定，不以放松相应的金融管理来吸收存款，不以国债名义变相吸收存款；不违规吸收和挪用财政性存款。

第五条 订约单位如违反国家及本公约有关规定吸收存款，凡属人民银行检查和社会公众检举的，违规单位愿将违规吸收存款金额划转同级人民银行无息专户，直到该存款到期，应付原存款人的利息由原吸收机构支付；如属签约单位之间互相举报的，愿将违规吸收存款无条件划转举报单位，无息存款直到存款到期，应付原存款人的利息亦由原吸收机构支付。

第六条 若违反国家及本公约有关规定吸收存款，违约机构的负责人及当事人将接受500～1 000元的经济处罚，用于奖励举报人；情节严重的，其责任人由人民银行通报批评。

第七条 本公约见证机关为省内各级人民银行。订约单位保证以本公约自律，欢迎社会监督。

第八条 本公约自××××年×月×日起生效。

评析：

(1) 结构完备，条目清晰。标题中的适用范围、适用对象和文种都具备，正文引言交代了目的、分条介绍具体内容和实施日期。

(2) 适用对象明确，具有针对性。

【例文2】

××学校教师工作守则

为加强学校教师队伍建设，提高工作效率，提升教师形象，维护正常的教学秩序，根据本校实际情况，特制定此教师守则，望全校教师共同遵守。

一、教师素质要求

热爱教师职业，有责任心、爱心、耐心，态度端正，有团队意识和进取精神。

二、教师工作时间要求

上班之前处理完所有私人事务，保证按时到岗。

三、教师仪表要求

1. 每日短会前换好工装，仪表整齐，不得衣衫不整；

2. 随时注意保持个人卫生，定期清洗工装；

3. 如遇户外活动、结业活动等，需着工装；

4. 不得穿吊带、背心上班，上课不得穿裙子和高跟鞋。

四、教师用语要求

1. 交际用语：您好，早上好，晚上好，再见，请问，请您，谢谢，对不起，请稍后，请放心，请谅解，打扰您；

2. 说话时要态度诚恳，面带微笑；

3. 上班时间必须使用标准普通话。

五、电话接待要求

1. 电话响时应尽快接听，通话时要先用英语问候。

2. 正确、迅速、谨慎地处理来电。对方讲述时用心倾听，未听清时及时告知对方，清楚对方的意图和需要。如需留言，必须做好留言记录，自己不能处理的电话要坦白告知并及时交给能处理的人。

3. 通话时简明扼要，不得在电话中聊天。

4. 接听电话时，如果有人进入学校，要点头示意，不得置之不理。

5. 结束时礼貌道别，等对方挂下电话后轻轻放下手柄。

六、来访接待要求

1. 接待来访要认真负责、热情周到、不卑不亢、言行得体，严守机密。

2. 接待来访时语言表达要清楚，交谈多用敬语，不因语言造成误解。

3. 根据学校的有关要求对来访者的要求进行处理或回复。

七、办公纪律要求

1. 坚守岗位，不串岗，不迟到、早退。

2. 上班时间不得做玩游戏、上网聊天、玩手机等与工作无关的事情。

3. 不得因私事长时间使用电话。

4. 教师因故需外出，须向主管领导请示。否则以当日旷工处理。

八、教师工作要求

1. 提前10分钟进教室，监督学生背书和做作业。三次未做到当月相关的绩效项目分为零。

2. 认真书写教案，做到条理清晰，书写工整，记录翔实。教案需至少提前一天

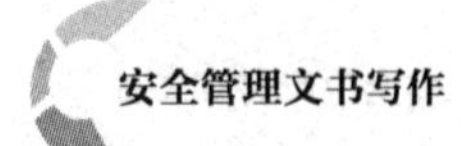

完成。

3. 新教师要写出详案，老教师要写出有特色的教案。英语教师要写出纯英语教案。

4. 坚持运用普通话教学，做到教态自然，态度和蔼，语言准确；英语教师必须用纯英语讲课，做到发音准确，语音语调自然流畅。

5. 按时完成作业的收发，及时批改，无缺漏。做到全批全改，精批细改。

6. 教科书、教师用书、参考资料、工具书等，实行学期或学年内借用制度，按时归还。若有丢失或损坏照原价赔偿。

评析：

（1）内容各条目针对目的而设，针对性特别强。

（2）工作内容翔实，操作性强。如“教师工作要求”中涉及数字非常明确，像“提前10分钟”“三次”“提前一天”等，具有相当强的操作性和可实施性。

2. 案例分析

××市农机安全村村民安全生产公约

一、自觉遵守道路交通与安全法律法规，维护交通秩序，保证安全生产，自觉参加年度检审，不无证驾驶、无牌行车；

二、不在道路上进行打场晒粮、堆物、摆摊等有碍安全的活动；

三、不准扒车、追车、强行拦车、抛物击车，不准违章载人；

四、儿童在道路上行走，必须有成年人带领，未满12岁儿童不准在道路上骑自行车、三轮车和推拉人力车；

五、农机操作人员要认真学习业务，确保安全生产；

六、遇有交通事故，应保护现场，抢救伤员，并及时报警协助调查。

评析：

（1）一般一条一个内容，第一条涉及两个内容，可分作两条。即“自觉遵守道路交通与安全法律法规，维护交通秩序”是一条，而“保证安全生产，自觉参加年度检审，不无证驾驶、无牌行车”应该是另一条。

（2）缺少最后一条，即全体村民共同遵守公约的号召。

四、情景写作训练

丽丽是个爱美、追求健康和讲究吃的女孩。炎热的夏季来临，身体大量排汗；可口多样的美食诱惑着丽丽，丽丽既想保持自己苗条的身姿和健康的体魄，又不愿抵制美食的进攻。那丽丽该怎么选择食物呢？

为达成丽丽所愿，请你为丽丽拟定一份“有营养的夏季饮食守则”吧。

第四节　承　诺　书

问题思考：

夜校的钟声又敲响了，老师早静静地站在讲台边，可兴趣盎然的夜校学生一周相逢，叽叽喳喳地说个不停，老师暗示了几次都没效果，最后不得不大声制止，学生才立即安静下来。为避免下次类似事件再发生，老师让学生写一份上课认真听讲、不随意发声的书面承诺。

承诺书怎么写呢？这可把全班同学急坏了。

一、基础知识

1. 承诺书的含义和作用

承诺书是受要约人完全同意要约的书面形式的意思表示，即受约人同意接受要约的全部条件而与要约人成立合同。通常是要求以书面订立的合同，其承诺也必须采取书面形式。

承诺书的法律效力在于，承诺书一经做出，并送达要约人，合同即告成立，要约人不得加以拒绝。

2. 承诺具备的条件

作为使合同得以成立生效的承诺，必须具备一定的条件，其必要条件是：

（1）承诺必须由受要约人做出。要约是要约人向特定的受要约人发出的，受要约人是要约人选定的交易对象，受要约人进行承诺的权利是要约人赋予的，只有受要约人才能取得承诺的能力，受要约人以外的第三人不享有承诺的权利。因此，第三人进行承诺不是承诺，只能视作对要约人发出了要约。如果订约的建议是向不特定人发出的，并且如果该订约建议可以构成要约，则不特定人中的任何人均可以作出承诺。不过实际上，最后能够作出承诺的，只能是特定的人。

（2）承诺须向要约人做出。承诺是对要约的同意，是受要约人与要约人订立合同，当然要向要约人做出。如果承诺不是向要约人做出，则做出的承诺不视为承诺，达不到与要约人订立合同的目的。

（3）承诺的内容须与要约保持一致。这是承诺最核心的要件，承诺必须是对要约完全的、单纯的同意。因为受要约人如果想与要约人签订合同，必须在内容上与要约的内容一致，否则要约人就可能拒绝要约人而使合同不能成立。如果受要约人在承诺中对要约的内容加以扩张、限制或者变更，便不能构成承诺，而应当视为对要约的拒绝。

3. 承诺书的特点

（1）严肃性。承诺的事项一般是比较重要甚至重大的事项，在承诺时相关单位和个人应考虑清楚。

（2）约束性。事项一经承诺，就对相关的单位和个人具有约束性，在某种程度上还具有强制性，应该在规定的范围内完成并实现其承诺。

4. 承诺书的种类

（1）个人承诺书。以个人名义作出承诺，体现的是个人的意愿，其约束的也是个人的行为。

（2）集体承诺书。两个或两个以上的个人或某个群体、单位所共同作出的承诺，其体现的是集体的意愿。

二、承诺书的结构和写法

1. 承诺书的基本结构和写法

承诺书一般由标题、正文、署名和日期三部分构成。

（1）标题。标题一般有三种写法：一是直接以文种“承诺书”为题；二是由事由加文种组成，如《廉洁自律承诺书》；三是由单位名称加文种再加文种组成，如《××市××局领导干部廉洁自律承诺书》。

（2）正文。正文由启语、主体和结语三部分组成。

启语，一般是说明签署承诺书的目的，表达做出承诺的意愿，用“我郑重承诺”或“我向……做出以下承诺”一类语句引出主体。

主体，主要是做出具体的承诺内容，大多采用分条式写法。

结语，一般是一些表态性语句。

（3）署名和日期。署名是承诺人的签署。承诺人是单位的，先写单位全称，加盖单位印章；后由主要负责人签署，或盖上其签名章。承诺人是集体的，先写上集体名称，后由该集体内所有成员一一签署，或由该集体主要负责人签署。承诺人是个人的，由个人签署，签上姓名。

日期是签署之日，年、月、日齐全，规范书写。

2. 承诺书写作的注意事项

（1）承诺书是签署人内心真实意愿的表示，忌搞形式、走过场，忌出于无奈。

（2）承诺书的内容要有针对性、概括性、可行性，要突出重点，要简明扼要。

（3）承诺书本身虽无法律效力，但有约束作用，签下承诺书，就得考验诚信。

三、阅读与分析

1. 范文评析

安全施工承诺书

为切实防范和杜绝工程建设中的各种不安全因素，实现“优良工程”“安全工程”双目标，本承包人特作如下承诺：

一、保证在施工现场进出口醒目处设立施工安全（警示）规则。

二、制定施工安全管理机构和安全管理责任制，配备工程建设项目专职安全员，并认真落实各项施工安全管理规定。

三、所有工程建设施工作业人员都要经过安全教育和技术操作培训，特殊工种的作业人员须有相应的技术资质证书。

四、工程建设中安全管理的危险场所、重点部位等处都要设立醒目的警示标识。

五、建筑施工中需要的各种辅助材料（设备）要有产品合格证书，辅助设备的安装、使用要符合安全管理规定，并严格执行安全操作规程。

六、工程建筑原材料的质量都是经过检验合格的产品。

七、本承包人愿意自觉接受发包人、监理、监督单位（人）及社会各界对工程建设中施工安全生产的监督。

八、工程建设施工期间发生任何安全责任事故，本承包人愿承担一切责任。

承诺人（签字并盖章）：

××××年××月××日

评析：

（1）该承诺书结构完整，正文的启语、主体和结语三部分齐全。

（2）该承诺书主体采用条文式，内容清晰明了，如设立施工安全规则和警示标识、制定安全制度和培训制度、使用合格的建筑材料和产品等。

2. 案例分析

承　诺　书

为充分发挥认证机构的作用，促进市场经济和谐发展，自觉加强行业自律，树立认证机构的良好形象，使本机构所从事的强制性产品认证、自愿性产品认证、质量管理体系认证活动有序、合法、健康，高度防范执业风险和避免责任，我们谨向社会公开承诺：

一、保证提供的全部换证材料真实、完整、准确。

二、本机构获得批准换证后，保证所从事的每项业务严格遵守国家法律、法规、规章的规定。

三、保证按照核准的业务范围合法、公正、公平地从事认证业务；严格遵守《中华人民共和国认证认可条例》《认证机构管理办法》。

四、保证诚信执业，提供优质、专业的认证服务，保证从事的每项认证活动始终遵循客观独立、公开公正、诚实信用的原则。

五、保证所认证的产品、服务内容客观公正，无虚假材料。

六、保证不承担不能胜任或不能按约定时限完成的认证活动，不给不符合条件的产品和服务提供认证业务。

七、配齐与从事相关产品认证活动相适应的检测、检查等技术能力。

八、本认证机构不得与行政机关搞利益关系，保证公正无私执业。

九、建立和完善对认证活动实施有效控制的管理体系；制定有效的认证实施程序，严格按照合同约定内容和认证实施程序提供产品、服务认证活动，健全认证管理体系和评审体系，确保认证真实、有效。

十、建立有效的专、兼职认证咨询人员聘用、培训、考核、使用和控制程序制度。

十一、保证按政府规定的服务收费标准收费，不擅自提高收费；不索取、收受委托合同以外的酬金或者其他财物。

十二、本认证机构不得接受任何可能对认证活动的客观公正产生影响的资助；不得从事任何可能对认证活动的客观公正产生影响的产品开发、营销等活动。

十三、本认证机构不得与认证委托人存在资产、管理方面的利益关系。

十四、本机构必须持续保持和保证始终符合法定许可条件。

评析：

(1) 缺少署名和日期。承诺人和承诺执行日期必须清楚。

(2) 缺少承诺人对承诺内容的表态。承诺人的表态是承诺内容是否严格执行的一个内在动力和主观热情，表明承诺人对承诺内容是严肃、严谨的。

四、情景写作训练

丽萍在做国外名牌化妆品的代理销售，并且在自己的朋友圈内兜售这些化妆品。可有些朋友对其真假产生怀疑，要求丽萍写一份化妆品是真货，不是真货就要全额退款的书面承诺。

假如你是丽萍，你会怎么写这份产品质量的承诺书呢？

第四章
安全生产责任管理文书

学习目标

知识目标：

- 了解安全生产责任书、安全生产管理合同、委托书和安全技术交底的含义、种类、行文基本规则等基本知识。
- 掌握安全生产管理合同和安全技术交底的基本格式和写作方法。

能力目标：

- 能说明安全生产责任书、安全生产管理合同、委托书和安全技术交底的结构。
- 能在具体工作中正确写作安全生产责任书、安全生产管理合同和安全技术交底。

重点与难点

- 安全生产责任书、安全生产管理合同和安全技术交底的基本结构。
- 安全生产责任书、安全生产管理合同和安全技术交底的写法。

第一节　安全生产责任书

问题思考：

××建筑公司承接了××市公开招标的××至××一段市内公路的施工建设，为保障该路段的安全施工，××市决定与××建筑公司签订一份《安全生产责任书》。

办公室主任将这项任务交给了新招进的文案工作人员小花。为了给领导留一个好印象，小花决心好好学习一下《安全生产责任书》的写法。

一、基础知识

1. 安全生产责任书的含义与作用

安全生产责任书是安全生产相关的各部门或单位为明确各自安全生产的责任范围、

职责而进行书面规范的一种文书。

签订安全生产责任书是安全管理必不可少的一个环节。它有利于加强对安全生产的领导与监控，能促使生产单位严格执行安全生产各项规章制度，切实搞好劳动保护工作，同时能提高全体生产员工的自我保护意识。在一定时期和区域内，安全生产责任书能杜绝事故和违章现象的发生，落实安全生产行政责任，强化安全生产目标管理，力争完成某一时期内各项安全生产目标任务及分解指标。

2. 安全生产责任书的适用范围

（1）安全生产责任书主要适用于有所属管理体制的上下级单位之间，主管部门与下属部门之间，总公司与分公司之间，总厂与分厂、分厂与分厂之间等。

（2）安全生产责任书单位或企业对外来提供劳务或生产经营活动的其他经营单位、团体和组织等进行安全生产管理，服从和必须履行单位、企业范围内制定的相关安全生产规章制度。

二、安全生产责任书的结构和写法

安全生产责任书一般由标题、正文、署名和日期三部分组成。

1. 标题

安全生产责任书的标题有三种写法：一是直接写“安全生产责任书”；二是在“安全生产责任书”前加上单位名称；三是单位名称加时限，再加“安全生产责任书”。

2. 正文

正文由前言、主体和结尾三部分组成。

前言一般交代制定“安全生产责任书”的目的和依据，常用句式为：“为了实现……目标”“根据……决定或规章制度”等。

主体一般采用条款式，一条一条列出制定的具体责任内容。

结尾一般说明责任书的份数。有些责任书可省略此内容。

3. 署名和日期

责任双方分别署名，写明单位全称（加盖公章）和责任人；署名后写明签订责任书的日期。

三、阅读与分析

1. 范文评析

【例文 1】

施工安全生产责任书

××商业公司（以下简称甲方）

××装饰公司（以下简称乙方）

乙方从××××年××月××日起承担大厦内__________工程项目。根据《中华人民共和国安全生产法》《中华人民共和国消防法》《××省安全生产条例》《××省建筑消防管理规则》等规定，双方签订《施工安全责任书》，请履行责任并切实执行。

一、乙方在施工期内未经甲方同意，不准擅自打开窗户进行作业。乙方在施工期内需要动火作业，必须先到大厦管理处填写《临时动火申请表》并加具意见后办理《临时动火许可证》方可动火。乙方只能在大厦批准的地方按有关要求严格进行动火作业，未办理《临时动火许可证》不得进行动火作业。

二、乙方施工人员禁止携带打火机及火柴、香烟等物品进入施工现场。施工现场严禁吸烟及焚烧任何杂物，杜绝火种出现。

三、乙方施工人员不得以任何借口在施工范围内过夜（经管理处批准的值班人员除外）。

四、乙方不得将易燃易爆危险物品带入大厦，属施工原料、溶剂如天那水、酒精等易燃易爆材料，只能按一天的用量进入大厦，并须经大厦管理处审批和登记，在指定的地方存放。乙方要制定严格的管理制度，设专人管理，严格领用手续，每天用剩溶剂，必须放回指定的存放地点。

五、乙方施工用电，必须向甲方报告用电负荷，按甲方指定地方接取电源安装电表及漏保开关，并必须符合××市用电安全操作规程。照明灯具不得使用超过100瓦的灯泡。行灯的灯泡要有护罩。

六、乙方施工人员绝不允许私自挪用大厦的设备或材料。

七、乙方应教育施工人员遵纪守法，遵守大厦治安、防火及各项有关规章制度。甲方一旦把施工场地交付乙方后，乙方应承担该地段的防火、治安、防盗责任，共同落实大厦的安全防火责任制。

八、乙方应教育施工人员爱护大厦财物，如有损坏应无偿修复或照价赔偿。

九、乙方在施工现场要有指定的安全防火责任人，现场安全防火责任人负责施工现场的安全防火检查工作，不同工种要分别指定安全防火员，负责该工种的安全防火工作。现场安全防火责任人不在场不得施工。

十、施工现场每天作业完毕必须进行现场清洁，杂物废料必须每天清出大厦。

十一、乙方必须在施工现场按国家规定配置灭火器材，灭火器不配齐不得开工。

十二、乙方每个施工人员进入大厦施工之前，须经安全教育培训，未经培训不得上岗。

十三、乙方必须按大厦规定施工时间作业，如需超时作业，要报告甲方管理处，经批准方可进行作业。

十四、乙方对施工现场原有的消防设施及设备未经批准不许乱动，如有损坏应照价赔偿。

十五、乙方因严重违反上述规定，被甲方责令停工整改，而造成工期的延误，由乙方负责。

十六、乙方因违反国家和地方有关安全生产和消防等法律法规而造成的事故，应承担相应的经济赔偿和法律责任。

甲方单位：　　　　　　　　　　　　　乙方单位：

负责人：　　　　　　　　　　　　　　责任人：

签署　　　　　　　　　　　　　　　　签署

日期：　　年　月　日　　　　　　　　日期：　　年　月　日

评析：

(1) 责任双方责任、义务明确清晰，不易产生纠纷。

(2) 结构完整，写法规范。前言交代制定依据，主体内容逐条列出。

【例文 2】

××单位××××年安全生产工作责任书

为了加强安全生产工作，认真贯彻“安全第一、预防为主、综合治理”的方针，根据××省××厅下达的安全生产控制目标，特签订此责任书。

一、全年不发生重大、特大安全生产责任事故，事故死亡人数控制为 0。(50 分)

二、建立、健全安全生产责任制和各项安全生产规章制度，与基层单位签订安全生产工作责任书，签订率 100%，并督促检查落实。(10 分)

三、加强安全生产监督检查和宣传教育培训工作，保证安全设施投入，及时整改事故隐患。全年安全大检查不少于 4 次，特种作业人员持证率 100%。(10 分)

四、认真开展安全专项治理和整顿工作，按计划和上级要求完成对道路行车事故多发路段的整治。(10 分)

五、及时准确上报事故信息。(10 分)

六、按照要求报送各阶段安全生产工作情况和半年、全年工作总结。(10 分)

七、以上目标由××省××厅安全监督处代表××省××局实施考核，兑现奖惩。

八、责任书一式两份，××省××局、责任单位各一份。

××省××局（签章）　　　　　　　　××单位（签章）

责任人（签字）：　　　　　　　　　　责任人（签字）：

签订日期：××××年×月×日

评析：

(1) 标题中，单位、年限和文种三要素齐全。

(2) 正文的前言、主体和结尾三部分都具备，清晰明了。

(3) 语言言简意赅，责任分明。

2. 案例分析

安全责任书

按照“分级管理”“一岗双责”的原则，镇安监所特与各学校签订学校安全工作目标责任书：

一、各学校、幼儿园要成立安全工作领导小组，实行领导干部安全责任制。建立学校、幼儿园安全工作领导责任追究制。按照《中小学校、幼儿园安全工作制度》，抓好本单位安全“责任制”“追究制”的落实，特别要认真落实学校幼儿园安全保卫24小时巡查制度，进出校门检查制度，“接送卡”交接制度。确保学校安全万无一失。

二、学校、幼儿园实行封闭式管理：

1. 学校门卫工作是维护学校良好的教学秩序、保障学校安全的重要工作之一，门卫实行24小时值班；门卫人员在值勤期间必须坚守岗位，不准擅离职守，脱管失控；门卫人员要衣着整洁，仪表端庄，说话和气，讲究文明。门卫人员必须时刻提高警惕，严防不法分子混入学校进行犯罪活动，上课期间学校大门要处于关闭落锁状态，当有人因工作需要进出学校时，门卫人员要及时开启和关闭。对到校办事的外来人员实行电话联系并进行登记，否则，不准进入校内。门卫人员应切实负起登记责任，不得以口头询问代替登记。在上课时间离开学校的学生，必须持有班主任的批准手续，并接受门卫人员的检查。对学生家长所送物品，门卫人员必须认真检查，按时转交学生本人，不准擅自让学生家长进入校内。为确保学校公共财产的安全，门卫人员对携带校内公物离开学校者，有权进行检查、询问，教职工必须配合。外单位车辆进校前，应检查证件、问明事由；车辆出校前，应示意停车接受检查。外单位机动车未经许可，不得在校内停车过夜。

2. 学校、幼儿园每天实行领导带班、教师值班制度。值班人员不得擅自脱岗。学生进校、放学时，校长、园长及值班人员必须在校门口值班。上课期间，校门要加强值班，大门上锁，严格门卫查验制度。

三、各学校、幼儿园要严格落实安全责任，做到责任不脱节，工作无漏洞。切实把工作做细、做实，严防危害学生的事故发生。

四、建立健全学校、幼儿园安全预案，加强安全隐患排查。对发现的突出问题应迅速落实整改措施，彻底消除隐患。加强学校安全档案资料的建设，确保学校安全工作有计划、有记录、有检查、有总结。

五、立即对学生进行安全教育，提高广大学生的法治意识、防范意识和自我保护能力。加强交通安全教育，防溺水教育，防雷、电教育，食品安全教育，传染病预防教育，防自然灾害教育，防突发事件教育，防物品、药品安全教育等。及时与家长和

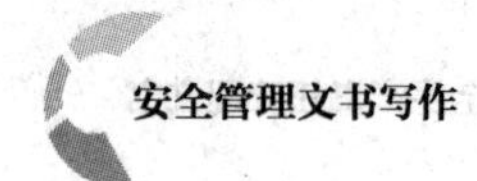

相关部门取得联系，杜绝学生进网吧现象发生。

六、按照《消防法》的要求，定期检查学校的消防设施，学校的消防设施要经公安消防部门认定，对不符合要求的要立即采取措施保证合格。要保障教学通道的畅通和照明，对容易引起火灾的部位和易燃易爆的物品要加强管理。要采取多种形式对学生进行防火安全用电教育，增强自防自救的能力。

七、要加强校舍的建设和维护管理，加固学校内各种设施，坚决杜绝校舍倒塌和学校设施不牢固而造成伤亡事故的发生。

八、加强校内、校外（包括假期、周末、午休、正常上课作息时间之外等所有时间）活动管理，确保师生生命安全。明确家长、学校责任，确保学生不出现安全管理真空，学校要与家长签订安全管理责任书。学校组织学生集体外出参加社会实践等活动，要把各个环节的安全工作措施落实到位。严格执行学生集体外出审批制度。

九、认真贯彻《食品卫生法》和《学校体育卫生工作条例》，加强学校卫生工作和学校食堂卫生管理。不得以预防和保健名义自行组织学生集体服用药品和保健品，防止学生食物中毒和药物中毒。

十、加强对学校安全工作考核，按照××字〔2003〕××号《关于对学校安全工作进行年度考核的通知》精神，认真对学校安全工作进行考核，并把此项工作纳入学校量化管理的重要内容，学校、幼儿园安全工作实行“一票否决”制。

十一、凡组织学生外出，不准乘坐“三无”（无证、无技术参数、无安全措施）的不安全车辆、船只。

十二、一旦发生安全事故，在第一时间及时报镇安监所，逐级上报，及时采取措施。

评析：

（1）缺少落款，即责任书是谁制定的、何时制定的未交代。

（2）未交代写责任书的目的，针对性不强。正文前言部分交代了制定依据，却未说明制定目的。

四、情景写作训练

××建筑公司开工建设××项目，成立××项目经理部。根据施工合同和经营管理目标的要求，××建筑公司决定明确项目经理部应达到的成本、质量、进度和安全等控制目标，与项目经理部签订《项目管理目标责任书》。

假如你是××建筑公司的文案人员，请拟写这份责任书。

第二节　安全生产管理合同

问题思考：

××施工单位在施工过程中，务工人员未戴安全帽被掉落下来的砖块砸到了头部。务工人员要施工单位全部赔偿，可施工单位却坚持：自身依据《安全生产管理合同》进行了安全生产教育培训，而工作期间必须佩戴安全帽便是其中培训内容，故不承认自身有赔偿义务。

你认为施工单位的坚持是否合理，说说理由。

一、基础知识

1. 含义和作用

合同也可称合同书。安全生产管理合同是当事人双方或多方为共同达到和实现安全生产的目的，在遵守国家法律和政策及平等互利、自愿的原则下，确定双方或多方的安全生产权利和义务关系，彼此协商一致而形成共同遵守的文书。合同有时又称为协议或协议书。

合同是一种具有法律性质的应用文书。一旦确立，就对当事人各方产生了法律的约束力，签约各方的权利或义务就受到了国家法律的保护和监督。任何一方如不履行合同，都要承担由此引起的法律后果。安全生产管理合同主要是明确甲、乙双方在生产过程各环节中的安全管理职责、权利和义务，促进安全生产各项规章制度的全面落实，减少安全生产事故的发生。

2. 适用范围

安全生产管理合同主要适用于以公开招标、投标形式产生的业主与中标单位之间按一定合同管理的甲、乙双方在安全生产管理上的责、权、利的关系。

3. 合同的特点

(1) 合法性。当事人订立合同的目的是实现一定的生产经营目的或完成一定的工作任务。合同是社会组织之间明确权利与义务关系的协议，必须依法生效；否则，即使是当事人双方协商一致的合同，仍然没有法律效力。

(2) 规范性。规范性具有两层含义：一是指依法成立的合同对双方当事人均具有法律效力；二是指当事人双方订立的合同从形式到内容都是合乎规范的。合同的规范性能确保合同当事人双方的合法权益落到实处。

(3) 一致性。合同是双方或多方的法律行为，体现当事人一致的意见。合同的成立必须具有两个或两个以上的当事人作出意思表达，且意思真实、一致，违背了某一方当事人意志的合同条款都不具有法律效力。

二、安全生产管理合同的结构和写法

安全生产管理合同一般由标题、当事人名称或姓名、正文、署名和日期四部分组成。

1. 标题

标题写在第一行中间，要表明合同的性质或范围，它一般由“事由”和“文种”两个要素构成，如《建筑安全生产管理合同》《安全生产管理协议》等。

2. 当事人名称或姓名

合同当事人是指签订合同的双方或多方的名称或姓名。要准确写出签约单位或个人的全称、全名，并在后面注明双方约定的固定指代，如一般写“甲方”“乙方”，若有第三方则写“丙方”，或依合同内容写“借方”“贷方”“承租方”“出租方”“卖方”“买方”等。

3. 正文

（1）前言。写明订立合同的缘由，包括目的、依据，应简明扼要。常用的表达句式为：“为了……”或“根据……”。

（2）主体。主体是合同的主要部分，多采用条文表述法。其内容包括：

1）标的。标的是合同当事人权利与义务所共同指向的对象，是合同的基本条款。它可以是实物、货币、劳务、智力成果等。合同双方当事人对标的要协商一致，写得明确、具体。

2）合同双方的权利、义务与责任。以条款方式详细列出当事人双方各自的权利、义务与责任，这是安全生产管理合同不可缺少的内容，且一定要明确，否则容易造成矛盾与纠纷。

（3）结尾。合同结尾一般包括两个方面：一是合同的有效期限和文本保存；二是落款（当事人的名称、签章、法定通信地址、法人代表、银行账号、签约地点、日期等）。

4. 署名和日期

安全生产管理合同的署名一般包括两部分：一是签订合同单位，均用单位全称，并加盖公章；二是代单位签订合同的人，有时是法人，有时是代理人。署名后，一般还要写明单位所在地址和联系方式，以便双方进行咨询与交流。

署名后直接写明签订合同日期。

三、阅读与分析

1. 范文评析

安全生产管理合同

为了在＿＿＿＿＿＿施工合同的实施过程中创造"安全、高效"的施工环境，切实搞好本项目的安全管理工作，本项目业主＿＿（全称）＿＿＿（以下简称甲方）与承包人＿＿（全称）＿＿＿＿（以下简称乙方）特此签订安全生产管理合同。

一、甲方职责

1. 严格遵守国家有关安全生产的法律、法规，认真执行工程承包合同中的有关安全要求。

2. 按照"安全第一、预防为主、综合治理"和坚持"管生产必须管安全"的原则进行安全生产管理，做到生产与安全工作同时计划、布置、检查、总结和评比。

3. 重要的安全设施必须坚持与主体工程"三同时"的原则，即同时设计、审批，同时施工，同时验收、投入使用。

4. 定期召开安全生产调度会，及时传达中央及地方有关安全生产的精神。

5. 组织对乙方施工现场进行安全生产检查，监督乙方及时处理各种安全隐患。

二、乙方职责

1. 严格遵守国家有关安全生产的法律、法规，交通部颁发的《公路工程施工安全技术规范》(JTG F9—2015) 和《公路筑养路机械操作规程》(JZ 0030—1995) 有关安全生产的规定，认真执行工程承包合同中的有关安全要求。

2. 坚持"安全第一、预防为主、综合治理"和"管生产必须管安全"的原则，加强安全生产宣传教育，增强全员安全生产意识，建立、健全各项安全生产的管理机制和安全生产管理制度，配备专职及兼职安全检查人员，有组织地开展安全生产活动。各级领导、工程技术人员、生产管理人员和具体操作人员，必须熟悉和遵守本条款的各项规定，做到生产与安全工作同时计划、布置、检查、总结和评比。

3. 建立、健全安全生产责任制。从项目经理到生产工人（包括临时雇用的民工）的安全生产管理系统必须做到纵向到底，一环不漏；各职能部门人员的安全生产责任制做到横向到边，人人有责。

4. 乙方在任何时候都应采取各种合理的预防措施，防止员工发生任何违法、违禁、暴力或妨碍治安的行为。

5. 乙方必须具有安全生产监督管理部门颁发的安全生产证书，参加施工的人员必须接受安全技术教育培训，熟知和遵守本工种的各项安全技术操作规程，定期进行安全技术考核，考核合格者方准上岗操作。对于从事电气、起重、建筑登高等特殊工种和架设作业、锅炉、压力容器、焊接、机动车船驾驶、爆破、潜水、瓦斯检验等特殊工作人员，经过专业培训，获得《安全操作合格证》后方准持证上岗。施工现场如出现特种作业无证操作现象，项目经理必须承担管理责任。

6. 对于易燃易爆的材料应专门保管之外，还应配备足够的消防设施，所有施工人员都应该熟悉消防设备的性能和使用方法；乙方不得将任何种类的爆炸物给予、易货或以其他方式转让给任何他人，或允许、容忍上述行为。

7. 操作人员上岗，必须按规定穿戴防护用品。施工负责人和安全检查员应随时检查劳动防护用品的穿戴情况，不按规定穿戴防护用品的人员不得上岗。

8. 所有施工机具和高空作业的设备均应定期检查，并有安全员的签字记录，保证其经常处于完好状态；不合格的机具、设备和劳动防护用品严禁使用。

9. 施工中采用新技术、新工艺、新设备、新材料时，必须制定相应的安全技术措施，施工现场必须有相关的安全标识牌。

10. 乙方必须按照本工程项目特点，组织制定本工程实施中的生产安全事故应急救援预案；如果发生安全事故，应按照《生产安全事故报告和调查处理条例》以及其他有关规定，及时上报有关部门，并坚持“四不放过”的原则，严肃处理相关责任人。

三、违约责任

如因甲方或乙方违约造成安全事故，将依法追究责任。

本合同正本一式两份，副本八份，合同双方各执正本一份，副本四份。由双方法定代表人或其授权的代理人签署与加盖公章后生效，全部工程竣工验收后失效。

甲方：<u>（单位全称）（盖章）</u>
法定代表人：
或
其授权的代理人：（职务）
（姓名）
（签字）
地址：
电话：
日期：
甲方监督单位：（全称）（盖章）

乙方：<u>（单位全称）（盖章）</u>
法定代表人：
或
其授权的代理人：（职务）
（姓名）
（签字）
地址：
电话：
日期：
乙方监督单位：（全称）（盖章）

评析：

(1) 安全生产管理合同的各结构要素齐备。双方当事人名称、正文前言交代了制定合同的目的、主体内容和落款等。

(2) 合同双方责、权、利具体明确，无歧义。合同双方（甲乙）职责并列，分别逐条逐项列出，且内容翔实具体。

(3) 整个合同条理清楚，一目了然。

2. 案例分析

安全生产管理合同

为了切实加强施工现场安全生产管理，依照《中华人民共和国安全生产法》《中华人民共和国建筑法》《中华人民共和国合同法》以及《××市生产安全事故责任划分试行办法》的有关规定，双方本着平等、自愿的原则，签订本协议。甲方和乙方均严格遵守本协议规定的权利、责任和义务，确保施工现场的安全生产。

一、甲方的权利、责任和义务

1. 贯彻落实国家及××市有关施工现场安全生产、文明施工的法规和管理规定，对施工现场进行全面的安全生产管理和监督检查。

2. 严格审查乙方施工资质，不得与不具备资质或施工资质与承包内容不相符的分包单位签订合同。

3. 提供施工现场安全生产条件。安全防护设施由甲方提供的，交付使用前双方要办理交接手续，由甲方按照有关安全标准对乙方进行日常监督检查。

4. 提供施工用电，并保证符合安全标准。按照有关安全用电标准对乙方的施工用电设施设备进行监督检查，发现隐患责成乙方予以整改。

5. 对乙方施工区域进行安全生产和文明施工检查；及时纠正乙方施工人员违章指挥和违章作业行为，并按照有关规定予以查处。对乙方施工区域的重大安全事故隐患，应开具隐患通知单。

6. 对乙方的安全生产培训、劳动防护用品的使用和危险预知工作提出指导意见，并监督落实情况。

7. 对乙方提出的安全生产要求积极提供帮助。

8. 提供施工现场消防安全通道和消防设备、设施。

9. 乙方发生安全事故时提供协助救援服务。

10. 对乙方开展的安全生产活动提供帮助。

11. 由于甲方责任造成生产安全事故，导致乙方人员伤亡时，由甲方承担事故责任和经济责任。

12. 由于乙方责任造成生产安全事故时，甲方有义务协助处理善后事宜。

13. 由于双方责任造成的生产安全事故，根据有关部门的责任划分承担相应的事故责任和经济责任。

二、乙方的权利、责任和义务

1. 贯彻落实国家有关施工现场安全生产法律法规和管理制度，建立健全安全生产

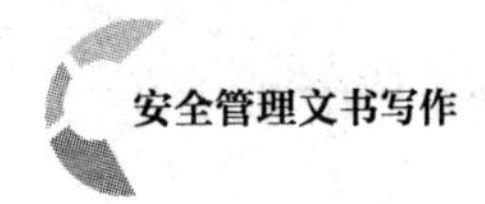

责任制和安全生产管理制度，对承包施工区域的安全生产管理负全面责任。

2. 接受甲方的施工资质审查，并负责提供有关资料。严格按照施工资质范围施工，不得承接超资质范围的施工任务。严格遵守《中华人民共和国建筑法》和××市有关规定，不得将承包项目再次转包。

3. 服从甲方安全生产管理，有权拒绝总承包单位违反安全生产法规的指令。

4. 对管辖范围内由甲方交付使用的安全防护设施（如脚手架、洞口、临边等）的搭设、拆除、维护和改造负全部责任。必须符合有关安全标准并符合总承包单位对施工现场整体安全防护的要求；在搭设、拆除和改造前，必须向总承包单位报告。

5. 对管辖范围内的施工用电负有全部管理责任。B级配电箱以下部分必须符合有关安全用电标准，有权拒绝不符合安全标准的用电设备从所辖线路中拉接电源。

6. 对自行携带和使用的机械设备负有安全管理和维护保养的责任，并符合有关安全标准。使（租）用大型机械设备时，应在使用前向甲方备案。

7. 为本单位作业人员提供合格的劳动防护用品，进行危险预知的教育。对特殊工种人员进行安全管理，保证特殊工种作业人员持证上岗，负责建立特殊工种作业人员档案，并向甲方备案。

8. 按照《中华人民共和国安全生产法》和有关安全管理规定，及时将《生产安全事故应急救援预案》报甲方备案。

9. 按照有关安全管理规定，定期组织对所辖施工区域进行安全生产检查。在安全检查中发现甲方管辖范围内的事故隐患，应向甲方及时报告。

10. 按照有关安全管理规定，定期组织安全生产培训教育和安全生产活动。在安全教育或安全活动中如需要可要求甲方提供帮助。

11. 使用甲方提供的安全防护设施设备前，应与甲方办理相关手续，并负责使用期间的安全维护。对在使用期间由于管理不善造成的生产安全事故负责。

12. 服从施工现场文明施工管理，并负责所辖施工区域内的文明施工管理工作。保证所辖区域消防通道畅通。

13. 由于乙方责任造成生产安全事故，导致甲方或第三方人员伤亡时，由乙方承担事故责任和经济责任。甲方或第三方有义务负责协助处理善后事宜。

14. 由于甲方责任造成的生产安全事故，乙方有义务负责协助处理善后事宜。

15. 由于双方责任造成的生产安全事故，根据市政府有关部门的责任划分承担相应的事故责任和经济责任。

16. 发生安全生产事故后，必须在1小时内向甲方报告，并按照××市有关规定向有关主管部门报告。迟报或者隐瞒不报生产安全事故，承担事故的全部责任。

三、补充条款

补充条款如下：

本协议书一式两份，甲乙双方各保存一份。

本协议与双方经济合同时效相同。签订经济合同的同时，签订本协议。经济合同到期后，本协议同时终止。

甲方单位（章）：　　　　　　　　　　乙方单位（章）：

项目负责人：　　　　　　　　　　　　项目负责人：

评析：

（1）未明确合同双方，即未凸显签订合同双方单位名称。

（2）甲方职责不完善，如未建立安全生产制度、督促乙方建立特殊工种操作人员档案等。

（3）缺合同签订日期。

四、情景写作训练

××市××房地产公司决定将位于××市××路××号××楼共10 000平方米的房屋（属混凝土结构，防火等级为B1级）出租给××市塑料生产公司。为对承租单位的安全生产、消防安全、特种设备安全管理等进行监督检查，同时便于同一厂区多家承租单位的安全管理工作统一协调。出租单位××市××房地产公司决定与承租单位××市塑料生产公司签订一份安全生产管理合同。

假如你是××市××房地产公司的文案工作人员，请你拟写这份《安全生产管理合同》。

第三节　委　托　书

问题思考：

××施工单位在施工过程中，务工人员未戴安全帽被掉落下来的砖块砸伤了头。务工人员要施工单位进行赔偿，可施工单位却以务工人员自己未遵守安全作业要求为由拒绝。务工人员想状告施工单位，却无力写出诉讼状，这时有朋友出主意说委托律师代理打官司。

可务工人员又为这份委托书犯了愁。

一、基础知识

1. 委托书的含义和作用

委托书是委托他人代表自己行使合法权益，被委托人在行使权利时需出具委托人的法律文书。委托人不得以任何理由反悔委托事项，被委托人如果做出违背国家法律法规的任何权益，委托人有权终止委托协议。在委托人委托书上的合法权益内，被委托人行使的全部职责和责任都将由委托人承担，被委托人不承担任何法律责任。

委托书常常是委托他人代行自己的职责，一旦委托行为产生就具有法律效力，又称授权委托书、委托合同。

2. 委托书的特点

（1）委托合同是一种承诺合同，当委托人将自己的事务托付他人办理时，被委托人做出允许才可达成合意。自被委托人做出允诺之时，委托即告成立。

（2）委托合同可以是无偿单务合同，也可以为双方有偿合同。凡属于民事日常生活与活动的事务，通常为无偿单务委托合同。只有在法律规定或当事人约定要支付报酬的情况下，委托合同方成为有偿双务合同。

（3）委托合同的标的是处理事务的行为，委托合同只强调以事务为目的，而不以完成事务且有成果为要件。委托合同不适用于具有人身性质的行为和履行人身性质的债务的行为。

3. 委托书的种类

委托广泛存在于我们的社会生活中，委托书的种类和委托关系多种多样。根据文书的性质，委托书可分为民事代理授权委托书和诉讼代理授权委托书，这两种委托书也是日常生活中运用较广的两种。

（1）民事代理授权委托书。民事代理授权委托书是指当事人把代理权授予委托代理人的一种法律关系。民事代理授权委托书是指民事法律行为过程中，存在有授权委托的法律文书。这类委托书以契约形成，将个人的某些权利委派于他人身上。

（2）诉讼代理授权委托书。诉讼代理授权委托书是在诉讼中，委托代理人取得诉讼代理资格，为被代理人进行诉讼的证明文书，其记载的内容主要包括委托事项和代理权限，并由委托人签名或盖章。

二、委托书的结构和写法

委托书一般由首部、正文、署名和日期三部分构成。

1. 首部

（1）标题。委托书的标题很简单，主要有三种写法：一是直接写文种“委托书”，这是最常见的写法；二是事由加文种，如“房屋托管授权委托书”；三是以副标题形式将授权委托的内容加在主标题之下，如“委托书——三菱剃须刀销售代理”。

（2）委托人和受托人的基本情况。在授权委托书的标题下面左下方空两格处，用“委托人”或“受托人”（委托代理人）的字眼标注。写明委托人和受托人的姓名（或名称)、国籍、住址（或营业地址）等基本情况。

如果是自然人，要写清楚姓名、性别、年龄、民族、籍贯、职业、工作单位、住址等；如果委托人是法人的，则应写明法人的全称、地址、邮政编码、法定代表人或主要负责人姓名、职务、电话等。

如果有多个委托人或受托人，应当分别写明，并由各个当事人分别签名或盖章。未经授权的代理人，不得代为签字。如果有关当事人是法人代表，应当由法人代表或其授权的代理人签字，并加盖公章。

一般是委托人基本情况写在前，受托人的基本情况写在后。

2. 正文

正文是委托书的内容，一般采用条款形式。委托条款尽量详尽准确，以免发生争议；还应明确委托人委托办理事务的具体内容和受托人的权限范围。主要有以下内容：

(1) 法律依据。在正文开头写明委托的法律依据，一般常用以下语句："根据法律规定，委托人×××自愿委托××，并经其同意为受委托人。"

(2) 委托事项。说明委托代理的事项，是房屋管理、办理诉讼案件、办理工商登记还是签订合同。

(3) 委托的权限范围。这是代理人实施代理行为有效的依据，代理的权限规定一定要清楚、明确，如"受托人不具有转委托权""委托人有权代理当事人承认、变更、放弃诉讼要求"等。

(4) 当事人双方的权利和义务。委托人将依据法律承担受托人代理事务所发生的法律后果和法律责任。受托人要依照委托人的意愿尽最大努力实现委托人要达到的结果，在办理事务时，要维护委托人的合法权益。双方的权利与义务，应根据委托事项的需要，详细拟订。

(5) 委托的报酬及报酬支付方式。当委托为有偿时，委托人应向受托人支付报酬，双方应根据代理的项目、代理的难易程度、所涉及的专业知识多少、技术复杂性及相关法律规定和常规来决定报酬的多少。

(6) 委托履行的期限、地点和方式。与其他合同相比，委托书也有相应的履行期限、地点、方式和条款，是当事人明确在何时、何地、如何恰当地履行合同。委托的期限一定要写明起止时间，否则会引起争议。

(7) 违约责任及争议解决。当委托人或受托人不履行或不适当履行委托书所规定的义务时，应当依据法律规定承担违约责任。双方当事人应就什么事项属于违约，违约事项出现后应当如何处理都要达成协议。当合同发生争议时，双方当事人可选择协商、调解、仲裁、法院审理等方式解决。

(8) 委托的终止。委托书应对终止的情形进行规定。根据《合同法》第四百一十条的规定，委托人或受托人可随时解除委托合同。因解除合同给对方造成损失的，除不可归责于当事人的事由以外，应当赔偿损失。

3. 署名和日期

署名和日期又统称为落款。在委托书最后，委托人和受托人要签名盖章，并签写委托成立的日期（年、月、日）。位置在右下方，与其他应用文的落款相同。

三、阅读与分析

1. 范文评析

【例文 1】

委 托 书

委托人姓名：________性别：__________身份证号码：______________

受托人姓名：________性别：__________身份证号码：______________

我拥有位于________市________区________路________花园________栋________的房产，现委托________为我的代理人，代理人可以我的名义在代理期限：____年____月____日至____年____月____日内，代理如下事项：

一、全权办理出租上述房产有关手续，代为签署上述房产租赁合同、收取租金，代理人有权选择承租方并确定租赁价格。

二、管理上述房产，代为支付该房产有关水、电、物业管理、煤气、有线电视、电话、网络以及相关费用。

三、以上述房产为抵押办理贷款，代为签署借款合同、抵押合同等以及借款借据及其他相关文件，收取借款款项。

四、到国土部门办理上述房产的抵押登记手续。

五、全权办理提前还清上述房产贷款（即赎楼）手续，代办抵押登记注销手续、领取房地产证等产权证明，有权递件、取件，在有关文件上签字。

六、全权办理上述房产的有关转让手续，代为签署房产转让合同并收取售房款，在有关文件上签字。

七、办理上述房产的房款资金监管协议及收取资金监管协议中的房款，签署相关文件。

八、到国土部门查询上述房产产权资料、办理过户登记等手续。

九、全权办理所转让上述房产的水、电、物业管理、煤气、有线电视、电话、网络费及其他相关过户、销户手续。

委托代理人在其权限范围及代理期限内签署的一切有关合法文件及办理的相关手续，我均予以承认。

委托代理人（有/无）转委托权。

委托人（签字、捺指印）：

××××年××月××日

评析：

(1) 这是一份民事代理授权委托书，要素齐全，写法规范。

(2) 条理清晰，内容一目了然。

(3) 结尾有明确责权表态，显得郑重严肃。

【例文 2】

民事诉讼代理授权委托书

委托人：××市××经济贸易有限公司

地址：××市××区××路××号

法定代表人：彭××，职务：经理

受托人：马××，××律师事务所律师

电话：×××××××××

现委托上述受托人在我方与××市××运输公司因运输合同纠纷一案中，作为我方一般授权诉讼委托人。

代理人马××的代理权限为：代为调查、取证、答辩、出庭应诉。

委托人：××市××经济贸易公司

（盖章）

××××年××月××日

评析：

(1) 要素齐全，写法规范。

(2) 委托事宜简洁明确，权限清楚。

2. 案例分析

委 托 书

本公司__________，因为工作的需要，因为公司业务发展的长期合作的需要，准备特派和委托本公司（职位）（陈______）代理本公司关于__________方面的业务工作。平时，我们这块业务是由原来的小张代理，现在因为小张请假了，只好特派陈________前来顶替和使用。

特此证明。

委托人：

评析：

（1）文种模糊不清，究竟是委托书还是证明信不明晰。“特此证明”此处不适宜。

（2）逻辑关系混乱，语言表达错误，如“前来顶替和使用”用词不当。

（3）委托内容、委托权限不明确。受托人“陈____”到底代理该公司“____方面的业务工作”的具体内容是什么，以及代理期限是多久，文中均未提及。

（4）语言表述多余、啰唆，如“因为工作的需要”与“因为公司业务发展的长期合作的需要”等，且交代派“陈____”的原因是由于小张请假，这跟本委托书一点关系都没有，完全可以省略。

四、情景写作训练

××市装饰公司由张三与张四两兄弟打拼发展而来，凭着该公司的良好信誉和人脉，业务增多，生意越来越好。可张三此时却认为自己所获取的分成与公司利润、自己的劳动付出不成比例，要求与张四重新确定分配比例，张四不允。张三一气之下，委托代理人帮自己打官司，状告张四。

请你帮张三写一份诉讼代理人的委托书。

第四节　建设工程安全技术交底

问题思考：

某建筑工地上，工人们热火朝天地工作着。工程项目部负责人在整个工地视察，当他走到回填土位置时，去年被评为“优秀员工”的李元正在卖力地操作打夯机。李元一边与负责人打招呼，一边工作着，负责人端详了一阵，脸色一沉，勒令李元停下，大声质问道：“你穿的什么鞋子？怎么只有你一人操作打夯机，其他人呢？”然后要求再来一人与李元一起操作打夯机。

你知道李元为什么挨批评吗？负责人的批评有道理吗？

一、基础知识

1. 安全技术交底的含义

安全技术交底是指生产负责人在生产作业前对直接生产作业人员进行的该作业的安全操作规程和注意事项的培训，并通过书面文件方式予以确认。建设项目中，分部（分项）工程在施工前，项目部应按批准的施工组织设计或专项安全及施工措施方案，向有关人员进行安全技术交底。

施工作业前，项目技术负责人必须对操作班组及人员进行书面安全技术交底；施工作业过程中，项目技术负责人、项目安全（质量）管理人员和监理人员应在现场随时进行监督检查，发现问题应及时整改；施工作业完成后，凡涉及验收的项目，施工项目部和监理项目部有关技术人员应组织验收并填写相关检查用表，验收合格后方可进行下一道工序的施工。同时，施工企业安全生产管理部门和监理单位应加强对专项安全施工方案实施情况的监督检查，确保项目部严格按照规范标准和批准的专项安全施工方案进行实施。施工现场发生变化需要调整安全专项施工方案时，应按规定程序调整安全专项施工方案。

2. 安全技术交底的作用

安全技术交底相关规定要求，工程项目负责人应向参加施工的各类人员认真进行安全技术措施交底，使大家明白工程施工特点及各时期安全施工的要求，这是贯彻施工安全措施的关键。

（1）细化、优化施工方案。从施工技术方案选择上保证施工安全，让施工管理、技术人员从施工方案编制、审核上将安全放到第一的位置。

（2）让一线作业人员了解和掌握该作业项目的安全技术操作规程和注意事项，减少因违章操作而导致事故的可能。

（3）严格意义上讲，项目施工中的重要环节，不做交底不能开工。

二、建设工程安全技术交底的主要内容

安全技术交底主要包括两个方面的内容：一是在施工方案的基础上按照施工的要求，对施工方案进行细化和补充；二是要将操作者的安全注意事项讲清楚，保证作业人员的人身安全。安全技术交底工作完毕后，所有参加交底的人员必须履行签字手续，施工负责人、生产班组、现场专职安全管理人员三方各留执一份，并记录存档。

安全技术交底内容详细体现为：分项工程概况；施工准备、作业面准备、工具准备、劳动力准备、安全设施准备、对设备和机具的要求；操作流程、操作工艺及要点；根据工程实际，编写有针对性、能有效指导施工的安全技术措施内容；文明施工、环保要求等。

1. 从建筑或安装工程整体考虑。土建工程首先考虑施工期内对周围道路、行人及邻近居民、设施的影响，采取相应的防护措施（全封闭防护或部分封闭防护）；平面布置应考虑施工区与生活区分隔、施工排水、安全通道，以及高处作业对下部和地面人员的影响；临时用电线路的整体布置、架设方法；安装工作中的设备、构配件吊运，起重设备的选择和确定，起重半径以外安全防护范围等。复杂的吊装工程还应考虑视

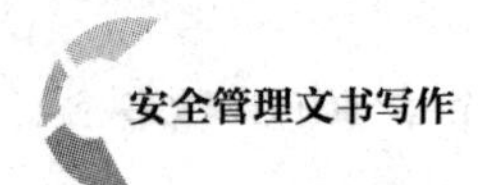

角、信号、步骤等细节。

2. 对深基坑、基槽的土方开挖。首先应了解土壤种类，选择土方开挖方法，放坡坡度或固壁支撑的具体做法，总的要求是防坍塌。人工挖孔桩基础工程还须有测毒设备防中毒措施。

3. 30 米以上脚手架或设置的挑梁，大型砼模板工程还应进行架体和模板承重强度、荷载计算，以保证施工过程中的安全。同时这也是确保施工质量的前提。

4. 安全平网、立网的架设要求。架设层次段落，如一般民用建筑工程的首层、固定层、随层（操作层）安全网的安装要求。事故的发生往往出在随层，所以做好严密的随层安全防护至关重要。

5. 龙门、井架等垂直运输设备的拉结、固定方法及防护措施，其不安全，将严重影响工期甚至造成群伤事故。

6. 施工过程中的“四口”防护措施，即楼梯口、电梯口、通道口、预留洞口应有防护措施。如楼梯、通道口设置 1.2 米高的防护栏杆并加装安全立网；预留孔洞应加盖；大面积孔洞，如吊装孔、设备安装孔、天井孔等应加周边栏杆并安装立网。

7. 交叉作业应采取隔离防护。如上部作业应满铺脚手板，外侧边沿应加挡板和网等防物体下落措施。

8. “临边”防滑措施。施工中未安装栏杆的阳台（走台）周边、无外架防护的屋面（或平台）周边、框架工程楼层周边、跑道（斜道）两侧边、卸料平台外侧边等均属于临边危险地域，应采取防人员和物料下落的措施。

9. 施工过程中与外电线路发生人员触电事故屡见不鲜。当外电线路与在建工程（含脚手架具）的外侧边缘与外电架空线的边线之间达到最小安全操作距离时，必须采取屏障、保护网等措施。如果小于最小安全距离时，还应设置绝缘屏障，并悬挂醒目的警示标识。

根据施工总平面的布置和现场临时用电需要量，制定相应的安全用电技术措施和电气防火措施，如果临时用电设备在 5 台及 5 台以上或设备总容量在 50 千瓦及 50 千瓦以上者，应编制临时用电组织设计。

10. 施工工程、暂设工程、井架门架等金属构筑物，凡高于周围原有避雷设备，均应有防雷措施，如井架、高塔的接地深度、电阻值必须符合要求等。

11. 对易燃易爆作业场所必须采取防火防爆措施。

12. 季节性施工的安全措施。如夏季防止中暑措施，包括降温、防热辐射、调整作息时间、疏导风源等措施；雨季施工要制定防雷防电、防坍塌措施；冬季防火、防大风等。

安全技术措施编制内容不拘一格，按其施工项目的复杂、难易程度、结构特点及施工环境条件，选择其安全防患重点，但施工方案的通篇必须贯彻“安全施工”的原则。为了进一步明确编制施工安全技术措施的重点，根据多发性事故的类别，应抓住以下 6 种伤害制定相应的防治措施，内容要翔实，有针对性：一是高空坠落，二是物体打击，三是坍塌，四是触电，五是机械伤害，六是中毒事故。

三、安全技术交底的编制要求与注意事项

1. 编制要求

安全技术交底编制人员是施工过程的设计师，必须树立“安全第一”的思想，从会审图纸开始就必须认真考虑施工安全问题，尽可能地不给施工和操作人员留下隐患。编制人员应当充分掌握工程概况、施工工期、场地环境条件，根据工程的结构特点，科学地选择施工方法、施工机械、交配电设施及临时用电线路架设，合理地布置施工平面图。

安全技术交底设计施工的各个环节，因此，编制人员应当了解施工安全的基本规范、标准及施工现场的安全要求，如《建筑安装工程安全技术规范》《建筑施工高处作业安全技术规范》《施工现场临时用电安全技术规范》《建筑施工安全检查评分标准》等。如果是采用滑模工艺或其他特殊工艺施工，还必须熟悉《液压滑动模板施工安全技术规程》和相应的专业技术知识以后，才能在编制施工方案时确立工程施工安全目标，使措施通过现场人员的认真贯彻达到目标要求。

在编制过程中，编制人员还必须了解施工工程内部及外部给施工带来的不利因素，通过综合分析后，制定具有针对性的安全施工措施，使之起到保证施工进度，确保工程质量和安全、科学、合理、有序的指导施工的作用。

2. 注意事项

（1）交底程序。项目部负责人作现场总交底，分部、分项工程交底由技术主管向生产副经理或栋号长、工长交底，栋号长、工长向劳务队长或班组长交底，班组长依据书面交底口头向施工人员进行交底。交底完成后，所有交接人员必须在交底表背面签字并交由项目部安全管理员存档。

（2）安全技术交底的执行原则。安全技术交底的执行原则是谁交底谁负责监控交底的运行情况，做到及时跟踪检查。安全技术交底必须根据工程实际需要编写，由交底人填写齐全，并一式多份，其中交底人、接交底人、安全员必须人手一份。

同时要经常检查安全措施的贯彻落实情况，纠正违章，使措施方案始终得到贯彻执行，达到既定的施工安全目标。

四、阅读与分析

1. 范文评析

安全技术交底表式样

安全技术交底		编号	××××
工程名称	××××××	交底日期	××××年×月×日
施工单位	××××××	分项工程名称	钢筋作业
交底提要	××××××××		

交底内容：

一、基本要求

（一）进入施工现场人员必须正确戴好合格的安全帽，系好下颚带，锁好带扣。

（二）作业时必须按照规定正确使用个人防护用品，着装要整齐，严禁赤脚和穿拖鞋、高跟鞋进入施工现场。

（三）在没有可靠安全防护设施的高处（2米以上含2米）和陡坡施工时，必须系好合格的安全带，安全带要系挂牢固，高挂低用，同时高处作业不得穿硬底和带钉易滑的鞋，穿防滑胶鞋。

（四）新进场的作业人员，必须首先参加入场安全教育培训，经考试合格后方可上岗，未经教育培训或考试不合格者，不得上岗作业。

（五）从事特种作业的人员，必须持证上岗，严禁无证操作，禁止操作与自己无关的机械设备。

（六）施工现场禁止吸烟，禁止追逐打闹，禁止酒后作业。

（七）施工现场的各种安全防护设施、安全标识等，未经领导及安全员批准严禁随意拆除和挪动。

二、钢筋绑扎

（一）绑扎基础钢筋，应按规定安放钢筋支架、马镫，铺设走道板（脚手板）。

（二）在高处（2米以上含2米）绑扎立柱和墙体钢筋时，不得站在钢筋骨架上或攀登骨架上下，必须搭设脚手架或操作平台和马道。脚手架应搭设牢固，作业面脚手板要满铺、绑牢，不得有探头板、非跳板，临边应搭设防护栏杆和支挂安全网。

（三）绑扎圈梁、挑梁、挑檐、外墙和边柱等钢筋时，应站在脚手架或操作平台上作业。

（四）脚手架或操作平台上不得集中码放钢筋，应随使用随运送，不得将工具、箍筋或短筋随意放在脚手架上。

（五）严禁从高处向下方抛扔或从低处向高处抛掷物料。

（六）在高处楼层上拉钢筋或钢筋调向时，必须事先观察运行上方或周围附近是否有高压线，严防碰触。

（七）绑扎钢筋的绑丝头，应弯回至骨架内侧，暂停绑扎时，应检查所绑扎的钢筋或骨架，确认连接牢固后方可离开现场。

（八）六级以上强风和大雨、大雪、大雾天气必须停止露天高处作业。在雨、雪后和冬季，露天作业时必须先清洗水、雪、霜、冰，并采取防滑措施。

（九）要保持作业面道路通畅，作业环境整洁。

（十）作业中出现不安全险情时，必须立即停止作业，撤离危险区域，报告领导解决，严禁冒险作业。

三、钢筋加工

（一）冷拉

1. 作业前，必须检查卷扬机丝绳、地锚、钢筋夹具、电气设备等，确认安全后方可作业。

2. 冷拉时，应设专人值守，操作人员必须位于安全地带，钢筋两侧3米以内及冷拉线两端严禁有人，严禁跨越钢筋和钢丝绳，冷拉场地两端地锚以外应设置警戒区，装设防护挡板及警告标识。

3. 卷扬机运转时，严禁人员靠近冷拉钢筋和牵引钢筋的钢丝绳。

续表

4. 运行中出现滑脱、绞断等情况时，应立即停机。 5. 冷拉速度不宜过快，在基本拉直时应稍停，检查夹具是否可靠，严格按安全技术交底要求控制伸拉直。 6. 冷拉完毕，必须将钢筋整理平直，不得相互乱压和单头挑出，未拉盘筋的引头应盘住，机具拉力部分均应放松再装夹具。 7. 维修或停机，必须切断电源，锁好窗门。 （二）切断 1. 操作前必须检查切断机刀口，确定安装正确，刀片无裂纹，刀架螺栓紧固，防护罩牢靠，空运转正常后再进行操作。 2. 钢筋切断应在调直后进行，断料时要紧握钢筋，螺纹钢一次只能切断一根。 3. 切断钢筋，手与刀口的距离不得小于15厘米。断短料手握端小于40厘米时，应用套管或夹具将钢筋短头压住或夹住，严禁用手直接送料。 4. 机械运转中严禁用手直接清除刀口附近的断头和杂物，在钢筋摆动范围内和刀口附近，非操作人员不得停留。 5. 作业时应摆直、紧握钢筋，应在活动切口后退时送料入刀口，并在固定切刀一侧压住钢筋，严禁在切刀向前运动时送料，严禁两手同时在切刀两侧握住钢筋俯身送料。 6. 发现机械运转异常、刀片歪斜等，应立即停机检修。 7. 作业中严禁进行机械检修、加油、更换部件，维修或停机时，必须切断电源，锁好箱门。 （三）弯曲 1. 工作台和弯曲工作盘台应保持水平，操作前应检查芯轴、成型轴、挡铁轴、可变挡架有无裂纹或损坏，防护罩牢固可靠，经空运转确认正常后，方可作业。 2. 操作时要熟悉倒顺开关控制工作盘旋转的方向，钢筋放置要和挡架、工作盘旋转方向相配合，不得放反。 3. 改变工作盘旋转方向时，必须在停机后进行，即从正转—停—反转，不得直接从正转—反转或从反转—正转。 4. 弯曲机运转中严禁更换芯轴、成型轴和变换角度及调速，严禁在运转时加油或清扫。 5. 弯曲钢筋时，严格依据使用说明书要求操作，严禁超过该机对钢筋直径、根数及机械转速的规定。 6. 严禁在弯曲钢筋的作业半径内和机身不设固定销的一侧站人。 7. 弯曲未经冷拉或有锈皮的钢筋时，必须戴护目镜及口罩。 8. 作业中不得用手清除金属屑，清理工作必须在机械停稳后进行。 9. 检修、加油、更换部件或停机，必须切断电源，锁好箱门。 四、钢筋运转 （一）作业前应检查运输道路和工具，确认安全。 （二）搬运钢筋人员应协调配合，互相呼应。搬运时必须按顺序逐层从上往下取运，严禁从下抽拿。 （三）运输钢筋时，必须事先观察运行上方或周围附近是否有高压线，如果有则严禁碰触。 （四）运输较长钢筋时，必须事先观察清楚周围的情况，严防发生碰触。 （五）使用后推车运输时，应平稳推行，不得抢跑，空车应让重车。卸料时，应设挡掩，不得撒把倒料。 （六）使用汽车运输，现场道路应平整坚实，必须设专人指挥。 （七）用塔吊吊运时，吊索具必须符合起重机械安全规程要求，短料和零散材料必须要用容器吊运。 五、成品码放 （一）严禁在高压线下码放材料。 （二）材料码放场地必须平整坚实，不积水。 （三）加工好的成品钢筋必须按规格尺寸和形状码放整齐，高度不超过150厘米，并且下面要垫枕木，标识清楚。 （四）弯曲好的钢筋码放时，弯钩不得朝上。 （五）冷拉过的钢筋必须将钢筋整理平直，不得相互乱压和单头挑出，未拉盘筋的引头应盘住。

续表

<table>
<tr><td colspan="6">（六）散乱钢筋应随时清理堆放整齐。
（七）材料分堆分垛码放，不可分层叠压。
（八）直条钢筋要按捆成行叠放，端头一致平齐，应控制在三层以内，并且设置防倾覆、滑坡设施。
注：班组长在给施工人员书面或口头交底后，所有接受交底人员在交底书最后一页的背面签字后转交给工地安全员存档。
补充内容（包括以下几点内容，由交底人员负责编写）：
1. 使用工具；2. 涉及的防护用品；3. 施工作业程序；4. 安全技术规范；5. 作业环境要求和危险区域告知；6. 旁站部位及要求；7. 使用新材料、新设备、新技术的安全措施；8. 其他要求。</td></tr>
<tr><td>审核人</td><td></td><td>交底人</td><td></td><td>接受交底人</td><td></td></tr>
</table>

1. 本表头由交底人填写，交底人与接受交底人各保存一份，安全员一份；

2. 当作分部、分项施工作业安全交底时，应填写“分部、分项工程名称”栏；

3. 交底提要应根据交底内容把交底重要内容写上。

评析：

（1）本安全技术交底采用表格样式，将安全技术交底涉及的工程、编号、施工单位、分项目、交底日期、交底双方等内容清楚说明。

（2）全面、细致地介绍了分项——钢筋作业涉及的各个安全技术方面内容，如上岗前的安全要求；上岗中的钢筋绑扎、钢筋加工、钢筋运转和钢筋码放等的安全要求。

2. 案例分析

吊顶作业安全技术交底

1. 作业人员进入施工现场必须戴安全帽，系好下颚带，锁好带口；严禁赤背、穿拖鞋。

2. 作业人员严禁酒后作业，严禁吸烟，禁止追逐打闹。

3. 登高（2 米以上含 2 米）作业时必须系合格的安全带，系挂牢固，高挂低用，应穿防滑鞋，应把手头工具放在工具袋内。

4. 施工中使用的电动工具及电气设备，均应符合国家现行标准《施工现场临时用电安全技术规范》（JGJ 46—2005）的规定；施工中所用的电动工具及电气设备的安装必须由专业电工完成。

5. 脚手架搭设应符合现行地方标准。脚手架上置放重量不得超过规定荷载，脚手板应固定，不得有探头板。

6. 施工中使用的各种工具（高梯、条凳等）、机具应符合相关规定要求，利于操作，确保安全。

在高处作业时，上面的材料码放必须平稳可靠，工具不得乱放，应放入工具袋内。

7. 施工时，高处作业所用工具应放入工具袋内，地面作业工具应随时放入工具箱内。

8. 使用电、气焊等明火作业，应清除周围及焊渣溅落区的可燃物，并设专人监护。

9. 截割玻璃应在房间内进行。边角余料要集中堆放，并及时处理。

10. 人工搬运玻璃时应戴手套或垫上布、纸，散装玻璃运输必须采用专门夹具（架）。玻璃运抵现场后应直立堆放，不得水平摆放。

11. 使用高凳必须结实，高度不超过 1.5 米，超过时支搭脚手架，使用高梯子高度不超过 2 米，角度为 60 度～70 度，两腿之间用钢丝绳拉接，人不允许在楼顶作业，使用移动式架子要稳固，作业面四周有护栏。每天做到“活完料尽下清”，安装时要按程序将每个配件固定好，2 公斤（含）以上的材料必须两人同时搬运，严禁私自拆除任何防护设施。

评析：

（1）无“安全提要”。

（2）缺少“施工人员在入场前必须经入场教育考试后方可上岗作业”的说明。

五、情景写作训练

××建筑公司××项目一期建设基本完工，为加强工程建设各阶段施工安全和质量管理，保证工程项目最终顺利地完成目标，根据××项目一期工程的实际情况，要进行拆除工程作业这一最后项目。

请你为××建筑公司拟写一份拆除工程作业的安全技术交底。

第五章
安全生产监督检查文书

学习目标

知识目标：

• 了解安全生产检查文书和安全生产监督文书的含义、种类、行文基本规则等基本知识。

• 掌握安全生产检查文书和安全生产监督文书各文种的基本格式和写作方法。

• 理解安全生产检查文书和安全生产监督文书的区别。

能力目标：

• 能说明安全生产检查文书和安全生产监督文书各文种的结构。

• 能在具体工作中正确写作安全生产检查文书和安全生产监督文书各文种。

重点与难点

• 安全生产检查文书和安全生产监督文书各文种的基本结构。

• 安全生产检查文书和安全生产监督文书各文种的写作条件。

第一节　安全生产检查文书

问题思考：

小孟是某安全生产监督管理部门新进大学毕业生，为增长见识和增加磨炼，他主动要求参加对××建筑公司的安全生产检查；检查中，部门负责人要求其对检查中发现的行为和事故隐患进行记录，他却不知所措。负责人很生气。

小孟觉得丢人，决心之后好好学习一下安全生产现场检查记录的写作知识。请你建议他应从哪些方面入手。

一、基础知识

任何生产过程都会伴随一定的不安全因素。为减少生产安全事故的发生，就必须预先查找各种不安全因素，制定相应的防范措施。使用安全检查表进行安全检查就是发现不安全因素的方法之一。

安全检查的有效工具之一是安全检查表，它是为检查某些系统的安全状况而事先制定的问题清单。按照安全检查表进行安全检查，可提高检查质量，防止漏掉主要的不安全因素（危险因素）。例如，气柜安全检查表如表5—1所示。

表5—1　　　　气柜安全检查表

序号	评价内容标准	评价标准	满分	检查得分
1	气柜各节及柜顶无泄漏	一处泄漏扣2分	10	
2	各节水封槽保持满水，水槽保持少量溢流水	一节不符合扣5分	20	
3	导轮、导轨运行正常，油盖有油	达不到要求不得分	20	
4	各节之间防静电连接完好、可靠	不符合要求不得分	10	
5	接地线完好无损，电阻不大于10欧	达不到要求不得分	10	
6	配备可燃性气体检测报警器，定期校验，保证完好	一个不好不得分	10	
7	高低液位报警准确完好	一个不准确不得分	20	
合计			100	

二、几种典型的检查文书及结构

1. 安全检查工作通知

（1）标题。与其他公文一样，安全检查工作布置通知的标题一般位于公文首页间隔线之下，用2号小标宋体字排布。字数较多时可分行排列成等长形、上短下长的宝塔形或菱形。标题要做到词意完整，排列对称，长短适宜，间距恰当，分行时不可拆分人名、地名、词、词组，“的”字不能置于行首。

标题一般由发文机关名称、发文事由和文种名称组成，如“××区人民政府××路办事处关于开展安全生产大检查的通知”。有的标题省略发文机关名称，如“关于开展安全生产大检查的通知”。

（2）主送机关。主送机关是主要受理公文的机关名称，位于标题下空一行，左顶格用3号仿宋字，后加冒号。

（3）正文。位于主送机关名称下1行，每自然段左空2中文字格，回行顶格。安全检查工作布置通知的正文，需写明检查工作的目的，检查的对象、内容、时间安排，实施检查人员安排等事项。

2. 安全生产现场检查记录

（1）安全生产现场检查记录的含义。《安全生产现场检查记录》是安全生产监督管理部门在法律授予的职权范围内，依照法定程序开展检查或者调查的情况笔录，是实施行政处罚的重要依据，也是行政诉讼活动中的重要证据。《安全生产现场检查记录》（以下简称《现场检查记录》）是安全生产行政执法文书中使用频率最多的一种，正确填写《现场检查记录》，是做好安全生产监管工作的一个重要环节。

（2）《安全生产现场检查记录》的作用：

1）《现场检查记录》是法定形式的证据之一。《行政诉讼法》规定："证据有以下几种：（一）物证；（二）书证；（三）视听资料；（四）证人证言；（五）当事人的陈述；（六）鉴定结论；（七）勘验、检查笔录。"《现场检查记录》它具有书证的一般特征，也具有客观性、规范性、事前性等特点。在安全生产行政执法中，《现场检查记录》可以证明生产经营企业主要违法事实或某一部分事实。

2）《现场检查记录》是立案调查的重要来源之一。安全生产行政执法的"案件来源"主要有执法检查、群众举报和接交移送等几种形式。《安全生产违法行为行政处罚办法》规定："除依照简易程序当场作出的行政处罚外，安全监管监察部门发现生产经营单位及其有关人员有应给予行政处罚行为的，应当予以立案，填写立案审批表，并全面、客观、公正地进行调查，收集有关证据。对确需立即查处的安全生产违法行为，可以先行调查取证，并在5日内补办立案手续。"

现场检查后形成的《现场检查记录》是依法收集事实证据的一种方式。《行政处罚法》规定："除本法规定的可以当场作出的行政处罚外，行政机关发现公民、法人或者其他组织有依法应当给予行政处罚的行为的，必须全面、客观、公正地调查，收集有关证据；必要时，依照法律、法规的规定，可以进行检查。"《安全生产违法行为行政处罚办法》指出，"询问或者检查应当制作笔录"。

3）《现场检查记录》是行政执法人员履职情况的真实记录。《安全生产法》规定："县级以上地方各级人民政府应当根据本行政区域内的安全生产状况，组织有关部门按照职责分工，对本行政区域内容易发生重大生产安全事故的生产经营单位进行严格检查；发现事故隐患，应当及时处理。"进行现场检查，能够有效实施安全生产监管，形成的《现场检查记录》也能反映安全生产监管机关和执法人员的履职情况。《安全生产法》规定："安全生产监督检查人员应当将检查的时间、地点、内容、发现的问题及其处理情况，作出书面记录。""检查的时间、地点、内容"反映了检查的基本情况，"发现的问题及其处理情况"反映了检查的效果，可据此判断执法人员是否履行了法定职责，是否有渎职行为等。

4）《现场检查记录》现场制作并有签名，可以起到有效的证明作用。《安全生产违法行为行政处罚办法》规定，询问或者检查应当制作笔录。笔录应当记载时间、地点、询问和检查情况，并由被询问人、被检查单位和安全生产行政执法人员签名或者盖章；被询问人、被检查单位要求补正的，应当允许。被询问人或者被检查单位拒绝签名或者盖章的，安全生产行政执法人员应当在笔录上注明原因并签名。

5）《现场查检记录》也是指导生产经营企业改正问题、加强管理的重要资料，还是开展复查时了解生产经营企业的参考资料。

（3）《现场检查记录》制作中应当注意的几个问题。国家安全生产监督管理总局《关于印发〈安全生产行政执法文书（式样）〉的通知》（安监总政法〔2010〕112号），对36种安全生产行政执法文书格式做出了明确规定。

1）正确记载检查内容。《安全生产法》规定，“安全生产监督检查人员应当将检查的时间、地点、内容、发现的问题及其处理情况，作出书面记录，并由检查人员和被检查单位的负责人签字”。被检查单位的负责人签字，表示认可检查内容和结果的正确性。

2）完整记录检查内容。要写明检查的日期和起止时间，检查地点要写明街道或村组及门牌号、小地名，或通过选择参照物的方式确定具体地点。当事人身份填写要详细，执法证号码填写完整。要将现场处置措施记清楚，对于紧急的危险源，行政执法人员应当采取现场处理措施或者强制措施，这些现场处理措施，也应当加以记载。要将被检查单位对检查的意见注明：同意的要表述出“以上内容属实”，不同意的要说明理由，并要签名或盖印章。被调查人拒绝在笔录上签字的，行政执法人员要在笔录上写明“当事人拒绝签字”字样，并写明拒签的理由，并让在场见证人签字或盖印章。

3）客观描述检查的情况。对生产经营单位现场检查中发现的各种客观情况，《现场检查记录》应该客观描述，不作评论、推断，不得随意取舍和歪曲，要准确记录与违法事实有关的物品数量、形态，以及违法场所，使用的方位、距离、重量、大小等尽可能准确。

4）注意与相关证据配合。在制作现场检查笔录时，要注意同时收集相关证据材料以及掌握证据信息，防止证据消失，或被恶意销毁。对一些场景需要摄影、录像或者通过绘图的方式将情况真实反映出来。

3. 安全生产自查报告

（1）安全生产自查报告的含义。安全生产自查报告，本质上是企事业单位关于安全生产自我检查、自我纠正、自我改进工作的总结报告。

（2）安全生产自查报告的结构。安全生产自查报告的写法，与单位其他工作总结报告类似，内容主要是关于单位安全生产自查自纠方面的工作。

1）标题。自查报告标题一般采用公文式标题，如《××局关于安全生产自查的报告》《××公司关于安全生产自查自纠工作的报告》。

2）正文。正文由前言、主体和落款三部分构成：

①前言。可采用概述式文字，紧扣中心，交代安全生产自查工作的背景、时间、地点、范围和条件等。

②主体。详细叙述安全生产自查工作的情况，比如自查的类别范围、内容、采取的措施等。

③落款。写上单位名称和标明日期。如果在标题上已经表明了单位和日期，落款也可以省略。

4. 安全生产常规检查项目表

安全检查，主要是查思想、查管理、查隐患、查事故处理：

（1）查思想，就是检查企业领导和管理人员是否将职工安全健康放在首位，是否认真执行政策、规范和安全生产方针。

（2）查管理，是检查企业负责人是否将安全与计划、布置、检查、总结、评比同时进行；工程项目中是否实行了“三同时”原则——安全设施设备是否与主体工程同时设计、同时施工、同时投产使用。

（3）查隐患，就是检查生产设备、原材料、劳动条件、安全卫生是否符合要求，是否存在不安全因素或事故隐患，劳动者是否存在不安全行为等。

（4）查事故处理，是检查是否按“四不放过”（事故原因不清楚不放过；事故责任者和群众没有受到教育不放过；没有整改防范措施不放过；责任者和责任领导没受到处理不放过）的原则对事故进行处理。

安全生产常规检查项目如表 5—2 所示。

表 5—2　安全生产常规检查项目表

	类别	内容与要求	责任部门
1	安全管理组织	（1）企业安全管理机构；（2）企业安全管理人员的安全资格证书、培训证书；（3）企业安全管理体系；（4）企业落实监督执法文书的措施	
2	安全规章制度	（1）各级、各部门安全生产责任制，管理制度；（2）各工种、岗位或设备安全操作规程；（3）应急救援预案及其演练记录	
3	安全检查	（1）日常检查及处理情况记录；月度、季度及年度检查记录及处理情况记录；（2）安全检查存在问题及整改情况记录；（3）各专项安全检查的计划安排、检查记录及处理情况	
4	安全教育培训	（1）安全教育培训制度；（2）主要负责人、安全管理人员受教育及继续教育情况；（3）特种作业人员和特种设备作业人员资格证书、受教育情况；（4）“三级安全教育”记录；（5）日常教育培训原始记录	

续表

	类别	内容与要求	责任部门
5	安全投入	（1）全年安全投入计划及专项安全投入计划；（2）安全教育、培训投入情况；（3）隐患整改投入；（4）防护用品方面的投入；（5）安全防护设备、设施方面的投入；（6）安全评价、职业安全健康管理体系建设投入	
6	工伤保险	（1）参加工伤保险员工的名单；（2）企业为员工缴纳保险费的凭证或单据；（3）发生工伤的员工获得工伤保险理赔的凭证或单据；（4）其他与工伤保险相关的文件、凭证或单据	
7	职业病防治	（1）企业产生职业病危害的岗位及可能产生的职业病种类；（2）产生职业病危害预防措施；（3）产生职业病危害的岗位定期检测报告；（4）职业病危害岗位员工身体检查情况；（5）企业内确认为职业病的员工及其身体检查、治疗记录；（6）其他	
8	劳动保护用品	（1）劳动保护用品发放及管理制度；（2）各类防护用品的发放记录；（3）员工使用和佩戴劳动防护用品的记录	
9	“三同时”管理	（1）有关“三同时”项目的资料；（2）“三同时”项目的设计图纸及资料；（3）“三同时”项目的竣工验收报告及资料；（4）其他	
10	安全防护设备管理	（1）各类安全防护设备的种类及型号资料；（2）各类安全防护设备管理部门；（3）安全防护设备运行、维护、保养情况记录；（4）应急救援设备的种类、数量和型号及管理部门、状况等记录；（5）其他与安全防护设备相关的文件、资料和记录	
11	安全用电管理	（1）企业用电管理制度及落实情况；（2）配电室运行记录；（3）临时用电申请、审批及拆除记录；（4）配电设施等运行记录	
12	特种设备管理	（1）特种设备的设计文件、制造单位、产品质量合格证明、使用维护说明等文件以及安装技术文件资料；（2）特种设备的定期检验和定期自行检查的记录；（3）特种设备的日常使用记录；（4）设备及其安全附件、保护装置及有关附属仪器仪表的日常维护保养记录；（5）特种设备运行故障和事故记录	
13	事故管理	（1）事故发生情况；（2）事故调查组成员名单及事故调查的相关会议记录；（3）事故调查收集各类证据；（4）事故分析会记录；（5）按“四不放过”原则进行的原因分析、责任认定和防护措施的相关决定文件；（6）企业月度事故统计报表；（7）其他	

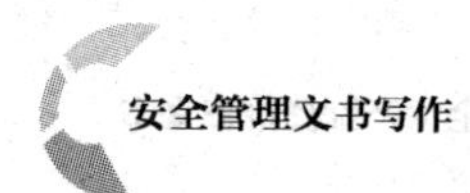

三、阅读与分析

【例文 1】

关于开展安全生产大检查的通知

各科室、管理办、社区：

根据《国务院办公厅关于集中开展安全生产大检查的通知》（国办发明电〔2013〕16 号）、《市政府办公厅关于集中开展安全生产大检查的通知》和区政府《关于开展安全生产大检查的通知》（×政办发〔2013〕14 号）精神，经街道办事处研究，定于 2013 年 6 月中旬至 9 月底，在街道辖区内集中开展安全生产大检查。现就有关事项通知如下：

一、工作目标

通过开展安全生产大检查，排查整治隐患，堵塞安全漏洞，有效防范和坚决遏制重特大事故，推动全区经济社会持续健康发展。

二、总体要求

街道各部门、各社区、各有关单位要力求做到“三不、一到位”：检查不留死角、整改不留后患、全程不走过场、制度健全到位。

三、检查范围

街道辖区内所有地区、行业和领域的生产经营单位和人员密集场所，重点检查道路交通、建筑施工、危险化学品、消防、民爆器材、特种设备、燃气 7 个行业领域。

四、检查内容

（一）机关各部门、管理办，社区、各企事业单位贯彻落实党中央、国务院和省、市、区安全生产工作部署情况。

（二）各企事业单位安全生产主体责任是否落实到位，企业安全生产责任制是否健全完善；各类安全生产制度是否健全完善；加强安全管理、标准化建设、安全科技应用推广、教育培训、持证上岗、应急管理、职业危害防治等安全基础工作是否落到实处。

……

五、实施步骤

（一）自查自纠阶段（6 月 21 日—8 月 1 日）。各生产经营单位于 7 月 10 日前，向属地街道、安监部门填报《企业安全生产报告书》。

（二）督查整改阶段（8 月 1 日—9 月 20 日）。对查出的问题限期整改，跟踪督办，确保隐患整改措施、责任、资金、时限和预案的“五落实”，并在街道范围内通报。

……

附件：××路街道安全生产大检查工作领导小组名单

××区人民政府××路办事处

2013 年 6 月 24 日

评析：

(1) 与公文一样，安全生产检查的通知具备标题、主送机关、正文和落款四部分。

(2) 安全生产检查正文内容全面、具体且准确。前言交代了检查通知的依据和目的，主体包括检查工作的目标、要求、范围、内容和实施步骤。

【例文 2】

安全生产行政执法文书
现场检查记录

被检查单位：________________________________

地址：________________________________

法定代表人（负责人）：________职务：______联系电话：________

检查场所：________________________________

检查时间：____年____月____日____时____分至____日____时____分

我们是________安全生产监督管理局执法人员__________、__________，证件号码为__________、__________，这是我们的证件（出示证件）。现依法对你单位进行现场检查，请予以配合。

检查情况：____

____

____

检查人员（签名）：______________、______________

被检查单位现场负责人（签名）：______________

____年____月____日

共　　页　　第　　页

评析：

结构完整，内容齐全。

【例文 3】

××公司关于安全生产自查工作的报告

为深入贯彻落实上级指示精神，深刻吸取事故教训，落实安全生产责任，强化防范措施，遏制事故发生，公司安委会按照《关于进一步做好安全生产工作的通知》要求，检查安全责任制度落实情况、安全宣传教育和培训情况、落实安全责任和隐患整改情况、应急预案制定和演练情况。具体自查内容如下：

一、安全制度和责任的落实情况

公司的安全生产管理制度备案存档完整，各制度健全，应急预案完整，演练可行，各级干部职工自觉遵守制度和规程内容，无违章现象。……

二、安全宣传教育和培训情况

公司根据上级领导的整体安排，组织开展了多种形式的宣教活动：一是深入开展安全法律教育，宣传和学习《安全生产法》等法律法规；二是……。

三、落实安全责任和隐患整改情况

设备、管道表面清洁，无破损、裂痕，阀门、接头等无“跑冒滴漏”，仪表正常。设备、管道、安全防护装置及平台、爬梯、护栏、支架等的保养维护记录齐全有效。各种安全消防设施配备齐全、合格有效，操作人员按规定穿戴劳动防护用品。有毒有害场所的防护急救用品齐全有效，并进行了定期检查。

四、应急预案制定和演练情况

为防止突发事故的发生，公司安委会小组针对部门员工进行了消防安全学习和漏氯安全学习，模拟了突发火灾消防演练和加氯系统泄漏演练。

××××年×月×日

评析：

（1）标题采用完全式标题，出现了自查报告的单位，故在落款时未列出单位。

（2）正文的前言交代了目的和依据，主体内容分列四项一一说明，翔实且具体。

【例文 4】

安全生产检查项目表

单位名称					
地址					
主要负责人		安全员		电话	
安全生产检查项目				检查情况	
责任制与机构	安全生产责任制的制定情况				
	设置相应的安全管理机构或者配备安全生产管理人员情况				

续表

安全生产检查项目		检查情况
安全生产规章制度	安全生产教育和培训制度的制定情况	
	安全生产检查制度的制定情况	
	具有较大危险因素生产经营场所、设备和设施的安全管理制度的制定情况	
	危险作业管理制度的制定情况	
	劳动防护用品配备和管理制度的制定情况	
	相关的操作规程及其他保障安全生产的规章制度的制定情况	
安全教育培训	从业人员掌握安全生产知识及其职责情况	
	安全生产教育培训内容的落实情况	
	从业人员接受安全教育培训时间落实情况	
	组织安全生产教育和培训相关的记录情况	
	特种作业人员持证上岗情况	
安全生产检查	2008年1月至11月工伤事故情况，发生____起，____人受伤，受伤人数与××××年同期相比，上升或下降的百分比	
	生产安全隐患的整改情况	
	安全生产经常性检查及相关的记录情况	
	特种设备经常性维护、保养和检测情况	
应急预案	生产安全事故应急救援预案的制定情况	
	生产安全事故应急救援预案的演练情况	
安全生产环境	在有较大危险因素的生产经营场所和设备、设施上设置安全警示标识情况	
	生产、生活、储存区域之间保持安全距离情况	
	生产经营场所和员工宿舍的疏散通道、安全出口情况	
	经营场所配备应急照明设施和消防器材情况	
	有关人员具有相应的疏散指挥能力情况	
其他方面	安全生产资金投入或者安全费用使用情况	
	主要负责人履行安全生产职责情况	
存在隐患情况		
隐患整改情况		
现场安全检查意见	检查人员：	

日期：　　　　年　　月　　日

评析：

(1) 常规检查项目齐全，包括检查单位的基本情况、安全生产规章制度、安全教育培训、日常安全生产检查、安全事故的应急措施、安全生产环境及存在的隐患、隐患整改和现场安全检查的意见等内容。

(2) 以表格形式，一目了然。

四、情景写作训练

1. 高校每年放寒、暑假，一般在放假前要进行安全大检查。请为你的学校写作一份寒假前的安全检查通知。

2. 请同学们与学校相关部门协调，对你校进行仔细的安全检查，写一份安全现场检查记录。

3. 请同学们对自己的宿舍楼、过道、逃生通道、消防通道、电梯、寝室的可燃物、天然气（煤气）热水器、电器以及其他方面的安全状况等进行仔细的全面的安全检查，写一份安全自查工作报告。教师可以把同学们的自查报告汇总后，向学校有关部门汇报。

第二节　安全生产监督文书

问题思考：

李铭是一个初进某建筑公司的毕业生，刚参加工作不久，某市建筑局就要对施工现场进行安全大检查。李铭对安全生产检查的各种文书非常陌生，为了更好地配合检查，他决定努力学习一下安全生产涉及的各种监督和检查文书，请你给他建议应学哪些文书。

一、基础知识

1. 安全生产行政执法文书的含义和作用

(1) 含义。行政执法文书是指行政执法机关在执行法律、法规活动中，依照特定的格式，经过一定的处理程序所制成和使用的书面材料。

安全生产行政执法文书是行政执法文书的一种，是指安全生产监督管理部门在执行安全生产法律、法规过程中，依照法定的职权，按照特定的格式，经过规定的程序形成的法律文书。

（2）作用：

1）安全生产行政执法文书是行政执法的重要凭证。行政执法文书作为行政执法的主要载体，它是记录行政执法机关履行法定职责的书面凭证。《安全生产法》《安全生产许可证条例》《危险化学品安全管理条例》等赋予安全生产监督管理部门很多监督管理和行政处罚的职权。安全生产监督管理部门履行法定职责，多以行政执法文书的形式体现。反过来说，检查安全生产监督管理部门是否履行和正确履行了法定职责，往往要通过行政执法文书加以验证。

2）安全生产行政执法文书在行政诉讼中有非常重要的作用。安全行政执法文书具有法定的证据效力。在行政执法活动中发生行政复议、行政诉讼、行政赔偿的时候，正确地使用行政执法文书就显得格外重要，具有法律的证明力。

2. 安全生产行政执法文书的特点

（1）严肃性、合法性。执法文书是依国家赋予的法定职责、法定的执法活动而制作的（是备案的文书），是确认法律行为或有关法律事实真实性和合法性的文书，是“法”的严肃性的具体体现。

（2）强制性、约束性。执法文书是执行国家法律法规的具体行政行为的体现形式，是以国家强制力为保证，有“法”的强制性。这种强制力通过行政执法文书的形式表现出来，对违法者具有拘束力。

行政执法文书具有非常明显的法律约束性。首先要受到实体法和程序法的约束，其次文书制作还要履行一定的法律手续。约束性是对行政执法者和行政行为相对人两方面的约束，执法者要依法行政，行政行为相对人要守法。

（3）程式性、规范性。从行政执法文书的形式来看，它具有明显的程式化特点，主要体现于执法文书的实用性。在行政执法过程中，由于使用频率极高，经常性的行政执法活动，使行政执法文书形成了相对稳定的形式，主要体现在结构固定和用语固定两个方面。

行政执法文书的规范性是区别于其他公文的重要标识。这些规范大多数是由法律规定的，文书制作者在依法制作行政执法文书时，应当按照规范性的要求制作。譬如，文书如何编号，哪一级有多大的自由裁量权，立案、审批案件处理呈报程序是什么，对严重的行政处罚要集体讨论、履行听证程序、7日内备案，结案审批，立卷归档。

（4）处置性、连环性。执法文书是行政处置行为的具体体现，如处罚决定书、强制措施决定书等是对执法活动的如实记录，特别是在诉讼过程中，其法律的属性表现得尤为突出。

行政执法文书在具体运用中具有连环性的特点，即各个系统或系列的执法文书自成体系，按一定的程序形成的执法文书之间具有一种承接关系，前一种文书往往可以引出后一种文书，而后一种文书则是以前一种文书作为基础的。

（5）宣教性。下达执法文书对违法者有很强的促进作用，同时也是进行法制宣传和对违法者进行教育的活的素材。

3. 安全生产行政执法文书的类型

执法文书由省级安全生产监督管理部门按国家安全生产监督管理总局规定的样式印制，由具有执法安全生产监督管理人员填写。执法主体是县级以上安全生产监督管理部门。执法文书填写使用不规范，是行政执法水平不高的体现，也容易引起争议。

安全生产行政执法文书依据用途分为：

（1）笔录性文书。此类文书主要是行政执法人员实施现场检查、调查取证、核实情况或者申请行政复议时使用的书面笔录，主要有《询问笔录》《勘验笔录》《现场检查记录》《当事人陈述申辩笔录》《听证笔录》等。

（2）决定性文书。决定性文书有两种形式：一是决定采取行政强制措施的命令、决定、意见等行政强制措施文书——《强制措施决定书》，一般多在现场检查时，对发现的事故隐患应当责令立即排除。二是作出行政处罚决定的行政处罚文书，包括《先行登记保存证据决定书》《责令改正指令书》《整改复查意见书》《行政（当场）处罚决定书（单位/个人）》《行政处罚决定书（单位/个人）》等。

（3）公函性文书。公函性文书即传递行政执法的告知、移送、建议、回执等信息的文书，包括《鉴定委托书》《强制执行申请书》《案件移送书》等。

（4）通知、告知性文书。此类文书即明确告知行政相对人，并确定时间，包括《询问通知书》《先行登记保存证据通知书》《行政处罚告知书》《听证告知书》《听证会通知书》《罚款催缴通知书》《文书送达回执》等。

（5）档案性文书。此类文书即行政执法立卷建档所需要的文书，是行政机关内部审批、报告行政执法工作使用的文书，包括《立案审批》《抽样取证凭证》《听证会报告书》《案件处理审批表》《行政处罚集体讨论笔录》《结案审批表》《案件移送审批表》等。

4. 安全生产行政执法文书的写作注意事项

（1）填写文书样式规范完整：要使用规范的执法文书；一式二联或三联的文书，副本可以用正本复印件代替；有些案情复杂的案件，篇幅较多，可以制作多页；填写要完整清晰。

（2）文书使用准确：每个执法环节，填写相应的文书形式。

（3）文书填写真实严密：做到事实清楚、因果明确、详略得当、重点突出，保证语言准确，文字简练；禁止任意推断臆测，不牵强附会，保证事实的清楚性和事实要素（主体、时间、地点、过程等）的完整性。

（4）文书书写工整清楚：做到字迹清楚、纸面工整；不使用不规范的文字，不出现错别字，使用法定计量单位。

（5）笔录须当事人和2名以上执法人员签名：作为主要证据使用的笔录，当事人要签名确认；当事人拒绝签名，要如实记录拒签情况；检查场所要写明检查地点；涂改处必须有当事人的签名或手印，必须有2名以上执法人员签名。

 二、几种典型监督文书及写作结构

1. 责令限期整改指令书

（1）含义。责令限期整改指令书是指行政执法机关对发现存在安全生产隐患的企事业单位提出修正要求，并指定在一定的期限内实施完成的一种执法文书。

（2）结构。责令限期整改指令书包括标题、称谓、正文和落款四部分。

1）标题一般直接写文种名称，由两行构成，上行写“行政执法文书”，下一行写“责令限期整改指令书”。

2）称谓是写出责令整改的对象，写单位全称。

3）正文主要包括这样几个内容：存在的问题（即违法事实）；交代责令整改的具体要求、项目和时间；逾期的后果；最后写明行政执法人员名单及编号和被检查单位负责人。

4）落款写明行政执法机关全名和日期。

2. 现场处理措施决定书

（1）含义。现场处理措施决定书，是指安全生产监督部门在监督检查中，发现生产经营单位存在安全生产违反行为或者事故隐患的，依法作出现场处理决定而使用的文书。

（2）制作说明。使用范围：可以针对当场纠正、责令立即停止作业（施工）、责令立即停止使用、责令立即排除事故隐患、责令从危险区域撤出作业人员、责令暂时停产停业、停止建设、停止施工或者停止使用等更多种决定使用。

依据：现场处理措施是预防、制止或者控制生产安全事故的发生，依法采取的对有关生产经营单位及其人员的财产和行为自由加以暂时性限制，使其保持一定状态的手段。做出现场处理决定，应当有法律法规的规定，并在文书中列明所引用的条款。

（3）写作注意事项。文书要加盖安全监督部门的公章，不得使用内设机构印章。送达由负责人在文书上签名并签署日期即可，其他人签收时，应有相应的职务证明或者同时加盖生产经营单位公章。

3. 整改复查意见书

（1）含义。整改复查意见书是指行政机关执法人员为确保安全生产，针对已经下达的责令经营单位改正和暂停产停业整改等文书，再次对生产经营单位进行检查时制作的文书。

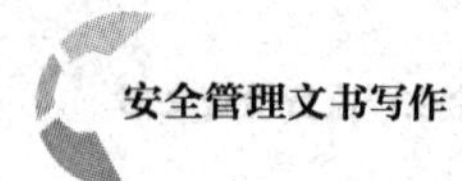

(2) 写作注意事项：

1) 文书文号。文号的形式为：地区简称＋安监管＋文书简称＋（年份）＋序号。

2) 适用条件。本文书适用于以下3种情况：一是针对责令改正指令书使用时，填写责令改正通知书文号；二是针对责令暂停产停业整顿的强制措施决定书使用时，填写强制措施决定书文号；三是针对责令暂停产停业整顿的行政处罚决定书使用时，填写行政处罚决定书文号。

3) 复查意见：

①问题表述应有法律法规或标准规范依据，表述文字应紧扣相关法律法规行为设定或罚则的具体描述。

②必须明确复查意见与责令改正指令书、暂责令停产停业时所涉及的问题相对应。

③必须明确复查意见仅限于复查当日现场状况。

④复查意见表达忌绝对，不宜直接表述为“整改完毕”，除强制措施的复查意见外，忌出现“同意恢复生产经营活动”字样。

⑤本文书不足以清楚表述违法事实时，可以附纸。

4) 其他：

①落款要盖行政机关公章，不得使用行政机关内设机构印章。

②送达可由当事人在文书上签字，签署日期即可。

③签署文书的当事人应有相应的职务证明或者授权手续。

4. 安全生产违法行为查处建议书

(1) 含义。安全生产违法行为查处建议书是基层行政机关（如镇、街道）对本辖区实施安全生产监督管理的过程中，依法向相关负有安全生产监督管理职责的部门报告、建议查处安全生产违法行为及事故隐患使用的文书。

(2) 适用范围：

1) 对检查中发现的依法应当给予行政处罚的行为，应当建议负有安全生产监督管理职责的部门依法作出行政处罚决定，负有安全生产监督管理职责的部门应当及时处理并答复。

2) 对检查中发现的事故隐患，应当责令排除；生产经营单位拒不改正的，应当报告负有安全生产监督管理职责的部门。

3) 对检查中发现的重大事故隐患，应当在责令排除的同时，采取必要的应急措施，并报告负有安全生产监督管理职责的部门。

(3) 写作原则：

1) 及时性原则。上报违法行为、事故隐患及处罚建议须及时。原则上，自发现应给予行政处罚的行为，经复查拒不整改的及发现重大事故隐患之日起2日内，需上报负有安全生产监督管理职责的部门。

2）全面性原则。对上报的违法行为、事故隐患及处罚建议须有全面的材料予以证明，并应附有现场检查记录、整改指令书、整改复查意见书、现场照片等证明上报事实的材料。

3）规范性原则。正确使用各类执法文书，做到填制规范、程序合法。

4）效率性原则。根据不同的违法行为和隐患类别，有针对性地上报对应的负有安全生产监督管理职责的部门。

三、阅读与分析

1. 范文评析

【例文 1】

安全生产行政执法文书
责令限期整改指令书

（××市）安监管责改〔2014〕×××号

××科技创业股份有限公司：

经查，你单位存在下列问题：

1. 公司安全隐患整改落实不彻底；

2. 公司应急救援物资个别化工企业装备不足。

现责令你单位对上述第 1～2 项问题于 2014 年 3 月 14 日前整改完毕，达到有关法律法规规章和标准规定的要求。逾期不整改或达不到要求的，依法给予行政处罚；由此造成事故的，依法追究有关人员的责任。

如果不服本指令，可以依法在 60 日内向××市人民政府或者××省安全生产监督管理局申请行政复议，或者在三个月内依法向××城区××人民法院提起行政诉讼，但本指令不停止执行，法律另有规定的除外。

安全生产监管执法人员（签名）：×× 证号：××××

×× 证号：××××

被检查单位负责人（签名）：××

××市安全生产监督管理局

2014 年 2 月 24 日

评析：

本文结构齐全，内容清晰。正文明确指出存在问题、责令项目和期限以及不整改可能导致的后果。

【例文2】

安全生产行政执法文书
现场处理措施决定书

（　）安监管〔2011〕×××号

××公司：

我局于2011年11月11日现场检查时，发现你单位有下列违法违规行为和事故隐患：

1. ________________________________；
2. ________________________________。

（此栏不够，可另附页）

以上存在的问题无法保证安全生产，依据《××市安全生产监督管理条例》规定，现作出如下现场处理决定：

1. ________________________________；
2. ________________________________。

（此栏不够，可另附页）

如果不服本决定，可以依法在60日内向__________人民政府或者__________申请行政复议，或者在三个月内依法向__________人民法院提起行政诉讼，但本决定不停止执行，法律另有规定的除外。

安全生产监管执法人员（签名）：　　　　　　证号：

　　　　　　　　　　　　　　　　　　　　　证号：

被检查单位负责人（签名）：

安全生产监督管理部门（公章）

　　　　　　　　　　　　　　　　　　　　　　年　　月　　日

本文书一式两份：一份由安全生产监督管理部门备案，一份交被检查单位。

评析：

（1）结构完整。标题、文号、称谓、正文和落款均齐全。

（2）正文内容翔实。列出在现场发现的问题、现场处理决定和交代了不服处理决定的做法等。

【例文3】

安全隐患整改复查意见书

市政安检整复〔　　〕×××号

__________：

我局安全生产领导小组于________年____月____日作出了安全整改意见书安检整〔　　〕号，经对整改情况复查，意见如下：

____

____

____

____

____

____

____

____

____

____

____

被检查部门负责人（签字）：

整改复查人员（签字）：

复查时间：　　年　　月　　日

此安全隐患整改复杂意见书一式两份，一份交被检查单位，一份安全生产领导小组办公室留存。

评析：

(1) 全文结构齐全，语句言简意赅。

(2) 整改复查意见一条条列出后，井然有序又针对性强。

【例文4】

安全生产违法行为查处建议书

建〔　　〕×××号

建议单位：__________________　建议日期：________年____月____日

建议查处的安全生产违法行为（附相关材料）：

____

____

____

____

经办人：________、________　________年____月____日

乡镇（街道、场、办、园区）意见：

____

____

____

____

（盖章）

负责人：________　________年____月____日

负有安全生产监督管理职责的部门：________　受理时间：________年____月____日

领导批示：

____

____

____

____

负责人：________　________年____月____日

处理结果及反馈情况：

____

____

____

____

经办人：________、________　________年____月____日

领导审批：

____

____

____

____

负责人：________　________年____月____日

评析：

（1）内容翔实充分。提出查出建议的单位和时间、基层行政机关的意见、监督管理职责部门的受理单位、时间、领导批示、处理结果和反馈情况及最后的领导审批，每一个部门处理事情都有明确的时间。

（2）条目清晰。无论是建议查处的建议、处理结果及反馈情况还是领导批示均采

用条目一一列出。

2. 案例分析

【例文 1】

安全生产行政执法文书

责令限期整改指令书

××× 木业：

经查，你单位存在下列问题：

1. 职业健康作业场所危害因素未进行检测和评价。

2. 职业健康从业人员未经体检，未建立职业健康监护档案。

（此栏不够，可另附页）

现责令你单位对上述第 1、第 2 项问题于 2013 年 9 月 30 日前整改完毕，达到有关法律法规规章和标准规定的要求。逾期不整改或达不到要求的，依法给予行政处罚；由此造成事故的，依法追究有关人员的责任。

如果不服本指令，可以依法在 60 日内向××区人民政府或者向××区安全生产监督管理局申请行政复议，或者在三个月内依法向××人民法院提起行政诉讼，但本指令不停止执行，法律另有规定的除外。

安全生产监管执法人员（签名）：　　　　　　　证号：

证号：

被检查单位负责人（签名）：

安全生产监督管理部门（公章）

2013 年 6 月 25 日

本文书一式两份：一份由安全生产监督管理部门备案，一份交被检查单位。

评析：

（1）缺少责令限期整改指令书的文号。

（2）称谓空了两格，应顶格。

【例文 2】

安全生产行政执法文书
现场处理措施决定书

（　　）安监管现决〔2011〕×××号

××公司：

我局于 2011 年 11 月 11 日现场检查时，发现你单位有违法违规行为和事故隐患。依据《××市安全生产监督管理条例》规定，现作出如下现场处理决定：

1. ______________________________________；

2. ______________________________________。

（此栏不够，可另附页）

如果不服本决定，可以依法在 60 日内向__________人民政府或者__________申请行政复议，或者在三个月内依法向__________人民法院提起行政诉讼，但本决定不停止执行，法律另有规定的除外。

安全生产监管执法人员（签名）：　　　　　　　证号：

　　　　　　　　　　　　　　　　　　　　　　证号：

被检查单位负责人（签名）：

安全生产监督管理部门（公章）

年　　月　　日

本文书一式两份：一份由安全生产监督管理部门备案，一份交被检查单位。

评析：

未列出存在的问题和事故隐患的具体内容，使现场决定无所依托，又使被处罚单位不明白问题和隐患所在，整改更无从做起。

【例文 3】

安全生产行政执法文书
整改复查意见书

（　　）安监管复查〔2011〕×××号

本机关于 2011 年 1 月 15 日经对你单位整改情况进行复查，提出如下意见：

加油员××、×××、×××、×××已取得从业人员安全资格证书；加油区已设置进出口标识及限速标志；没有建立安全隐患台账；加油岛两端已设置防撞柱；加油区有加油操作规程，但卸油区、配电房无相应操作规程；配电房没有配备灭火器，没有防小动物进入装置，发电机皮带无安全防护罩，排气管口未连接至室外；油罐区已设置观测井。

安全生产监管执法人员（签名）：　　　　　　　　证号：

证号：

安全生产监督管理部门（公章）

年　　月　　日

本文书一式两份：一份由安全生产监督管理部门备案，一份交被复查单位。

评析：

(1) 整改复查对象未列出，即缺少称谓。

(2) 整改复查一般是针对先前的整改意见的，这里未列出整改意见书的时间和文号，使整改复查失去依托。

(3) 整改复查意见放置在一起，条理不清，应该依据内容以条目方式将意见列出，显得清晰明朗。

【例文4】

安全生产违法行为查处建议书

建〔　〕×××号

建议查处的安全生产违法行为（附相关材料）：

____

____

____

____

经办人：________、________　________年____月____日

乡镇（街道、场、办、园区）意见：

____

____

____

____

（盖章）

负责人：________　________年____月____日

领导批示：

____

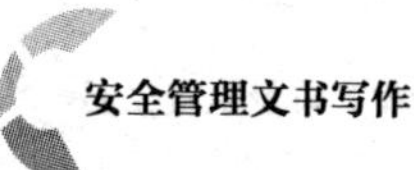

____

____

____

负责人：________ ________年____月____日

处理结果及反馈情况：

____

____

____

____

经办人：________、________ ________年____月____日

领导审批：

____

____

____

____

负责人：________ ________年____月____日

评析：

（1）缺少提出查处建议的单位和建议时间。

（2）缺少负有安全生产监督管理职责的部门及受理查处建议的时间。

四、情景写作训练

××市安全生产监督管理局对辖区的××有限公司进行安全检查，发现该公司存在纺纱车间工人未按规定佩戴口罩、清花车间安全疏散通道被棉包堵塞等违法违规行为，决定对其作出现场处理决定，并责令该公司对存在的违法违规行为和事故隐患进行限期整改。

请你为××市安全生产监督管理局拟写《现场处理措施决定书》和《责令限期整改指令书》这两份文书。

第六章
常用新闻写作

学习目标

知识目标：

- 了解消息、通讯和简报的含义、类型、特点、结构与写法，消息的要素。
- 具备消息、通讯和简报的写作能力，能在具体活动中采写消息、通讯与简报。

能力目标：

- 能说明消息、通讯和简报的类型、结构。
- 能掌握新闻写作的基础知识。
- 能在具体活动中采写消息、通讯和简报。

重点与难点

- 消息、通讯和简报的写作。

第一节　消　　息

问题思考：

作为安全管理相关从业人员，应该经常关注新闻媒体对安全管理领域的报道。请结合你所熟悉的一则相关报道谈谈其主要内容。

一、基础知识

1. 消息的含义与种类

消息是用概括性的叙述方式，以简明扼要的文字，迅速及时报道新近发生的事实的报道，是各种新闻体裁中用得最多的一种文体样式。

消息的种类较多，常见的主要有以下几种：

(1) 动态消息。动态消息，是关于已经发生或正在发生的新动态、新情况、新问题的报道。大到国家重大政策的颁布，重大事件的发生，小到某个地方的情况，都在其报道范围之内。这类消息大都是一事一报，文字简洁，篇幅短小，信息量大。

（2）经验消息。经验消息，又称典型报道，它是对某领域中一定时期内比较突出的地区、部门、单位在工作中取得新鲜经验的重点报道。这类消息在行文中往往要交代情况，叙述做法，反映变化，总结经验，通过一系列生动具体的事实，反映规律性的东西，供人借鉴、学习。

（3）综合消息。综合消息，是从各个侧面反映较大范围内或较长时间内的综合情况的报道。这类消息，纵览全局，报道面广，声势较大，能给人较为完整的印象。其内容以面上的概括材料为主，又穿插点上的典型事例，点、面结合，既有广度又有深度。

（4）述评消息。述评消息，又称“记者述评”“新闻述评”，是一种兼有消息与评论作用的新闻。它是在陈述事实的基础上，穿插评论或抒发感慨，从而分析说明所报道事实的本质和意义。它的特点是边叙边评，要求以国家的方针政策为依据，针对事实进行评说，要观点正确，评论得当。

2. 消息的特点和要素

消息是一种最讲实效的宣传形式，它一般具有内容新、事实准、报道快、篇幅短的特点。

（1）内容新。是指消息报道的是新鲜事、新人物、新动态、新风尚、新知识、新问题等。它要求尽可能报道最新出现的人、事、物。

（2）事实准。是指消息报道要有根有据，确如其事。人物、时间、地点、数字、引语、细节都要准确无误；作者对事实的分析，符合客观事物的本来面目。

（3）报道快。消息是对稍纵即逝的客观现象的及时记录，最讲究反应快。如果迟写慢发，新闻就会贬值或失去意义。

（4）篇幅短。是指消息用简洁、概括的文字，把事实要点表达出来。短是消息的鲜明特色，也是社会生活的需要。稿件短，传播媒介才能大量报道，读者才能更迅速地了解信息。

写作消息要设想并回答读者问的问题，这些问题就构成了新闻的五要素，即When（何时）、Where（何地）、Who（何人）、What（何事）、Why（何故）。有的新闻学上补充了一个要素：How（如何）。在五个W和一个H中，最主要的是What（何事）和Who（何人）。

二、消息的结构和写法

撰写消息，内容方面要求事实要准确，导向要正确，角度要新颖，报道要迅速；形式方面要求有引人注目的标题，概括全文的导语，用事实说话的主体，恰到好处的背景，生动有力的结尾。

消息的结构有“倒金字塔结构”“正金字塔结构”“并列式结构”等，具体采用哪种形式，应根据需要及消息的特点而定。这里主要介绍“倒金字塔结构”。

“倒金字塔结构”，就是把信息中最重要的内容放在消息的最前面，次要的内容放在稍后的段落，最次要的放在消息尾部，即倒金字塔结构＝最重要内容＋次要内容＋最次要内容。这种结构的优点，一来节省阅读时间，开头就抓住重要内容，可满足读者好奇心；二来便于编排修改。

消息的结构比较固定、简单，大多数消息的结构都是“倒金字塔”式的，即最重要的材料放在开头，次要材料放在后面。消息通常由标题、导语、结尾构成，并在文中穿插背景材料。

1. 标题

标题是消息的眉目，是消息内容的精粹所在。消息的标题应当概括和提示消息的内容，帮助读者尽快了解消息的内容和意义，同时还应起到吸引读者、先声夺人的作用。消息的标题常见的有单行标题、双行标题和多行标题：

（1）单行标题。单行标题即只有一个正题的标题。

（2）双行标题。双行标题有两种，一种是由正题同副题构成的双标题，另一种是由引题同正题构成的双行标题。

（3）三行标题。三行标题由正题、引题和副题组成。正题（又称母题）是标题的主体，是一则消息中主要事实的高度概括，要求切题、醒目、鲜明、简洁。引题（又称肩题、眉题）标在正题之上，用于交代背景、烘托气氛、揭示或阐发意义并引出正题。副题（又称辅题、子题）标在正题之下，一般是消息主要事实或结果的提要，有时也用来说明主题的来源、依据，以补充正题的不足。三种标题如何运用，要根据需要而定。一般来说，篇幅简短、内容单纯的消息常用单行标题；篇幅较长、内容丰富的消息常用双行标题或三行标题。

2. 导语

导语是消息的起笔，要求以极简要的文字将最重要、最能吸引人的事实或全文的中心思想概括出来，从而统领全篇，吸引读者。

导语的写法较多，从导语所能表达的内容及其体式来说，常见的有以下几种形式：

（1）叙述式导语。以平易、朴素的叙述方式，概述主要的新闻事实。这种写法多用于动态消息。

（2）描写式导语。在报道新闻事实之前，先用简明生动的语言，对新闻事件中某个最重要或最有特色的侧面或场景作一番描写，渲染气氛，烘托主题。

（3）提问式导语，采用设问的方式，把消息中要解决的问题或要介绍的经验一开始就提到读者面前，引起读者的思索和关注，然后再通过对于新闻事实的叙述或评述，回答开头提出的问题。

（4）摘要式导语。开头采用摘取数据或有可比性事例的手法突出消息的内容要点。

（5）结论式导语。首先明确报道对象的性质，点明事件的结果，即先将结论写出来，再回过头来叙述事实。

此外，常见的导语还有评论式、对比式等，写作时应灵活运用，大胆创新。

3. 主体

主体是紧接在导语后面构成消息主要内容的部分。它承接导语详细地叙述事实，说明问题，用充足、具体、典型的材料导语所作的叙述作充分的展开。

消息是记叙性文体，它的叙述方式最基本的是两种顺序。

（1）时间顺序。即按照事实发生、发展、结束的先后顺序来组织材料，安排结构。采用这种写法，可使叙述的线索清楚。

（2）逻辑顺序。即按照事物的内在联系或是人们认识问题的逻辑顺序来组织材料，安排结构。采用这种写法，可以不受时间顺序的限制，而根据报道对象的因果关系、主次关系、点面关系或并列关系等来确定一个合理的写作顺序。

无论采用什么顺序组织材料，安排结构，消息的主体部分，都要做到：材料充实，让事实说话；语言简洁，在平实中求生动；篇幅紧凑，言简意赅。

4. 结尾

消息的结尾是内容发展的自然结果，它在全文中起着总收全文的作用。结尾常常与导语呼应，最后升华主题。结尾的写法常见的有这样几种：第一是概括性地小结消息内容，加深读者印象；第二是写出新闻事实发展趋势，引起读者关注；第三是加上启发、激励式的话语，让读者思索。篇幅简短的消息，主体部分已经叙述清楚，也可以不必另加结尾。

5. 背景

背景是指新闻事实产生的历史条件、环境条件以及它与其他相关材料的各种联系。交代背景，有助于说明事实发生的原因，揭示事实的性质和意义，增加消息的知识性和趣味性；背景有利于通过对比和衬托，深化主题。在许多消息中，都有背景材料。消息中的背景材料按其性质可分为三种：

（1）对比性材料。对事物进行今昔对比、正反对比、左右对比，从对比中突出事物的重要意义，深化消息的主题。

（2）说明性材料。介绍新闻事实的政治背景、历史状况、地理环境、物质条件、人际关系等材料，以说明事物出现的原因、条件、环境，帮助读者更好地理解消息的内容。

（3）注释性材料。对新闻事件中一些不易为某些读者理解的内容或名词概念，如人物身份、专门术语、技术问题、专业知识、新的提法等，加以适当的解释。

如何交代新闻背景，没有固定的模式。它可以穿插在主体中，也可以运用在导语中；可以一次交代完，也可以多次穿插交代；可以是一段话，也可以只是几句甚至一句话。

三、阅读与分析

1. 范文评析

【例文 1】

枝江一化工公司昨发生燃爆事故致 5 人遇难①

本报讯（记者曾莉、通讯员郭玉梅、汪宝坤）昨日上午 8 时 40 分左右，宜昌富升化工有限公司（湖北三宁化工股份有限公司全资子公司）造粒塔发生温度暴涨起火引起燃爆，致 5 人遇难。事故发生后，省委书记李鸿忠、省长王国生，省委常委、统战部部长、省人大常委会副主任张岱梨，副省长许克振高度重视，先后作出批示，要求迅速查明事故原因，举一反三，强化措施，进一步做好节日期间安全生产工作，同时要妥善做好事故相关善后工作，维护社会稳定。

据安监部门介绍，事发地位于宜昌市枝江市董市镇，宜昌富升化工有限公司硝基复合肥车间试运行过程中，造粒塔 105 米层壹号混合槽硝铵和硫酸钾混合料浆出现温度暴涨，溢出并流到 100 米层和 96 米层，起火后引起燃爆，致 5 人遇难。目前，事故现场已清理完毕，善后工作正在有序进行，枝江市实行一名县级干部牵头一个工作专班，对每一名遇难者家属做好稳定工作。现遇难者家属情绪稳定，事故原因正在调查中。

接报后，宜昌市政府、市安监局，枝江市政府有关领导率相关部门负责人立即赶赴现场开展应急救援等相关工作。省安监局委派该局副局长刘奇晓赶赴事故现场指导救援。按照事故调查处理规定，宜昌市政府已成立事故调查组展开调查。省安监局派出专家组提供技术支持，协助事故调查，并将该起事故挂牌督办。

同时，省安监局迅速向全省各地安监局发出紧急通知，要求深刻吸取教训，举一反三，切实贯彻落实省领导重要批示精神，强化安全措施，进一步做好节日期间安全生产工作，严防类似事故发生，确保安全稳定。

评析：

这是一则报道安全事故的动态消息，采用倒金字塔结构：便于受众迅速掌握全篇精华，满足受众尽快获取最新消息之需求；便于记者迅速报道新闻，将最重要的新闻事实，最先发出去；便于编辑选稿、分稿、组版、删节，如在版面不够时，可从后往

---

① 选自 2015 年 2 月 20 日《湖北日报》，略作删改。

前删，无须重新调整段落。但它也易于造成程式化、单一化的毛病，而且，它比较适宜写时效性强、事件单一的突发性新闻，而用它来写非事件性新闻、富有人情味、故事情强的新闻，就不太适合。

【例文2】

吉林石化炼油厂改革安全现场管理方法 “安全观察与沟通”模式获点赞①

本报讯（记者彭冰 通讯员何天林）“小刘，通过我们观察，你不但劳保着装整齐，而且现场作业标准化，希望今后继续发扬。”近日，在吉林石化公司炼油厂，员工刘长江刚刚完成装置阀门大小开度调解操作，就得到了安全员王建伟的“点赞”。

这是该厂已实施1年多的“安全观察与沟通”管理模式。它采取观察、表扬、讨论、沟通、启发和感谢6步法，即先对一名正在操作的员工观察30秒以上，然后采用现场讨论和沟通相结合的方式，鼓励被观察员工继续安全操作行为，或以诚恳的态度阻止不安全行为，并对员工的配合表示感谢，以此启发其他员工。

“安全观察与沟通”活动也被职工点了赞。“以前，现场安全监督沟通少，处罚多，难免让人有抵触情绪。这种新型管理方法更多的是沟通和鼓励，我们也更愿意接受。”员工李佐田说。“过去，有些专职安全员等到矛盾冲突发生后才想办法解决，工作较为被动。通过开展这项活动，既丰富了员工安全知识，又获得了员工更多的理解和支持。”联合芳烃车间党支部书记许晶感触颇深。

当然，要想在30秒内对员工的操作行为做出准确判断，对观察员的能力也提出了更高要求。为此，该厂1年来举办安全培训班33期，培训观察员628名。同时，还统一制作了“安全观察与沟通卡”，并建立起台账，实行工厂、车间和班组三级管理，让观察员将观察到的情况填写到卡片上，由安全环保科负责考核。

据悉，与以往经济处罚或激励等常规管理方法相比，“安全观察与沟通”管理模式收效更显著。仅今年1月，该厂就在“安全观察与沟通”活动中辨识出风险256个，观察到不安全行为88项，在温馨和谐的氛围中推进了工厂安全项目的改善。

评析：

这是一则经验消息，它是对吉林石化炼油厂一年多以来在安全生产管理工作中取得新鲜经验的报道。行文之初即用一则事例叙述了做法，文章反映了吉林石化炼油厂安全生产方面的新变化，总结了成功经验，供人借鉴、学习。这篇消息的双行标题概括和提示消息的内容，帮助读者在最短的时间里获取所需信息。导语部分以生动的场景描写引起读者阅读兴趣。主体承接导语详细地叙述具体内容，对导语所作的叙述作

① 选自2015年3月26日《工人日报》。

充分的解释说明。

【例文 3】

“安全生产月真安全”：中石油大连石化发生第三次爆炸①

昨日（6 月 2 日）下午，中国石油天然气集团公司大连石化公司一焦油储罐爆炸着火。据中石油昨日晚间通报情况称，截至昨日 16 时，大火已扑灭。火灾造成 2 人受伤，2 人失踪。目前事故原因正在调查中。

2011 年，中石油大连石化就因“7·16”输油管道爆炸等 4 起事故，被国务院认定为责任事故，64 名责任人被给予党纪、政纪处分，14 名责任人被移送司法机关追究刑事责任。

中石油官网显示，该公司于 6 月 1 日开始开展“安全生产月”活动。

《每日经济新闻》记者此前曾赴大连石化就安全事故频发进行调查。在当地一些居民的记忆中，大连石化经常发生事故，周边经常受到影响。

中国安全生产科学研究院院长刘铁民对记者表示，在石化企业求快求大过程中，特别是在同类性质、同一地区、同一企业中发生安全生产事故，说明安全管理存在薄弱环节，需建立完整机制，才能解决高风险企业系统的脆弱性。

事故“大户”拥有荣誉史

中石油官网称，6 月 2 日 14 时 30 分许，大连石化公司位于甘井子区厂区内一联合车间 939 号罐着火，该罐用于储存焦油等杂料，目前正处于检修期间。经消防官兵及时扑救，截至 16 时火已扑灭。火灾造成 2 人受伤，2 人失踪。

火情发生后，大连石化立即启动应急预案，开展现场抢险救援：一是组织消防力量进行现场灭火扑救；二是对大气环境进行实时监测，现场监测数据表明，事故未造成环境的空气和水质污染。事故原因正在调查中。

据了解，事发时爆炸引发的两声巨响，在很远的地方就能听到，现场浓烟滚滚，天空弥漫着黑色灰尘，地上还有黑色的油点落下来。

这是自 2011 年以来，媒体报道过的大连石化甘井子区厂区内的第三起爆炸事故。国家安全管理总局网站的通报显示，2011 年 7 月 16 日，该厂区一炼油装置“三蒸馏转换器”发生泄漏起火，大火燃烧 6 小时后才被扑灭；当年 8 月 29 日，该厂区一台 2 万立方米柴油储罐爆炸起火。

据记载，大连石化的前身由日本人于 1933 年设立，是中国最早的炼油企业，在中国炼油史上连续创造了多个“第一”的成绩。2008 年，其年加工 1 000 万吨含硫油改造项目竣工后，年炼油能力由原来的 1 050 万吨上升为 2 050 万吨，成为我国最大炼油

① 选自 2013 年 6 月 3 日《每日经济新闻》。

企业之一。当年曾实现首次开工连续运行3年不检修的长周期运行纪录，还获得过中石油集团“开得起、稳得住”的评价。

去年，大连石化以172.4亿元纳税额获得2012年度辽宁省纳税百强企业排行榜第一名，这是大连石化连续4年蝉联第一名。

当地居民抱怨事故频发

《每日经济新闻》记者查阅大连市安全生产监督管理局（以下简称安监局）2004年到2009年6月的事故快报，大连石化只发生过一次事故，是工人使用220伏电压工作灯照明引发的，造成2名铆工触电死亡。但这一信息目前已无法查实。2011年“8·29”事故在该网站上无记录。

在大连石化北523厂工作的严女士告诉记者，在她的记忆中，大连石化经常发生事故，周边常受到影响。她记忆中大连石化第一次发生事故是在1984年，“当时是分气装置发生爆炸，临近的523厂多栋建筑物玻璃都被震碎了”。

严女士听说的大连石化的第二次事故是2008年9月12日，523厂家属楼的玻璃都被震碎了。“2009年8月20日晚上，厂内传出恐怖的噪声，两个人面对面讲话都听不见。”这次噪声事件之后，周边居民开始维权，后来不了了之。

这两起事故，记者未能从大连石化和大连市安监局的事故快报中得到佐证。

严女士告诉记者，2010年6月下旬起截至当年底，严女士共目睹过5次异常情况，分别是：2010年6月21日，一个阀门飞离设备；6月30日厂区里向外飘白灰；7月9日厂内一座高塔着火；7月11日该塔再次着火；12月30日，厂内设备冒黑烟，“在哪里不知道”。这些事故同样未能得到大连石化的证实。

安全生产隐患再次浮现

今年6月是全国第十二个“安全生产月”，中石油也计划从6月1日至6月30日在全集团范围内同步开展以“强化安全基础，推动安全发展”为主题的“安全生产月”活动，以全面推进HSE管理体系规范有效运行。

自2008年以来，中石油炼能飞速扩张，大连石化扩建，抚顺石化、独山子石化、广西钦州千万吨炼油项目纷纷建成投产。据报道，到2015年，中石油总炼油能力将达到2.4亿吨。同时，乙烯生产能力达到700万吨。

中国安全生产科学研究院院长刘铁民表示，在石化企业求快求大过程中，生产能力、规模上去了，安全管理能力是否跟上去呢？高速发展与安全之间出现空白，这是一些石化企业普遍存在的问题。要从根本上解决安全问题，就要建立一套完整的机制，才能解决高风险企业系统的脆弱性，以及公共安全管理的缺陷。

评析：

这是一则安全生产管理综合消息。消息的标题概括和提示消息的内容，用犀利的反语揭示“安全生产月”这个大背景，选择“中石油大连石化发生第三次爆炸”这个事实，引起读者关注。导语采用叙述式，用平实的语言概括了爆炸所造成的后果。主体是承接导语详细地叙述以往生产状况，用具体的材料对标题所作的概括作充分的展开。部分观点借采访对象之口进行表达，思路清晰，逻辑性强，既照应了标题，又使读者一目了然。

2. 案例分析

在游戏中学会生活安全常识

5 月 30 日，××区安监局与团区委共同在该区青少年活动中心，举办了一场别样的亲子游园会，通过将生活安全常识融入到各类游戏中，让小朋友在玩游戏的同时，还能增长安全知识。该活动吸引了超过 300 个家庭参与。

评析：

(1) 标题不得当。

(2) 断句不得当，全篇分为两句，第一句明显超长，“通过将……融入到……中，让……的同时，还能……”表述不凝练，主语混乱。

(3) 结构不完整，或称结构混乱。应写完主体后，再作结尾，写明这次活动的意义。

四、情景写作训练

春节期间，×××矿业公司抓好职工安全意识不放松，抓好现场安全管控不放松，抓好节日应急管理不放松。假如你是通讯员，请结合材料写一则消息。

第二节　通　讯

问题思考：

安全管理领域经常出现一些典型人物或典型事件，请举出一例子。如果你是通讯员，你将怎样来报道这个典型人物或典型事件？

一、基础知识

1. 通讯的含义与种类

通讯是一种以叙述、描写为主，兼用议论与抒情的表达方式，及时、真实、具体而形象地报道生活中的典型人物、典型事件为主要内容的一种新闻文体。

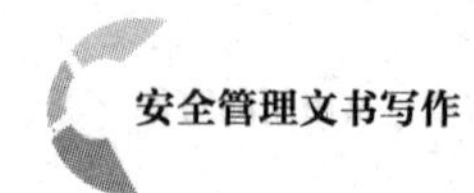

通讯与消息一样，都是反映安全管理活动中新发生的重要的、有意义的事实。通讯是比消息更为具体、更为生动的报道，其容量比消息要大得多，其作用比消息更巨大、更深刻。

按报道的内容来分，通讯大致有以下几种：

（1）人物通讯。人物通讯是以典型人物为报道对象的通讯。着重反映某领域一个人或一群人的先进事迹、高尚思想境界，以其人物精神面貌来感动、教育读者。

（2）事件通讯。事件通讯是以报道典型事件为主的通讯。这类通讯经常是围绕着具有新闻意义的事件进行叙述，比较完整地记叙事件的发生、发展、结果，点明其典型意义。

（3）工作通讯。工作通讯是报道工作情况和经验的通讯。它可以介绍工作的成功经验，政策的贯彻落实情况，也可以反映主要存在的问题。工作通讯不同于工作总结和经验总结，它必须用事实说话，要写得具体生动，有血有肉，文理并茂。

（4）概貌通讯。概貌通讯是报道某个部门、单位的某种气象、风貌、今昔变化等的通讯。它通过形象地描述，勾勒出基本面貌，常采用点面结合、剪影取势的手法，对捕捉描述对象的某种总体印象，具有强烈的现场感，读来能有身临其境的感觉。

（5）新闻故事。新闻故事是一种篇幅短小、情节生动、寓意深刻的小通讯。它寓新闻于故事之中，通过故事的叙述来报道新闻，反映新思想、新气象、新风尚。

2. 通讯的特点

（1）真实性。在报道内容的真实性上，通讯和消息完全相同。通讯要求生动形象，是指它在写作和表现方法上的要求，但不能为追求故事性而添枝加叶、移花接木，搞“合理想象”等。

（2）时效性。消息和通讯都要迅速及时，同一题材的消息和通讯，有时先发消息，续发通讯，有时同时见报。因为各有所长，互为补充。但过迟的通讯，同样会丧失新闻的时效性，成为“明日黄花”，引不起读者的兴趣。

（3）生动性。通讯不仅要用事实讲话，还要用形象讲话。要有活灵活现的人物活动，有生动的环境场景描写，有类似的电影的特写画面。通讯在叙述事件过程中，有波澜、有情节，讲究故事性、趣味性。

（4）评论性。通讯有的以描述事实为主，以事实本身感人；有的以夹叙夹议为主，在叙述中表明作者的观感、评价和倾向。

二、通讯的结构和写法

写作通讯，一是要选好典型，开拓主题；二是要写活人物，展现精神；三是要“评”出深意，情理相生；四是要综合运用多种表达方式。

通讯一般由标题、开头、主体、结尾四部分构成。

1. 标题

通讯的标题要求准确、鲜明、生动、简练。准确，就是标题与内容切合，题文相符；鲜明，就是不含糊，一看标题就知道通讯的主题及作者的态度；生动，就是既要有具体的形象，又要读起来顺口；简练，就是文字要简洁凝练。

2. 开头

通讯的开头要求新颖别致，有吸引力。可以开门见山，落笔即揭示主题或事物矛盾；也可以从一个激动人心的场面或侧面写起，写得扣人心弦。可以设置悬念，引起读者的阅读兴趣；也可以描写景物，渲染气氛，引出报道内容。可以用抒情或议论的手法吸引读者，点明主题；也可以用成语、故事、诗词、民歌、名言等开头。

3. 主体

通讯的主体，通常是把生动的情节、现场的描述、人物的言行、外界的反应等交错组合，巧妙安排。人物通讯侧重写"人"，事件通讯侧重写"事"，工作通讯侧重写"经验与问题"，概貌通讯侧重写"风貌"，新闻故事侧重写"故事"。

通讯的结构形式，常见的有以下三种：

(1) 纵式结构。按事物发展的时间顺序或按作者观察、认识事物的逻辑顺序来组织材料，安排层次。贯穿全文的线索是时间或是作者的逻辑思维脉络。

(2) 横式结构。采用空间转换的方式或采用并列的方式组织材料，安排层次。这种结构方式，既能突出重心，又能拓宽报道面。

(3) 纵横式结构。以时间与空间的交替变换来组织材料，安排层次。这种结构方式，往往是以时间作经线，以空间作纬线来布局全篇，通过纵横有机结合，形成一幅幅生动完整的立体画面。

4. 结尾

通讯的结尾也多种多样，常见的有总结式、点睛式、展望式、抒情式、照应式等，具体写作时要视通讯的内容而定，尽可能把结尾写的新一些，活一些。

三、阅读与分析

1. 范文评析

【例文 1】

人如其名的"安全"班长①

(本报记者 李渊怀 通讯员 刘 丹) 在神火集团新庄煤矿有一个人如其名的"安全"

① 选自 2015 年 3 月 17 日《河南工人日报》。

班长，他就是该矿抽放组组长张安全。

2011年毕业于黑龙江科技学院安全工程专业的张安全，毕业后便在煤矿从事安全工作。

刚工作时，张安全被分配到通风区的设施班，每日和黄沙、水泥、木板、砖石打交道。他常被派去推装满黄沙的手推车，但安全规程有规定，斜坡不许推车，凡是路经斜坡地段的工作头面，手推车都无法使用。为解决这个难题，他主动学习CAD绘图软件，设计了可拆卸式手推车，既安全又实用，为职工提供了极大便利。

三个月后，他被调到通风区抽放班。凭借着对矿山工作的热情和那股“钻劲”，他设计了炮泥速成器、喷浆机自动扫网器等装置，改进了通风科的透孔杆、瓦斯便携仪的台账和编号样式，改进了瓦斯抽放管的连接样式和方法。这些“改革创新”不仅减轻了工人们的工作强度和工作量，也大大提高了工作效率，保障了职工的作业安全，并受到了相关科室的重视和鼓励。

“我是通风人，搞好通风安全是我的责任!”张安全用行动告诉大家，“安全”不仅仅是他的名字，更是一份承诺。他将聪明才智融入安全工作，用改革创新服务安全生产，让通风安全伴随每一个人。

评析：

这是一篇人物通讯。标题采用简洁的单行标题形式，准确、鲜明、生动、简练，一目了然。开头照应标题，落笔即点明主题。主体部分采用纵式结构，按照时间顺序交代主人公张安全的事迹，既突出了人物报道的重心，又拓宽了报道面。结尾部分照应开头，深化主题。

【例文2】

啤酒瓶爆炸致店主右眼受伤 瓶厚度不达标厂家赔21万①

案情

80后女子小艾以在工程队驻地开小卖铺为生，2012年初来到某工地做生意。当年7月30日，小艾在卖啤酒给两名工人的时候，突然“嘭”的一声巨响，随即其眼睛感觉一阵疼痛并流血，后右眼被确定为炸伤致残，“右眼四级，分别相当于道路交通事故八级、十级伤残”。

经过一年的交涉，啤酒生产厂家一直否认酒瓶会爆炸，也不同意任何赔偿。小艾只得向法院提起诉讼，要求啤酒生产厂家赔偿医疗费近30万元。

小艾认为，啤酒生产厂家违规使用过期劣质啤酒瓶（该啤酒瓶系2007年生产，规定使用期限为2年）；现该啤酒瓶在没有外力作用的条件下发生自爆，应承担全部赔偿

① 选自2015年1月25日《劳动午报》。

责任。

啤酒公司辩称，啤酒瓶使用2年系建议期限而非强制使用年限，故无所谓超期使用。根据调查，小艾对啤酒进行了不恰当的冷冻，导致啤酒瓶发生冷热气压不均；在交付啤酒的过程中，小艾自己还不慎将啤酒瓶碰倒，故而引发啤酒瓶爆炸。所以，事故发生的原因是小艾未尽到合理保存以及谨慎拿放义务，啤酒公司并无过错。

法庭当场对酒瓶碎片封存，之后进行司法鉴定。鉴定意见书的检验过程载明："啤酒瓶的瓶身厚度最薄处仅为1.76毫米（国家标准为不小于2毫米），同一水平面的瓶壁厚薄比有部分大于2（国家标准为不大于2）。"

鉴定人经综合判断认为，送检酒瓶的爆裂特征上仅反映外力作用的部分特点；由于送检啤酒瓶碎片缺少较多，未检见其他反映啤酒瓶爆裂的特征，故无法对送检啤酒瓶的爆裂原因予以明确判断。综合上述因素，法院确定啤酒公司承担七成赔偿责任。

说法

首先，根据司法鉴定部分检测结果可以确定，啤酒瓶在厚度和厚薄比方面均不符合国家标准。因此，该啤酒瓶的爆炸与其产品质量存在缺陷具有一定的因果关系。同时，送检啤酒瓶的爆裂特征上还反映了外力作用的部分特点，该鉴定分析与啤酒公司证人证言的相关陈述具有符合之处，故外力作用也与啤酒瓶的爆裂之间存在一定的因果关系。

其次，鉴于本案中酒瓶的使用年限系国家建议使用年限而非强制报废年限，故法院对小艾的相关主张不予认可。

最后，啤酒公司辩称啤酒瓶爆裂系小艾不当冷冻又不慎碰倒所致，但产品质量责任非以过错为构成要件；同时，啤酒公司未能提供充足证据证明小艾有不当冷冻行为，而鉴定结论已明确啤酒公司的啤酒瓶存在不符合国家安全标准的缺陷，故法院对啤酒公司的相关抗辩理由不予采信。综上，法院作出上述判决。

评析：

这是一篇事件通讯。标题简洁凝练。事件通讯是对某一事件的发生、发展和结束进行记述的通讯文章，一般要求对事件作有头有尾的完整报道，让读者有一个完整的印象，以便充分理解事件的意义。本文交代了主人公小艾被酒瓶炸伤的背景，并将其与啤酒公司各执的证据、主张和法庭判决结果及缘由进行了分析。另外，本篇文章作为一则通讯，其时效性不及消息的特点也有所体现。

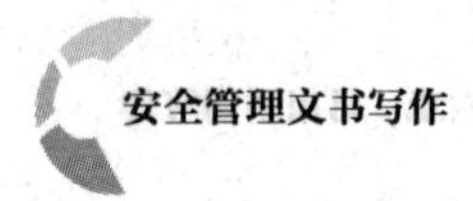

【例文3】

守住“硬红线”锁定“零目标”
巫山：打一场煤矿安全生产的攻坚持久战[①]

2013年9月13日，巫山县邓家乡官河煤矿在非法开采过程中因巷道放炮引发瓦斯爆炸，造成8人死亡。

“9·13”事故令人痛心，教训深刻。事故发生后，巫山县痛定思痛，痛下决心，在全县煤矿开展了一场安全生产、“剿非治违”的攻坚战，并于去年实现了煤矿安全生产“零死亡”的目标。

巫山县表示，2015年，巫山将继续严格按照国家安全生产监督管理总局、国家煤矿安监局和市委、市政府的决策部署，“依法治安、从严治矿”，坚守“红线意识”，锁定“零死亡”目标，打一场煤矿安全生产的攻坚战、持久战！

巫山县是我市煤炭资源大县，全县探明煤炭资源地质储量4.73亿吨，占全市的1/6，目前共有煤矿38个。

“9·13”事故以来，巫山县坚守“红线”，以“抓铁有痕，踏石留印”的工作态度，坚决遏制煤矿安全生产重特大事故的发生，并于去年实现了煤矿安全生产“零死亡”的目标。“发展绝不能以牺牲人的生命为代价。”

“‘9·13’事故发生后，巫山全县上下坚决树立了‘安全第一、产量第二’的发展理念，坚守‘发展绝不能以牺牲人的生命为代价’的‘红线意识’，始终坚持把安全生产作为经济社会发展的前提和基础。”巫山县煤管局相关负责人介绍，巫山专门成立了以县长为组长的“攻坚专班”，县委常委会、县政府常务会定期研究攻坚工作，县委书记、县长每季度深入矿井检查安全生产工作，县分管领导坚持长期深入一线、靠前指挥。

同时，巫山县还出台了《集中开展煤炭行业“剿非治违”专项行动实施方案》，建立了13名县委常委、5名副县长联系乡镇的“剿非治违”工作指挥部，县级部门及乡镇党政负责人同为安全生产第一责任人，层层签订《专项行动目标责任书》，严格落实党政同责、部门监管和企业主体责任，形成攻坚工作齐抓共管的工作局面。

在具体措施方面，巫山县一是实施网格化管理，建立县、监管部门、乡镇、煤矿企业四级安全监管机制，在10个产煤乡镇设立煤矿安全管理办公室并挂牌，将8名安全特派员派驻到10个产煤乡镇，配齐专（兼）职人员；二是建立煤矿安全监管长效机制，定期召开会议研究分析安全生产工作，切实做到“全覆盖、零容忍、严执法、重实效”，一旦发现安全隐患，必须按照“五落实”要求切实整改到位；三是坚持专项检

---

① 选自2015年3月23日《重庆日报》。

查与全面巡查相结合，对全县范围内的煤矿每月至少检查1次，对停产放假煤矿每月至少巡查2次。

值得一提的是，在此期间，巫山县从县委书记、县长到分管副县长、联系县领导再到县煤管局班子成员，严格按照上级要求，多层次、多批次、全覆盖开展了与业主、矿长进行“面对面”谈心对话活动，共开展谈心活动57场次476人次，使其强烈地感触到必须建立“不准死”“死不起”“死不了”“不想死”的立体防控事故体系，让煤矿企业从根本上树立“煤矿事故是可防可控”的意识，同时强力推动煤矿安全“双七条”“九条刚性措施”落实到基层、落实到煤矿。

……

“依法治安，从严治矿，让每一个煤矿企业都依法履行安全生产主体责任，让每一名从业人员都遵章守规，让每一级政府及相关部门都依法履行职责，这是我们工作必须要实现的目标。”巫山县煤管局相关负责人表示。未来，巫山县将紧扣“渝东北生态涵养发展区”功能定位，盯准市场“红绿灯”和“指示牌”，清醒认识煤炭行业当前形势，进一步优化煤炭产业结构，促进转型升级，延伸产业链，培育新的经济增长点；加大煤矿兼并重组、淘汰落后产能工作力度，对年产量9万吨以下，无效益、不达标、发生过安全事故、被列入黑名单的煤矿，依法依规坚决予以关闭，力争2015年再创煤矿安全“零死亡”目标。

文/盛志信　肖锋　　谭胜斌

评析：

这是一篇概貌通讯。概貌通讯也称风貌通讯，是综述某一地区、某一系统、某一部门的形式，勾勒某一活动、某一事件的基本面貌，展示某一地区或单位今昔变化的通讯，也介绍祖国风光、地方特产、民情风俗等。报刊上的“见闻”“巡礼”“纪行”“侧记”等，都属此类。本篇概貌通讯综述了巫山县“9·13”煤矿事故以来，痛定思痛地开展各种做法，展现了今日巫山注重安全生产的基本态度和狠抓安全的新面貌。文章标题干净利落地点明了巫山煤矿注重安全的态度和现状。

2. 案例分析

××区发放“手机”监测地质灾害

本报讯（通讯员××）“汛期来临，要特别注意滑坡、泥石流等地质灾害，一看到有滑坡迹象要立即撤离。”5月25日，××区××镇国土人员和驻村干部通过专用的地质灾害群测群防智能手机，分别给镇内几个地质灾害点的群众发送信息，提醒他们注意防灾。

这种专用手机，实际上是一种地质灾害群测群防的手持智能终端设备，安装有地质灾害群测群防监测信息系统应用软件，除具备拍照、打电话、发信息等基本功能外，还能够实施准确的GPS定位，进行紧急联络通话。

××区许多地方属于山区，雨水较多，容易发生泥石流、山洪、滑坡等地质灾害。为此，该区把可能发生地质灾害的地点，全部纳入群测群防监测范围，明确落实了监测点的负责人，并以村或社为单位，为每个监测点配发1～2部专用智能手机。遇到下雨或者恶劣天气，地灾监测负责人必须赶到现场，实地查看是否出现裂缝、裂缝有多大等地质变化情况，并现场拍照后及时把图片和数据上传至区国土局数据处理中心，从而使一张快速监测地质灾害的天网实现全区的全覆盖。同时，区国土局还随时把下雨、涨水等信息，借助专用智能手机提前发布，提醒群众注意防灾。

“有了这个手持智能终端设备，信息搜集、传递和反馈的时间可大大缩短。”××区国土房管局地环站工作人员××表示。而且，手持智能终端设备还像“电子眼”一样，可监控群测群防员的工作，“因为上报监测数据的时间和地点都将被系统准确记录在案，若上报数据地点在离地灾隐患点20米范围外，或者两次监测的数据差异在短时间内超过一定值，系统便会立即自动报警。”

据了解，截至目前，××区已有509部地质灾害群测群防手持终端，发放到了各地灾监测点的负责人手中。

评析：

(1) ××区发放手机给所有人吗？还是哪些系统的人员？作为一则事件通讯，这个标题不准确。

(2) 用语不凝练，第三段“实现全区的全覆盖”用语累赘。

(3) 第四段结构不合理。前后两句引用语句间隔语句太长，应在“工作人员××表示，”后衔接他的后一句话，将“而且……”放在第二句话结束后。

四、情景写作训练

请结合安全管理通讯写作的有关知识，根据你所知道的相关做法，写一篇安全生产方面的工作通讯，介绍安全生产工作中的主要经验。

第三节　简　　报

问题思考：

你之前有没有接触过简报？能不能说一说自己理解的简报是什么？

一、基础知识

1. 含义

简报，即简明扼要的报道。它是各级行政机关、社会团体及企事业单位在日常工作中和一些重要会议、重要活动中编发的用以汇报、指导工作、反映情况、沟通信息、交流经验的专供内部使用的事务性文书。

2. 简报的基本作用

（1）反映情况。通过简报，可以将工作进展情况以及工作中出现的新情况、新问题、新经验，及时反映给各级决策机关，使决策机关了解下情，为决策机关制定政策、指导工作提供参考。

（2）交流经验。简报体现了领导机关的一定指导能力，通过组织交流，可以提供情况、借鉴经验、吸取教训，这样对工作有指导和推动作用。

（3）传播信息。简报本身即是一种信息载体，可以使各级机关及从事行政工作的人互相了解情况，吸收经验、学习先进、改进工作。

简报虽属内部文书，但它不是公文，不具有公文的约束力。

3. 简报的基本种类

简报的名称很多，常见的有《××简报》《××简讯》《××信息》《××动态》《××通报》及《内部参考》《情况反映》等。

从不同角度对简报有不同的分类，按内容来分，可分为以下三种：

（1）综合简报。综合简报是推动日常工作而编写的一种简报，全面、综合反映编发单位工作进展、思想动态、成绩缺点等概况。

这类简报所反映的内容，不要求面面俱到，不要求有闻必录，而是一定要有一个主题。日常工作头绪繁多，随时都有许多事情和情况发生，在编写简报时，必须抓住主次、轻重、缓急。综合简报多常年定期编发。

（2）专题简报。这类简报主要是为了做好某项重要工作或开展某项重要活动而专门编写的。它主要报道专项工作或活动的动态、进展、经验与问题，用以向上级汇报或通报有关部门，以推动某项工作或活动的顺利进行。这类简报内容集中，事件单一。

（3）会议简报。这类简报主要反映大型会议、重要会议的概况、议程、中心议题及与会人员的意见与建议等。

会议简报一般由大会秘书处或主持单位编写。主要围绕大会主要精神和议题来编写，着重反映与会人员的意见与建议，可以对某一项议题综合反映，也可对特殊的意见和建议专栏反映。

对于重要的发言，有代表性和特殊见解的发言，有创新或启发性的发言，要编发

摘要报道。会议简报视会期长短及规模在会议期间可只编发一期或多期。

4. 简报的基本特点

(1) 简明。简报的简明性特点主要表现在内容集中、篇幅短小、文字简要：

内容集中是指每份简报的内容要做到单一、集中，一事一报。如果为了集中反映某种情况、某个问题，也可以把几个内容相关或有共同性的短文编在一期内。篇幅短小是指一份简报最好不超过 1 000 字。有些综合性的简报，内容较多，但字数也应控制在 2 000 字之内为宜。文字简要是指写作简报时，文字要精练，利索，无假、大、空话。

(2) 真实。真实可靠是简报的生命。简报的材料除转发的外，一般都是第一手资料，并且是经过核实、确认无误的。重要的简报，需要上级有关领导审阅批准才能发送。不真实的内容，会误导上级领导和有关人员做出错误判断，影响工作，带来损失。只有真实可靠的材料，才能反映出本质的东西。

(3) 快速。简报的时限性很强，它必须及时地把工作中出现的新情况、新问题、新典型、新动向，报告给有关上级机关和业务部门。如果简报编写不迅速及时，作用就会大大缩小，有时甚至会变成“马后炮”，失去其意义，毫无作用。快速的前提是尊重事实，实事求是。

(4) 新颖。简报的新颖，表现在材料具有一定的参考价值，带有一定的典型性、代表性和普遍性。决定这一特点的是简报的编者所具有的敏锐的洞察能力与分析能力，能从身边发现那些最有价值的、新颖的情况，及时反映给上级领导和有关人员。

二、简报的结构和写法

1. 简报的结构

简报有比较统一和固定的结构，由报头、报身、报尾三大部分构成：

(1) 报头。报头在简报首页的上方，约占首页的 1/3 的位置，报头的尾部用一横线与报身部分隔开。

报头一般包括如下内容：

1) 简报名称。常见的名称有“简报”“工作简报”“工作动态”“内部参考”等。名称确定后，一般不要经常更换。为了醒目，简报名称字体应大些，字可用印刷体，也可用书写体。名称一般套红，也可不套红。名称的位置应固定在第一页上方正中。

2) 期号。简报期数一般放在简报名称下方，横隔线之上。

3) 编发单位。一般在名称下面的左侧。

4) 印发日期。标在名称下面的右侧。

5) 密级程度。一般标在报头的左上角。根据简报内容所涉及机密的程度，可注明

“绝密”“机密”“秘密”或“内部参考”等字样。如果有传阅范围限制，可以在密级程度下面注上“供××级以上领导参阅”等字样。

6）编号。根据印发份数依次编号，每份一号，以便登记、保存和查核利用。编号一般放在报头的右上角，与密级形成对称。

7）横隔线。在报头的下方，也就是在第一页上方的1/3处用一条醒目横线将报头与报文隔开。

（2）报身。报身是简报的核心部分，主要包括标题、正文。如果需要强调简报内容或转发材料时，一般还要在标题前加按语，即“编者按”。正文结束后，有时还常用括号说明供稿人。

（3）报尾。正文结束后，标示一横线表示文尾部分，其内容有两点：一是发送范围，写在横隔线下方，从左边顶格写起。一般来说，发给上级单位用“报”；发给平行或不相隶属的单位用“送”；发给下级单位用“发”。二是在发送范围结束后的右下方，标注此份简报印发的份数。写完上述两项后，再标示一横隔线表示结束。

2. 简报的基本写法

报身是简报的核心部分。写好简报的关键，在于写好报身部分的按语、标题、正文。

（1）按语。按语又称“导语”“编者按”。它是简报的编者，用一小段简洁明了的文字，对此份简报的主要精神或情况，作简要的说明或评论，如说明材料来源、转引目的、转发范围，表明对简报内容的倾向性意见及表示对所提问题引起讨论研究的希望等。

按语的位置在报头下，标题前。它视需要而使用，并非每篇必有。一般来说，重要的简报必须加上按语，开宗明义，让读者迅速把握简报中的主要精神；另外，下级机关呈报给上级机关的材料很典型，上级机关常用简报的形式予以转发，需要加上按语说明转发的目的、意义、作用，或者对所转发的内容作必要的提示或评议；需要传达领导指示或提出工作要求时，也可用按语形式来表达。

常见的按语写法有以下几种：

1）题解性按语，它类似前言，主要对文稿产生过程、作者情况、主体内容作简要介绍。

2）提示性按语，它侧重于对简报内容的理解揭示或是针对当前实践应注意事项的提醒。

3）批示性按语，它往往援引领导人原话或上级机关指示结合简报内容对实际工作提出批示性意见。

按语的长短、繁简，主要根据材料内容来确定。其语言要求准确、简明、有针对性。

（2）标题。简报的标题和新闻的标题相似，有单行标题、双行标题、多行标题。简报无论采用哪种标题形式，都应该尽可能地概括出正文的主旨，让人见题知意。

1）单行标题。用一句话概括正文的主要内容。

2）双行标题。正标题揭示正文的内容或意义，副标题起补充说明作用，强化正标题的含义。

3）多行标题。引题交代背景或揭示意义，正题概括正文的内容，副题补充或说明正题。

（3）正文。简报正文的写作，一般由开头、主体和结尾三部分组成。

1）正文的开头。一般用简洁、明确的一句话或者一段话概括全文的主要情况、主要事实或基本情况，起到开门见山的作用，给读者一个总的印象，为主体的展开作必要的铺垫。

常见写法如下：

①叙述式：即开门见山地把所反映事件的时间、地点、人物、起因和结果等在这部分写出，使读者一目了然。

②提问式：用提问式开头，可引起读者的注意、兴趣和思索。

③结论式：一开头就亮出事情的结果或结论，在后面的主体部分再展开事情原因或具体说明。

④描写式：用比较形象的语言，把与主体事件等内容相关的场景表述出来。

2）正文的主体。主体部分是简报的主要部分，是对开头部分概括内容的进一步具体化。这部分要选择富有说服力的典型材料，加以合理地安排，中心内容要突出、具体，条理要清楚，语言要简洁。一个自然段最好写一层意思，不要把各个方面的内容都汇集在一个自然段里。段与段之间应按照事物的内在逻辑联系层层深入，环环紧扣，使之无懈可击。

3）结尾部分。用一句话或一段话，概括正文的主要内容，或指明事件发展的趋势，或发出号召，或提出今后的打算。事情单一、篇幅短小的，可不写结尾部分。

3. 简报的写作注意事项

（1）选材要准。简报不能有事必报，要在众多的事件中选取那些最有指导意义或必须引起重视的情况和问题，不能事无巨细。

（2）编发要快。简报具有新闻性，应以最快的速度捕捉和报道新情况、新问题等。比如会议简报，上午开会，下午就看到相关报道。

（3）篇幅要短。一篇简报最好是千字文，至多不超过 2 000 字，一文一事。要杜绝篇幅过长、文字过繁的做法，剔除套话、空话。

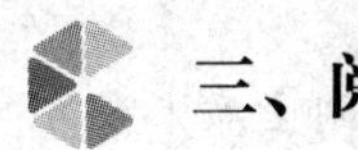

三、阅读与分析

1. 范文评析

××市支援四川地震灾区抗震救灾工作简报

（第二期）

市支援四川地震灾区抗震救灾领导小组办公室 2008年5月16日

【工作动态】

1. 团市委积极投入支援四川地震灾区救灾活动

5月16日上午，团市委组织全市100多名青年团员志愿者，分成9个志愿小组，冒着烈日，在市区各个路口、居民小区、工业园区及××镇、××镇、××镇等乡镇，将10 000份××报《××人民情系四川地震灾区特刊》及时发放到过往行人、小区居民、园区企业手中。通过广泛发放和宣传，更加有利于广大人民群众进一步了解我市开展募捐情况及募捐办法，更好地激发了全体市民的捐赠热情，从而有力推动了我市支援四川地震救灾活动的开展。

2. 市教育系统向四川地震灾区捐献爱心活动全面展开

5月16日，市一中发动全校师生为四川灾区捐款献爱心，师生们共捐款268 700余元，并于当天下午将善款送到市民政局，市委常委、常务副市长××代表市政府接收了捐赠。

5月16日，市二中组织师生开展为灾区捐款献爱心捐赠活动。当天师生共捐款83 200元，同时，市二中的青年志愿者们还走上街头，向市民发放传单，号召市民向灾区人民奉献爱心。

5月16日上午，市五中开展爱心捐赠活动，当天上午师生共募捐41 600余元；当天，市城东××学校现场捐款36 300余元。

3. 市工业园园区企业踊跃捐款

5月15日、16日，市工业园管委会组织园区企业在北、西、南区举行“心系四川灾区”捐赠活动。市委副书记××，市委常委、常务副市长××出席活动启动仪式。仪式上，市领导对各企业无私奉献爱心的慈善义举表示由衷的感谢，并希望各企业以自己的实际行动传递爱心，大力弘扬“一方有难、八方支援”的精神，感染更多的干部群众慷慨解囊，凝聚力量，支援四川地震灾区。活动中，园区企业纷纷以投递现金，支票、账号汇款等方式募捐爱心款。目前，园区企业在活动中累计为四川灾区捐款、捐物达32万余元。

4. 市××局组织××企业向灾区献爱心

5月16日，市××局组织××企业向四川灾区捐款献爱心，市政协副主席×××参加了捐赠仪式。当天，××公司、××矿业、××石材等14家民营企业共为灾区捐献爱心款11万余元。

5. 各乡、镇、场、街道掀起为四川灾区人民捐赠热潮

××街道12个社区居委会和两个村委会精心布置了捐赠现场，张贴了醒目的标语，制作了捐赠箱，社区干部现场用话筒向社区居民发出捐赠倡议，在家的居民纷纷走出屋来，过往的行人停下脚步，有秩序地进行了捐赠。截止到5月16日下午五时，×××街道干部和群众已经累计捐款达47 819元。

5月16日，××镇××村村干部和老党员近70多人自发在××新农村点集中捐赠，现场共捐款5 225元。

5月16日，××乡6个村党支部牵头，发动村组党员积极募捐，当日共捐款5 900元。

5月16日，××镇组织镇机关干部和部分站所捐款4 240元，同时发动驻镇企业积极募捐9 000元。

5月16日，××镇启动支援四川地震灾区捐赠仪式，在镇政府设立机关工作人员捐赠点，同时在镇辖区内设立两个募捐点，接收机关、学校、企业和社会各界捐赠62 000余元。

5月16日，×××镇发动乡村组干部和部分老党员集体募捐，首批募集了12 872元。

【一线传真】

1. 市赴四川地震灾区慰问团顺利抵达地震灾区

5月16日上午，经过40多个小时的长途跋涉，满载着××对灾区人民深情厚谊的市赴四川地震灾区慰问团顺利抵达四川地震重灾区青川县。慰问团团长、副市长××代表市委、市政府将我市第一批捐赠的20万元现金和450顶帐篷捐献给了灾区。

2. 市慈善总会和红十字会的捐赠点受到市民热情关注

市慈善总会在民政局设立向四川地震灾区捐赠资金和物资接收点，同时在×××大市场和城东××书店处设立两个捐赠点；市红十字会在城西××书店和××宾馆处设立两个捐赠点。捐赠点捐赠箱一摆放出来，立即受到市民热情关注，广大市民纷纷捐献。

3. 市交通系统开展捐款献爱心活动

5月16日上午，市交通系统组织开展全系统集中捐款启动仪式，全体干部职工、客货运企业负责人以及部分客运司机纷纷伸出援助之手，以实际行动支持和帮助灾区群众渡过难关、重建家园。

4. 医生××请缨参战已抵灾区

市人民医院外科医生××主动请缨参加××市卫生局组建的应急医疗救援队，启程奔赴四川地震灾区，救治地震伤员，带去×××所有医务工作者的关怀与爱心。

5. 药监局组织各药店主向灾区捐赠

四川大地震发生后，一直牵动着我市各界群众的心，各药店店主纷纷主动要求为灾区捐赠，献上一份爱心。5月16日，市药监局组织这些药店店主开展向灾区捐赠活动，大家纷纷慷慨解囊，当天共收到捐赠3 500元。

【捐赠情况】

1.5月16日，市慈善总会接受社会各界捐款515 405.6元，市红十字协会接受社会各界捐款27 930元。

2. 截至5月16日下午五时，市慈善总会接受社会各界捐款1 387 202.6元，市红十字会接受社会各界捐款67 649.7元。

3. 全市累计捐赠四川地震灾区现金1 654 852.3元，帐篷450顶。

报：省支援四川地震灾区抗震救灾领导小组办公室

送：市红十字协会，团市委，市药监局

发：各区县抗震救灾领导小组办公室

评析：

这是一份支援四川地震灾区抗震救灾的工作简报。标题简洁明了，突出抗震救灾主题。没有开头，直接引入，这是简报中常出现的一种情况。适用于内容较为宽泛复杂的简报。正文分为三个部分：正文的第一部分，即工作动态，将灾情发生后具体赈灾捐款组织情况一一展现，条理清楚；正文的第二部分，即一线传真，分系统组织捐赠活动现场展现，思路清晰；正文的第三部分，即捐赠情况，将全市捐赠情况作了汇总，简要明白。此份简报因为具体情况，省略了开头与结尾。但正文部分仍然完整。

2. 案例分析

安全生产简报

×安监【2013】×××号

××县安全生产监督管理局　　2013年4月22日

××县举办2013年全县工贸主要负责人、安全管理人员培训班

为进一步贯彻和执行《安全生产培训管理办法》精神，按照《安全生产培训管理办法》（第二十一条、第二十六条）的规定，于4月18日，××县安监局委托××市××安全技术咨询服务有限公司组织开展了规模以上工贸企业主要负责人和安全管理

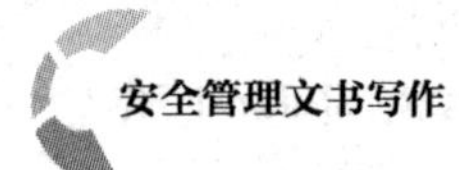

人员培训，××县安监局副局长××出席此次培训并邀请××技术中心专家授课，40家工贸企业主要负责人、安全管理人员共计80人参加培训。

市安全生产专家授课，培训内容主要包括：工贸企业安全生产形势分析、安全生产法律法规宣教、安全生产管理方式方法、安全生产事故案例分析、安全生产标准化建设、重大危险源和事故应急救援预案等。

县安监局副局长××在培训会上作了重要讲话并强调：一是充分认识安全生产培训工作的重要意义；二是抓实抓好企业安全工作；三是学习培训内容要消化落实。

培训结束后，××县安监局还对本次参培学员进行了理论考试，对考核合格的人员将发放相应培训资格证书。

撰稿：×× 核稿、签发：××

抄送：市安监局办公室，县委办公室，县政府办公室。

××县安全生产监督管理局办公室 2013年4月22日印

（共印15份）

评析：

(1) 编号不当。简报的编号不同于正式公文中的发文字号，一般只标识出编发期数即可。

(2)“于4月18日××县安监局委托重庆市江渝安全技术咨询服务有限公司组织开展了规模以上工贸企业主要负责人和安全管理人员培训”一句有语病。习惯说法为：谁于什么时间做了什么事。

(3) 末尾的“抄送”不规范。“抄送”是针对“主送”而言，没有主送，何来抄送？可改为“报”“送”。

四、情景写作训练

请自己收集材料编写一篇关于煤炭系统狠抓安全生产的简报。